國際金融
——全球金融市場觀點

何瓊芳博士　著

三民書局

國家圖書館出版品預行編目資料

國際金融：全球金融市場觀點 / 何瓊芳著. －－初
　版一刷. －－臺北市：三民，2009
　　面；　公分

ISBN 978－957－14－5132－9　（平裝）

1. 國際金融 2. 國際金融市場

561.8　　　　　　　　　　　　　　　97023257

© 　國際金融
　　　　　　——全球金融市場觀點

著 作 人	何瓊芳
責任編輯	楊朝孔
美術設計	陳宛琳
發 行 人	劉振強
著作財產權人	三民書局股份有限公司
發 行 所	三民書局股份有限公司
	地址　臺北市復興北路386號
	電話　(02)25006600
	郵撥帳號　0009998－5
門 市 部	(復北店)臺北市復興北路386號
	(重南店)臺北市重慶南路一段61號
出版日期	初版一刷　2009年1月
編 　 號	S 552350

行政院新聞局登記證局版臺業字第○二○○號

有著作權‧不准侵害

ISBN　978－957－14－5132－9　（平裝）

http://www.sanmin.com.tw　三民網路書店

自序

　　諸天述說　神的榮耀、穹蒼傳揚祂的手段；這日到那日發出言語，這夜到那夜傳出知識。

　　21 世紀之資訊科技發達，使得國際經濟版圖和金融情勢的動向，產生了全球性國際化之密切連動關係。不僅實物商品交易熱絡，國際間金融商品之流動亦頻繁，許多國家性或是區域性的金融事件往往具有無遠弗屆之潛在力量，迅速地衝擊到全球各股票市場、貨幣市場、資本市場、黃金市場以及外匯市場，包括各種現貨、期貨或是選擇權的交易狀況；為數龐大的國際性證券化金融商品充滿於全球知名的各大金融中心提供投資人士選擇；資金在國際間急速流動，歐美執牛耳之經濟大國採行任何金融、利率或財經政策之新措施，都將在地球村裡快速地擴散、傳播、衝擊、震撼並激起迴響。

　　本世紀初期就發生了許多重大金融事件。首先，自 2002 年 1 月 1 日起，歐洲中央銀行發行之「歐元」已正式在會員國中流通，除了英國、瑞典和丹麥 3 國仍然保有本國貨幣發行之自主權外，其他大部分歐洲地區均使用「歐元」為單一貨幣，其流通市場之廣大足以與美元抗衡，歐元之掛牌上市對國際金融之影響可謂深遠。

　　另一重大事件為金融海嘯襲捲全球。美國房屋市場於 2007 年 8 月間傳出次級房屋貸款業者經營之危機，為緊接而來的金融海嘯揭開序曲。2008 年 9 月 15 日美國第四大投資銀行雷曼兄弟聲請破產保護，旋即引起全球股市、匯市、房市之動盪，雖然以美國聯邦準備理事會為首的各主要國家的中央銀行持續對金融市場注入資金，藉以維持其本國金融市場的正常運作並提供企業所需的信用；歐洲中央銀行更於 2008 年 3 月

28 日向金融市場挹注了 1,500 億歐元的資金，以提升市場的流動性和支持歐元貨幣市場之正常運作，而美國更於 2008 年 10 月國會通過對市場實施超過 8,000 億美元之紓困方案，但美國次級房貸風暴及雷曼兄弟破產對全球股市所造成之衝擊迄今猶未停歇。

第三波重大金融事件為全球性之物價波動。自 2008 年起，由於美元之貶值和黃金、原油、原物料價格之大幅度上揚，引發了全球性之通貨膨脹，也導致許多國家政治及經濟上的不穩定性，尤以 2008 年 7 月中旬原油價格上漲到每桶 145 美元之天價後，更使得美國股票之道瓊工業指數重挫。自 2007 年 10 月 9 日所創下之 14,165 點之歷史新高，在近 1 年的期間就滑落了將近 21%，許多財經專家認為華爾街股市可能快要結束自 2002 年 10 月以來長達 6 年之多頭（牛市）走勢，而進入空頭市場的熊市。以往在美國財經史上最兇之熊市發生於 1930 年代經濟大蕭條之初期，道瓊工業指數自 1930 年 4 月 17 日開始，迄 1932 年 7 月 8 日為止，前後 2 年間跌幅高達 80% 左右。但自 1960 年起熊市趨緩，平均為期 1 年左右，而平均跌幅為 30%。

2008 年上半年因石油及原物料價格上揚而引起全球性的通貨膨脹及失業率上升，實質薪資下降，在 2008 年 10 月間通膨已日益趨緩，油價在 11 月中旬已跌至每桶 50 美元左右，但物價之反應僅緩慢下跌，加上薪資成長率低也導致購買力下滑，內需疲軟，失業率攀升不下，全球經濟衰退。

以上種種情形均說明了「國際金融」課程在目前的世代中成為一種必要的知識領域，因為身為地球村內的居民，必須處理的不僅是整個地球之氣候變遷、全球暖化、糧食不足、原物料短缺的問題，我們也需要具備改善金融管控的財經知識，以了解國際金融市場運作，並習得有效運用資金的方法。

　　本書之撰寫是希望提供大專學生一本符合金融現勢的教科書，讓讀者透過課程之修習，能具體了解國際金融市場之運作、掌握財經現勢之主流，以培養融會貫通的邏輯思考、建立完整金融市場的架構，清晰解讀並研判財經事件。為了使研讀者能自然地進入美妙的金融世界，前 2 章節特地由人文及歷史的角度切入國際金融的主題；並於第 3 章開始加入應用之經濟分析工具，使研讀者先了解商品市場、貨幣市場、證券市場間互動之情形和政策工具之可行性，對總體財經環境及策略有豁然開朗之感後，分別進入貨幣、外匯、黃金、債市、股市、基金、和衍生性金融商品領域作分析，最後並以 2008 年發生的全球性金融海嘯之原委和紓困理論及預期寫下句點，期能符合金融現勢。惟筆者才疏學淺、匆促付梓，恐有疏漏之處仍請諸位學界先進不吝示教。

　　本書能順利完成，必須感謝任教單位中原大學給予筆者的支持，在寫書的過程不僅提供許多教學和寫作的資源以及各項協助，使筆者的知識與智慧也得以增長，而且本書接受中原大學提供部分經費補助，始得以順利成書，特此致謝。

何瓊芳

2009 年春於臺北

國際金融
——全球金融市場觀點

目 次

自 序

第1章 緒 論

第2章 貨幣形式之演進及金融市場形成

第3章 國際金融應用之經濟分析工具

第 4 章　國際貨幣制度

第 5 章　國際收支平衡表

第 6 章　國際收支調節的政策

第10章　國際黃金市場

第11章　國際資本市場

第12章　世界主要股市概況

第13章 國際基金市場

第14章 衍生性金融商品

第15章 當代國際金融議題

Chapter 1

緒　論

1–1　黃金、白銀──人類首次通貨膨脹之源

　　15 世紀中葉，歐洲之西班牙、葡萄牙、英國、法國與荷蘭等國逐漸興起，社會上由於人口不斷增加，市場規模經濟日益擴大，人民對政府保護其生命財產之需要也隨之增強，加上工藝及科學之日趨精密，使人類製造遠洋航船之技術愈趨進步，因此各國企圖向海外擴張殖民地和尋找新的經濟資源，因而開啟了人類「地理大發現」的時代序幕。打從 16 世紀開始的兩百年間，歐洲強權之爭霸，都集中在控制美洲的財富和亞洲的貿易利益上。

西、葡兩國的對外擴張

　　早在航海家哥倫布受到西班牙國王資助而於 1492 年抵達美洲新大陸之前，居住於南美洲玻利維亞的印地安人已經開挖了安地斯山脈蘊藏極豐富的黃金與白銀礦坑幾達 5 世紀之久。繼之而起的西班牙人於 1521 年掠奪了阿茲特克王朝並占領南美洲哥倫比亞境內的「黃金國」，之後西班牙國王更於 1530 年展開對抗印加王朝的大戰而獲得全勝。其獲勝的戰利品包括一對巨型直徑達 6 呎寬的金製太陽及銀製月亮，以及原印加皇帝收藏於花園中各種金製、銀製花卉、樹木和奇珍寶物；為了運送上之方便，西班牙人不僅將以前所擄掠的黃金、白銀製品熔成錠塊，運回本國，連西班牙皇室官員也下令將這些最新擄獲的大型金、銀製品予以熔化，以便鑄造成金幣和銀幣，提供市場交易買賣流通之用。卻沒有料到日後這批豐富的黃金和白銀大量流入西班牙本土，對西班牙的社會和經濟層面，造成極大的負面衝擊，形成短期的極盡奢華風氣以及長期通貨膨脹的局面，成為人類金融史上首次全面性之通貨膨脹，並揭發了「國際金融」的研究根源。

　　具體而言，當時墨西哥的查卡特加斯山脈和玻利維亞高地合為美洲兩大採礦中心，也是西班牙殖民時期最豐富的白銀礦源產地。為了就地取材，西班牙政府 1536 年已在墨西哥當地設置鑄幣廠，鑄造銀幣。雖然西班牙皇室可以賜與個人「土地所有權」而進行土地交易和地面所有權之買賣，但皇室永

遠擁有任何「礦源之所有權」，並可將採礦權高價租借或出售給個人或團體，並對出土之礦產繼續徵收「皇家 2 成」的費用。在 16 世紀至 18 世紀之間，美洲提供了全球大約 70% 的黃金和 85% 的白銀，而整個南美洲大陸除了最東部由葡萄牙殖民外，其他地區均由西班牙占據，使西班牙因對殖民地採礦及徵收礦產稅的結果，本國國內湧入了大批的黃金和白銀。

另一方面，葡萄牙於 18 世紀中葉在南美洲殖民地——巴西發現了蘊藏豐富的天然黃金微片和金礦，旋即將非洲的奴隸運往巴西採礦，使該國殖民的巴西於 1741 年到 1760 年間每年黃金之產量平均達到一萬四千六百公斤，加上鑽石副產品的生產，使葡萄牙國王及貴族統治階級的府庫充盈，生活闊綽。

大批黃金、白銀分別流入西班牙及葡萄牙，正如同將鉅額的硬幣引進到兩國之金融體制內，立刻直接地衝擊到該兩國之金融和經濟體系，西班牙統治美洲的第一個世紀，本國的國內物價上漲了 400%，是人類金融歷史上的第一次嚴重的通貨膨脹。

🔘 首次通貨膨脹之因

黃金、白銀等貴重金屬，色澤光潤、悅人耳目，一向受到皇親國戚、士紳貴冑的極端喜愛，但是為什麼黃金、白銀由美洲礦區之大量湧至西班牙後會引起人類歷史上頭一遭通貨膨脹呢？主要原因是：黃金、白銀等鑄幣財富之流入，使西班牙政府及人民手頭上可支用之銀兩增加，手頭闊綽而愈想要購買更多之物品，以增加生活上的享受。但當時為手工藝、工匠充斥的社會，物品之生產量有限而想要購買物品的人愈多，市場在供不應求的情況下，物品的價格也就節節上揚，愈發昂貴了。因此，大衛・修姆 (David Hume) 1752 年提出價格、黃金流通機制 (price-specie-flow mechanism)，認為來自貿易餘額之貴金屬之累積，將導致貨幣供給增加，進而使該國之物價及工資上漲，而降低國家貿易上之競爭力，因而造成貴金屬再度流出；反之亦然。所以大衛・修姆主張因貿易順差帶來貴金屬之流入所造成

金融小百科

大衛・修姆
被視為蘇格蘭啟蒙運動及西方哲學歷史中重要的人物之一。認為貿易能刺激國家經濟發展，國與國間相互貿易可以成為一個繁榮的共同體，他也是最先提出價格、黃金流通機制的人。

貨幣供給之增減所影響的是價格和工資，而不是實質產出及就業的數量。之後不久，經濟學家亞當‧史密斯 (Adam Smith) 在 1776 年發表的《國富論》(*The Wealth of Nations*) 就曾指出：美洲發現的豐富礦產，將 16 世紀歐洲的黃金和白銀之價格約貶值到以往的 $\frac{1}{3}$，所以亞當‧史密斯更進一步指出，一國國力之富強，不在於所持有黃金、白銀之多寡，而取決於該國全體之產能 (production capacity) 而定，若生產資源能充分而有效率地加以使用，配合人力資源充分發揮，才能使國家生產之產品數量增加而致富。

　　另外在葡萄牙方面，經濟社會情況也發生變化。由於黃金白銀大量由美洲湧入本土，使葡國皇親國戚及全國人民養成了貪求新貨品的胃口。但是葡國本土之出產十分有限，僅有葡萄酒、軟木及牛隻等產品。為了迎合國內之需求，葡國只好向英國購買大量生活所需的製成品，並於 1703 年與英國簽訂貿易條約，促使許多葡萄牙黃金及酒類透過國際貿易而流入英國，因此，不僅葡國本身因為黃金大量流入超過了貨品增產之速度而引起國內通貨膨脹，也間接透過國際商品之對外貿易，促使部分黃金也流入英國，當然使得英國也受到通貨膨脹之苦。根據經濟學家約翰‧蓋爾布萊恩 (John Galbraith) 所述，自從英國與葡國和美洲貿易首航之後，英國國內物價開始逐年上揚，到了 17 世紀末葉，物價已經上漲了 300%，真是始料所未及。

　　由於 16 到 18 世紀，正值重商主義經濟思潮興起，依照重商主義的理念，認為一國是否富強，端視其所持有之黃金、白銀之數目多寡而定，所以黃金、白銀等貴重金屬之擁有被視為致富的關鍵。不僅統治者有如此思維，民間也是一派奢華，西、葡兩國富有之官賈競相以其財富購置任何所需事物——包括士兵、戰備品、絲綢、陶瓷及香料等，形成物質競逐的社會，進一步影響到文化的層面。例如在西班牙巴洛克與洛可可時代，普遍崇尚以黃金、白銀及貴金屬裝飾其家居、衣著、教堂、家具、馬車、雕像、窗戶及擺設等，名副其實地被稱為西班牙的「黃金世紀」，也使西班牙文明達到最高峰，只是世

人所推崇的不是西班牙鑲金的建築，而是該國富有時期所帶來的輝煌的文學成就，始自 1522 年加爾希拉索 (Garcilaso de la Vega) 到 1681 年劇作家卡德隆 (Pedro Calderon de la Barca) 辭世時為止的 160 年間，堪稱西班牙文學的黃金時代。只是，伴隨這文學的黃金時代普遍追求的採用黃金來裝飾的風潮，展現出窮極奢華的家居、建築和生活方式，貨品供不應求，導致物價急速上揚，最後引發通貨膨脹，確實是當時人們所未曾料到的。加上日後西班牙為了爭奪海上霸權和海外殖民地，國王及臣宰等統治者將大量的財富浪費在海外探險及戰爭上，往往在白銀每年由美洲運達本土之前，統治者為應付龐大的戰爭及海外拓展費用，早已將自己分內的白銀花費完畢，並向民間和海外舉債，例如西班牙於 1530 年至 1618 年間曾分別發動對奧圖曼土耳其、葡萄牙和德國之戰事。而 1588 年西班牙國王腓力二世派遣無敵艦隊遠征英國，勞民傷財卻大敗而歸；戰費浩繁，入不敷出，國王只好向義大利、德國與荷蘭的銀行家及債權人借款，支付高達 18% 的利息。貴族、平民亦不遑多讓，紛紛借款以應付奢華生活的支出，使西班牙不久即成為當時世界上最大的債務國家，整個國家在 1557 年及 1597 年因國王腓力二世宣布破產、步上無法償還債務的命運。

西國因黃金、白銀之開採和擁有，從極端富有變成極其貧窮，人民產值低落，國內通貨膨脹壓力日益增大。所以說：黃金、白銀之大量湧入西班牙最後卻造成了人類首次通貨膨脹之先例，會由極端富有成為十分貧困，除了龐大的財政借款加上使用金錢的方式不當以及國內生產的物品供不應求，趕不上大量鑄造金幣和銀幣所帶來的物價大幅上漲之結果。

🌐 1-2　貨幣演進小史

自古以來，人類社會歷經野蠻時代、農牧時期、商業時代及工業社會等不同之生活方式，但食、衣、住、行、育、樂所需均是大部分人不可或缺的生活元素，為了製造、生產和交換生活之必需品，各種不同的市集和市場也

因應而生，而市場供需雙方都需要有一套共同通用的交易價值之衡量媒介，成為日常生活買賣交換商品的共同交集，因此在世界四大文明古國——中國、印度、埃及和巴比倫等各有其貨幣流通之記載。其中尤以中國在貨幣方面之使用歷史極為完備，堪稱為東半球貨幣制度之代表性國家，亦為世界最早使用紙幣的創始國。

在西半球方面，早在西元前 2500 年左右，美索不達米亞人以楔形文字在陶板上記載使用「銀子」作為付錢之方式，當時古希臘人以固定重量單位所製作之金錠或銀錠，作為支付大宗物資交易之媒介，但因黃金之稀有，對於小額貨品交易之支付尚無法普遍採用，直到人類社會組織進步到可以運用標準化數量之金屬製作小型錢幣之階段，才逐漸形成了今日通行的貨幣制度。

一、商品貨幣

而中國自古以來是以農立國，所以最早使用的是「商品貨幣」，一般被選為貨幣用途的商品包括珠玉、龜貝、毛皮、布帛、貝殼、蠶絲、鹽、米等商品貨幣，各依照其型態及數量之大小作為主幣與輔幣的區別。

二、金屬貨幣

在西元前 21 世紀到西元前 16 世紀之間，中國歷史上的夏朝已經產生了「金屬貨幣」。早期多半採用銅、鐵、錫等金屬為材料，製成實用形狀的貨幣，例如武器、農具、烹飪或狩獵用之大小工具，但因攜帶不便，又不容易分割供小額交易之用，所以進一步改良鑄造成一定形式的專用貨幣，不再兼作商品之用。

「金屬貨幣」使用之初，因材質之不一致且大量攜帶時，重而不便，加上無充足之貴金屬可以鑄幣以滿足市場交易的需求，許多政府在發行金幣、銀幣供民間流通之餘，對大額收付也有採用官方印行之匯兌銀票或可兌現紙幣作交易者，以彌補實質貨幣數量之不足。惟早期官方發行之可兌現紙幣背

金融小百科

商品貨幣
指被當作貨幣使用的實體物品如牲畜、穀物等，其本身的價值與作為交易時的貨幣價值相近。

金屬貨幣
相對實體物品，金屬稀少且易保存，因此將金屬作為貨幣漸成主流；初期以秤重來衡量價值，爾後發展出鑄幣技術，統一的質量與面值，在使用上更為方便。

後有 100% 之金屬貨幣支持,其性質與代用實質貨幣完全相同;日後因 100% 金屬本位之貨幣數量無法因應市場上之需要,逐漸以局部的貴金屬作為發行紙幣的準備,直到近代法償紙幣之出現。

三、法償紙幣

　　法償紙幣成為現金交易媒介之主流之後,許多國家政府紛紛取消了以往用貴重金屬為印鈔票之本位標準,政府貨幣政策之實施必須配合經濟政策、財政政策和貿易政策之運作才能反映施政品質之良窳。例如一個擁有良好投資環境、政局穩定又有適當吸引外資及本國企業家投資之獎勵措施之國家,必然能生產足夠的產品提供社會大眾及國外消費之用,再加上優質正確的貨幣政策,使市面上資金充裕又不會泛濫到引起物價大幅度上漲的局面,必使全國經濟持續走揚,邁向人民及製造業趨於充分就業的水準。反之,若一國政府無法提供穩定及優質的投資環境,導致人民及製造業均無法充分就業、生產不足的情況下,貨幣供給之過當,必然使得物價大幅上揚而本國幣值走貶、通貨膨脹之局面了。因此當人民以現金——法償貨幣從事交易時,法令與商業慣例使「現金」很難在國際間移轉,各國國稅局對個人或商家之銀行帳目若有超過他們認為適量之現金交易時,都會密切注意。因此,以信用卡、支票或電子交易進行的資金往來就日漸取代了以往現金交易方式的重要性,成為主流金融機構的最愛。而主流金融機構——銀行之誕生,也是西方社會因應商品貿易、服務及資金之跨國需求而產生,這不得不歸功於早期義大利銀行家的睿智,說明如下節所示。

1–3　銀行家的貢獻

　　16 世紀初葉,西班牙及葡萄牙兩國利用中南美洲海外礦區所開採的貴重金屬大量鑄造錢幣,使貨幣供給量持續增加,加上國家的戰費浩繁且社會上貴胄商賈競相崇尚奢華,卻因為國家之生產力有限,製造生產的物資不敷民

眾所需，所以兩國國內均先後產生十分嚴重的通貨膨脹現象。兩國上流階級的國王、臣民們長期生活奢侈，入不敷出而寅支卯糧，習以為常；種種舉債生涯使得國家日益貧窮，物價上漲而民不聊生。未幾，兩國在美洲採礦也發生困難，真是禍不單行，而黃金、白銀之大量流入，竟成了兩國日後貧窮的主要原因，這是當初始料所未及的事情。但是在另一方面，其他許多歐亞國家卻受到很多好處，因為透過民間商業行為和歐陸各國間之國際貿易，黃金、白銀也自由流通到其他國家，使得其他許多國家也見識到以「錢幣」作為交易媒介的便利性，一般升斗小民也日漸開始接受並使用這些珍貴的金屬貨幣來從事日常生活的交易。換句話說，自 16 世紀末葉開始，美洲開採鑄造的黃金、白銀錢幣，不僅跨越了大西洋沿岸，又經由新航線之發現而隨著貿易商船進入了太平洋沿海各國，成為通商的媒介貨幣，逐漸開啟了現代商業社會時代之序曲。

銀行的起源

除了錢幣在國際間大量流通之外，早期銀行之創始也開展了金融界之帷幕。14 世紀中葉是銀行業的啟蒙階段，最初是由居住於義大利北部如比薩、佛羅倫斯、維羅納與熱那亞等地區的一些商業世家提供各界一些初具規模的金融服務。為了賺取資金收入，義大利商業世家利用其家族私人的資金作融通，夾雜在一般民眾生活的市場上工作，他們走遍了歐洲的主要市集和賽會，如同四處巡迴的商販一般，擺起大桌與長檯，除了提供交換貴重物品之服務外，也提供金錢之兌換、借貸、代人償付欠款以及其他相關之金融服務。正因為他們在市集及賽會中擺設了「桌子」或「長檯」，義大利文名稱為 banco 及 banque，慢慢地延伸到歐洲其他語言系統，而成為日後所稱之銀行 (bank) 字眼之來源。

> **金融小百科**
>
> **賽會**
> 一種迎神出廟巡行的集會，通常在活動周邊可以吸引人潮形成一定規模的聚會。

早期金融服務之雛形

早期義大利銀行家族金融服務之交易對象已十分廣泛，包括回教人、韃靼人、猶太人及歐洲各民族，後因業務日益擴大，迅速將其提供的金融服務延伸到英國和裏海各地，並接受前往中國、蘇丹、印度及斯堪地納維亞等國家從事貿易業務的融資服務。當時的銀行家並不是直接使用黃金、白銀來從事交易，而是採用銀票字據作為借貸之憑據，並透過彼此來往的帳戶進行銀票、票據之交換，而此種票據可以採用不同國家之金錢兌換，通常票據上會指名在某一時間、某一地點以某國之貨幣支付給某人某一數額的款項等，已具有當代匯票之基本要件了。

歐洲地區的商人若需使用到錢幣來支付較大數額之交易額時，可以到義大利去找銀行家借款，銀行家則用翡冷翠（即佛羅倫斯）之弗羅林幣或威尼斯的達克特幣付現，雙方簽下票據，由借款的商人同意將於下一站其他國家的賽會中，以包含利息在內金額較多的另一國貨幣支付給銀行家。義大利銀行家不僅創新了銀票之跨國使用方式，藉以賺取更多的利潤；並且組成「票據交易業」公會，以便與一般借款商人或典當業者之交易行為劃清界線。基本上，銀行家是以談妥的利息貸款給富戶，而貸款商與典當業者則借錢給窮人。

票據使用克服時間、空間之限制

這種票據或銀票之跨國使用，不僅克服了金幣、銀幣使用時之不便與大宗交易時，錢幣使用上之笨重，也克服了交易定貨、交貨等時間上之障礙，可以說新形式義大利銀票之流通，加速了國際間商業的蓬勃發展：不僅免除了攜帶大筆鑄幣時必須面對的遺失、遭搶或被運送人私吞的危險，該等票據也保障交易當事人之權益，除了運送時間迅速外，即使票據被偷時他人也無法兌現，使金融交易初步擺脫了時間和空間上的限制。所以，銀票之使用解決了金屬鑄幣之侷限，成為國際間大筆金錢流通的方式，也為經商及投資者開拓了寬闊的商業大道，創造了新的金錢形式。

　　如今，國際金融商品、服務和流通，隨著時代之演進而有了快速的發展；不僅國際貨幣制度、國際收支之給付、外匯市場之操作、國際投資組合、多國籍企業之運作以及全球化趨勢上都已是千變萬化，只是當初錢幣之鑄造和票據之流通所帶來之交易功能、投機功能和價值儲藏的功能，歷久彌新，至今仍為人所津津樂道。

1-4　國際金融之發展

　　人類在 20 世紀先後發生過兩次世界大戰，這兩次世界性的戰爭不僅給人類帶來極大的物資及建築上之破壞與重建，也在各國的政治、經濟、文化及社會層面帶來許多的衝擊、檢討和改進。戰後國際間各項交流活動開始日形密切，進一步促成了國際經濟的發展。

　　國際經濟學一般可分為兩大部分：一為國際貿易理論與政策，主要由實質層面探討國際間之商品、勞務及資本之移動和交換之理論、狀況和實質效果，並不涉及貨幣影響之層面。國際經濟學之另一支為國際金融，是透過貨幣之層面，研究貨幣因素對國際經貿活動的影響，由於一國國際商品、勞務流向他國時，必然會有貨幣之給付流入本國，即「物流」流向他國時，「金流」會流向本國以支付商品及勞務之價值，因此協助所有物流（包含商品及勞務）以及金流（包含貿易帳及資本帳）在國際間順利移動及交換所需之各種機構及制度，例如外匯市場、國際收支平衡、國際金融機構、國際貨幣制度、國際資本市場、金融期貨市場以及各項金融商品等，就成為「國際金融」的主要內涵。

　　本書之編排，首先由「貨幣之歷史」開始並循序漸進，先後論及國際貨幣制度之演進、國際收支及理論、國際金融機構、外匯匯率理論、國際金融市場、貨幣市場、黃金市場、資本市場、國際股市、基金、衍生性金融商品，並論及當代國際金融議題，內容務求理論與實務配合，並以深入淺出之方式悉心撰寫，融合歷史及文化於理論之中，涵蓋金融現況於世局之內，讓學習者對國際金融有清楚的了解，成為熟悉金融脈動之現代青年。

一、選擇題

（　　）1. 地理大發現時代,歐洲有哪 5 國爭奪美洲的財富和亞洲的貿易利益？
　　　　(A)德國、荷蘭、法國、義大利、瑞士　(B)俄國、西班牙、葡萄牙、
　　　　英國、荷蘭　(C)西班牙、葡萄牙、英國、法國、荷蘭。

（　　）2. 早在航海家哥倫布於 1492 年發現新大陸之前,南美洲玻利維亞的印
　　　　地安人已經開挖了下列哪一座山脈之黃金、白銀礦藏達 5 世紀之久？
　　　　(A)洛磯山脈　(B)安地斯山脈　(C)崑崙山脈。

（　　）3. 1536 年西班牙政府已在美洲之哪一個國家境內設置鑄幣廠？　(A)玻
　　　　利維亞　(B)秘魯　(C)墨西哥。

（　　）4. 18 世紀中葉葡萄牙在南美洲殖民地發現大金礦,其黃金之年產量為
　　　　14,600 公斤,該殖民地是當今之哪一個國家？　(A)巴西　(B)阿根廷
　　　　(C)秘魯。

（　　）5. 17 世紀,歐洲發生嚴重通貨膨脹之國家有哪三個？　(A)英國、德國、
　　　　法國　(B)西班牙、葡萄牙、英國　(C)法國、荷蘭、比利時。

二、問答題

1. 16 世紀西班牙人占領了中南美洲,取得大量的黃金、白銀,並設置鑄幣廠
　以便將黃金、白銀以貨幣形式輸入西班牙本土後,為什麼會發生人類歷史
　上第一次通貨膨脹？

2. 西班牙的「黃金世紀」最主要的成就為何？

3.富庶的西班牙是如何在 17 世紀遭受到國家破產，無法償還債務的命運？

4.人類最早使用的「商品貨幣」有哪些種類？如何區分其主幣與輔幣？

5.「銀行」一詞最早出現於歐洲哪一個國家？當時他們提供金融服務的對象
　包括哪些民族和地區？提供何種初具規模的金融服務？

6.國際經濟學包括哪兩大部分？主要差別何在？

Chapter 2

貨幣形式之演進及金融市場形成

　　初次體會貨幣之妙用，該是在小學生的啟蒙年代。在一個蟬聲初鳴，豔陽高照，鳳凰花開的季節，下午放學時刻。我們一群小學三年級的班隊踏上軟軟的柏油馬路，冒著炎陽沿著臺中市南京路旁的溪邊小徑回家，途中經過一家賣零食的雜貨商店，大夥再也按捺不住百吉冰棒及小美雪糕的誘惑，隊伍自動解散蜂湧跑進零食店，圍著店內的冰櫃，選擇自己喜好的口味，交錢給笑得合不攏嘴的老闆後，一個個吮著清涼可口的冰棒，心滿意足的離開，繼續踏上歸程，心中覺得金錢真有用，可以在需要的時候，用來換取需要的商品。猛一回首無意間瞥見小店門框上貼著半新不舊的春聯，橫批為「財源廣進」，左右聯各為「房小天地大」、「店小生意隆」，不免莞爾，露出會心的一笑。因為這小店在方圓五里之內僅此一家、別無分店，構成了地區性的「獨占」，當然生意興隆囉。只是當時小小年紀，雖然知道手中握有的錄幣，有他的購買力，卻不明白他的購買力來自何方？

2-1　錢幣之功能

　　1991 年初春，筆者前往美國阿拉巴馬州奧本大學攻讀學位。利用課餘之暇，前往美國首都華盛頓特區第十四街靠近白宮附近的財務部鑄幣局 (Bureau of Engraving and Printing) 去參觀美國的金錢工廠。通過安全檢查進入木造長廊後，見到一系列的照片與圖畫，說明發行美國紙鈔的歷史以及一幅由林肯總統簽署法條授權聯邦政府印製鈔票之圖像，並慢慢經過圍有玻璃帷幕的工作室，觀看美元之印製、查驗、切割及堆疊過程。解說人員指出：美元是由克蘭公司 (Crane Company) 所產的纖維紙張印製，1 元之美鈔大約可用 18 個月之久，摺疊 4,000 次才會破裂,而 100 元美鈔則可使用 9 年左右，在全世界流通之美元總額中，只有 8% 是真正的硬幣與紙幣，其餘均為帳目上之數字與計算機晶片上之微小電子影像。因此，現代貨幣所涵蓋範圍顯然已超越了各國政府所印製之具體鈔票和硬幣，另有可以作為交易媒介但不具法償地位之塑膠貨幣如信用卡及電子貨幣如儲值卡等，

金融小百科

塑膠貨幣
泛指可用來替代傳統貨幣作為支付工具的塑膠卡片，如信用卡、簽帳卡等，持有者可以利用它來購買商品或勞務，但塑膠貨幣並非真的貨幣，因其不具有法償貨幣的特性，所以事後必須以法償貨幣清償銀行的墊款。

真是耐人尋味。而目前國際間通流的貨幣中以美元對全世界商品、勞務交易流通之影響大，後起之秀又有歐元、英鎊、日圓等與之競爭全球貨幣之領導地位。

1997年隨著中原大學、宇宙光全人關懷機構和彼岸甘肅蘭州師範大學共同舉辦的「兩岸師生共赴未來夏令營」，一行人前往絲路探索。午後抵達鳴沙山附近的村落，大夥魚貫地下車，驀然轉身，眼睛一亮，只見遠處一座蜿蜒綿長由沙礫推砌而酷似大三角錐的金黃色沙山，在斜陽的照射下，閃閃發光。只見高聳的沙山稜線上，許多狀似螞蟻大小、騎著駱駝往上爬行的旅人，前仆後繼地，爬兩步、退一步似地順著稜線向山頭緩緩邁進，每爬行一步，金色的沙礫順著身邊兩側滑下，遠遠望去駱駝行旅綿延上行數十哩，高聳入天；長長的稜線上金沙不斷順勢滑落，映照出金光閃閃，藍天白雲，好不壯觀！

大夥興奮之餘，對騎駱駝也躍躍欲試，打探價錢，才知道若騎駱駝前往月牙泉之費用支出是搭乘吉普車的三倍而且不收國外貨幣，部分同事於是改搭吉普車前往，我和小兒仍然抵不過試騎駱駝的誘惑，將美元向導遊折換成人民幣後，忍痛交出臺胞每人30元的人民幣（大陸民眾則每人只要15元人民幣），騎上了駱駝，在駝鈴叮噹聲中，大夥彷彿千年的行商，連成一線，踟躕前行於沙漠之中。我們坐在駱駝高大的雙峰之中，發現駝行先低後高、左搖右晃，厚蹄踩在一望無際的沙海之上，前仆後繼、晃晃蕩蕩，宛如行船，方才了悟牠們真是「沙漠之舟」。只是這沙漠之舟的乘騎，也需支付買賣雙方都同意的「船票」費用，而該項費用之支付必須以當地市場上通用的人民幣去交易才能完成，證明了各地不同市場上進行交易時必須以該地認定通行之貨幣作為交易之媒介，也就是在不同地區、不同市場、不同國家之間，不論日常生活、觀光旅遊、商賈買賣、服務住宿、車船乘騎，都少不了在國際金融市場作外幣之幣值兌換，始能達成商品服務或旅遊之交易。

2006年開春之際，前往美國洛杉磯探訪新婚一年餘甫生兒子之女兒，吾兒也由北加州前往洛杉磯團聚，一家人初次在海外共度農曆除夕，歡欣自不在話下。大夥在「小肥羊」餐廳圍爐共餐之後，不能免俗地送他們「狗年旺

旺」壓歲錢，手頭一寬鬆後，大夥興致勃勃前往 Northdom 百貨購物中心，只見熙來攘往的購物人潮讓收銀機鏗鏘的聲音此起彼落，發現美國採用現金交易的顧客很少，泰半採用支票、塑膠信用卡及電子金錢等，而 2008 年 11 月初臺灣立法院財務委員會也初審通過「電子票證發行管理條例草案」，開放電子票證多用途使用，使各式各樣之塑膠貨幣解禁，使各種電子票證、儲值卡的發行不再是銀行或金融機構之專利，連非金融機構的一般公司，其股本超過 3 億元，擬具營業計畫和申請文件由金管會銀行通過後，即可發行這種儲值卡當然為了保障消費者權益，電子票證之發行機構尚須開立相關結算信託專戶，繳存結算基金或取得銀行履約保證等，以確保履約能力等，不久之後信用卡、金融卡、電子錢包、I-Cash 以及捷運悠遊卡等塑膠貨幣之交易，將成為市場交易媒介之主流，令人不免想起這種 e 化交易方式是歷經多少金融變革才完成的，因此，讓我們些許介紹貨幣的功能吧。

1913 年美國政府建立了聯邦準備體系 (Federal Reserve System)，也就是美國政府之中央銀行，其下設有 12 家聯邦準備銀行，他們均被賦予印製美元的專屬權力。而在世界各國之貨幣競爭中，美元扮演相當重要的角色，因為全美發行的美元中約有 75% 是在美國境外流通的，充分展現美元在國際間的任何經貿交易活動，資金移轉和財務運作上均不失為重要的媒介貨幣。除了美元之外，全球共約 140 餘國均各自有其國家或區域組織發行的通貨在市面流傳，為生活中不可或缺的必備交易工具，所以由以上各例可見，錢幣具有多種功能，它的功能十分廣泛，我們可以將錢幣的用途歸納為以下各項。

> **金融小百科**
>
> **聯邦準備體系**
> 依美國《聯邦儲備法》的規定，美國分為十二個儲備區，每區設一聯邦儲備銀行，負責執行貨幣政策，監管會員銀行、銀行控股公司，並提供財政部相關服務。

一、交易之媒介

人類是群居分工互助的動物，不僅在政治上有組織守望相助；在教育上傳承彼此經驗；在社會上制定禮法典章以及生存之遊戲規則外，更在經濟活動方面進行專業分工，各自生產最符合其天賦能力的產品或作物，並且將自製多

餘的物產送到各種商品市集上進行交易，產品出售後再購買其他人生產的物品，以滿足自己和家庭成員們食、衣、住、行各方面之需求；所以為了方便各類市集上物產交易活動的順利進行，大家就以共同認可之「錢幣」作為衡量價值的尺度，也就是交易的媒介。因此，作為交易媒介之貨幣，通常必須能很容易分割而且便於攜帶，因此錢幣之形式是逐漸的演變，透過世代間經驗的傳承，由天然物質——貝殼、皮革、龜殼、珠玉開始，經過布帛、農具、和金屬鑄幣的各階段改革，最後演變成今日通行的紙幣等，其目的就是易於攜帶，方便作為交易的媒介之用。

二、價值儲藏的工具

當人們透過社會的分工，生產力逐漸提高，這些物產經由市集上互相交易後，通常會有剩餘的物產可用，為了便於保存剩餘物產的價值以備日後不時之需，遂以各種方式將其加以儲存；而保值儲存的最佳方法之一，就是將物產全數變現，以不易腐壞的錢幣方式加以儲藏起來，等到下一次市集當日或日後某天有急需時，就可直接以錢幣購置所須物品支用，因為錢幣本身能為大眾所共同接受，且不同面額的幣值又代表不同的價值尺度，其購買力和便利性均屬優秀，遂成為普遍通行的價值儲藏的工具，對人類各項文明的發展，多有助益。

三、投資動機及延期支付的憑據

自有人類以來，天然資質和機運之差異，造成了社會行為中的借貸關係，資金的需求和供應來源的多寡亦造就了不同市場上有著不同的套利行為。而資金豐沛者會在市場上提供資金，在到期日時收取融資的利息。另一方面資金之需求者也願意在市場上借用資金先行使用，因應急需或投資行為，在約定使用期限之日，再將本息依約奉還。這種資金之借貸關係，必須以雙方所約定之貨幣價值來計算其本金和利息，並授予延期支付的憑據，始能完成。因此資金之供給和需求，必須有明確價值尺度之錢幣以便記載延期支付之本息，因此貨幣的存在活絡了市場上之投資行為，創造了明日的商機，功不可沒。

四、價值衡量的功能

以物易物的社會必須找到彼此都需要對方擁有的財貨並不容易，若採用錢幣數量之多寡來衡量物品之價值則有助於交易之達成。

2-2　從商品金錢到近代貨幣

貨幣既是交易之媒介，也是價值儲存之工具和衡量價值之單位，經濟學上將貨幣之保有分為交易之動機、預防之動機和投機之動機，而打從人類進入以物易物的時代，為了交易之方便，許多被視為貴重的物品例如貝殼、鹽、菸草、木材、乾魚、食米和衣物都曾被當作金錢使用，這些「商品金錢」既具有交易之功能，又可作消費品使用，超越了其裝飾性或實用性而變成一種累積財富的方式以及商業交易機制中最基本的工具。早期東方及西方各國均有商品貨幣之記載，分別說明如下。

東方貨幣之形成

東方最早之貨幣歷史，始於中國。中國貨幣使用之記載，可以追溯至春秋戰國。當時的商品貨幣包括珠貝、毛皮和布帛，均是民間商賈買賣重要的支付媒介。

不過商品貨幣因數量上之不易控制，攜帶上亦不太方便，所以秦漢之時即正式鑄造金屬貨幣，其式樣為圓形方孔的銅質錢幣。基本上，中國古代之商品貨幣主要分為下列兩種：

1. 天然產物：包括貝殼、珠玉、龜殼、皮革、齒角等。
2. 生產工具或產物：包括牲畜、農具、布帛和糧食等。

這些用作交易之媒介既具有商品之性質，又可用為交易之媒介，所以是名副其實的「商品貨幣」。

商品貨幣最後逐漸改進並發展成各種不同形狀之錢幣，例如貝幣、刀幣、布幣等。

一、秦漢時代

到了秦漢時代，市場上普遍採用黃金和政府鑄造的錢幣來進行交易，其中大額之批發交易採用黃金；小額市井交易則採用鑄幣，其中秦朝之半兩錢、漢代之五銖錢均以重量計價；秦始皇之半兩錢為圓形方孔之錢幣形制，秦朝統一了以往混亂的貨幣制度，而漢武帝時所鑄造的五銖錢其重量標準為日後幣制鑄造立下了基準。

二、隋唐時代

隋唐時期之幣制類似複本位制，亦即布帛和錢幣一樣具有法定償付之能力和購買力。可惜唐朝初期政局不穩而私鑄錢幣流行，產生通貨膨脹使物價上漲；而唐朝末期則因官鑄錢幣的數量不敷市場流通之用而產生重錢輕物之通貨緊縮現象，所以唐代之貨幣制度一直未能完全上軌道。

金融小百科

複本位制
亦稱為「金銀複本位制」，意指金、銀同時作為貨幣的製作材料，並規定其幣值對比的一種貨幣制度；在漢武帝時代，金製與銀、錫合金製成的錢幣同時在市面上流通可視為一種早期的複本位制；18～19世紀在英、美、法等國被長期採用。

三、宋朝時代

宋朝是中國最早採用紙幣交易之年代，當時除了紙幣之外，尚有白銀和錢幣具有購買力。宋朝流通之紙幣除了具有多樣品種外，流通的區域也相當廣大。宋朝之錢幣製作採用之材質包括金、銀、銅、鐵、鉛、錫等多樣化幣值，名稱也有重寶、珍寶等多元化幣制，全國有數百個獨立之鑄錢機構；宋朝貨幣上之書法包括篆、隸、楷、行和草書等五體，其中宋徽宗、金章宗和王莽錢幣均為古錢中之珍品，製作精美，許多收藏家稱其為錢幣中之「三絕」。

四、元朝時代

元朝貨幣承襲宋代幣制，但以紙鈔為主要的法定償付貨幣，當時金銀主要是用來維護紙鈔的發行價值；民間則以黃金為儲藏手段，偶爾可用黃金抵付大額交易之費用。

　　明朝及清朝時期貨幣制度複雜而稍形紊亂，大體採用以白銀為主，銅錢為輔的「銀、錢平行本位制度」，但兩者之間之比值一直未能明確訂定。

金融小百科

平行本位制度
複本位制的一種，顧名思義，平行是指兩種貨幣按自己的價值在市面上流通互不干擾，如漢武定時代所實行的複本位制即為一種平行本位制。

五、清朝時代

　　清朝時期遭外國人入侵並在通商口岸經商，所以市面上流入了一枚枚的外國銀元，導致當時白銀錢幣之風行，最初為銀錠和補充用的小粒銀豆，不久在外國銀元大量流入後，中國開始自鑄銀元，邁向以標準化銀元計算枚數作定價之方式，便於流通。清末銅錢不再採用圓形方孔錢幣，而以圓形無孔之銅元取代之，並以機器鑄幣來達到標準化的要求。所以在 19 世紀時，清朝形成紊亂的多元化貨幣制度，不僅白銀、金屬錢幣和紙幣同時並存，而且本國貨幣和外國貨幣均可使用，使中國傳統貨幣制度受到外來力量之衝擊而逐漸蛻變，漸漸邁向近代西方的貨幣制度發展。

西方貨幣之演化

　　在西方早期由於「商品貨幣」具有商品和錢幣之功能，很容易被消費使用，所以數量上不易掌握，有關西方錢幣之歷史記載始於西元前 1 世紀，在小亞細亞西部富裕的呂底亞 (Lydia) 古國已發明了硬幣並使用於買賣供作交易媒介，成為西方的第一代貨幣。

一、呂底亞時期

　　當時的呂底亞人約在西元前 2000 年左右已活躍於小亞細亞之安納托利亞地區，並於希臘之特洛伊城附近製造了並通行使用小巧而便於攜帶之錢幣來進行貿易。由於呂底亞國王頒行鑄造大小與重量的標準化之天然合金錢錠，並在其上加蓋易於識別的不同面額之獅頭徽章，使用這種皇家造幣廠鑄造且質量標準化之錢幣來進行商業行為，不僅免除了攜帶秤計算合金重量之麻煩，也加速了商業交易進行的速度和信賴程度。

　　繼天然合金之後，西元前 560 年至西元前 546 年之間，呂底亞國王克羅薩斯開始採用純金與純銀鑄幣，以取代原來之天然合金原料，並設立了一種創新的零售市場方式，即任何人有物品出售時，都可以到一個集中的市場進行交易，使該國從貿易賺取了許多的財富。可惜最後因追求建造宏偉的建築與維持強大的軍隊，雖然征服了鄰國希臘的部分城邦，卻在攻打波斯之戰役中戰敗而慘遭滅亡。雖然在歷史上名不見經傳的呂底亞亡國了，但希臘各城邦及地中海許多民族卻紛紛開始採用呂底亞之製造錢幣的制度以及實行集中市場之零售交易制度，對未來之金融界之交易媒介和價值儲藏的動機的作法，產生重大影響。

二、希臘時期

　　簡言之，西元前 1000 年左右，希臘人在修正了原來的英雄主義傳統而吸收了呂底亞王國所創始的以金錢為基準的商業市場制度後，建立了一個以商業及貿易為主的國家，並逐步取代了保守的腓尼基人，成為地中海東部的商業強國。希臘各城邦由於金錢的存在，不僅反映出市場上有商業交易行為，而且形成一種以市場為中心而不再以王宮為中心的城市地理風貌；透過商品之交易，也興起了許多「商業城市」，且建立了陸上及海上之商業路線和網路。繼希臘人將金錢制度傳遍了地中海之後，羅馬帝國隨之崛起，並將此一制度傳往南歐與西歐各地區。

三、羅馬時期

　　羅馬帝國之經濟成長泰半產生於早期建立共和政體之時，尤其凱撒大帝意識到商業與市場對皇室權力極具正面價值，而維持了商業的繁榮局面。可惜，日後繼位的諸多羅馬皇帝多半對建立商業制度缺乏興趣，而只採用軍事征服手段來擴大帝國之版圖及取得戰利品和財源，以至於長年征戰，不事生產，更談不上維持商業的發達了。戰費浩繁使羅馬帝國入不敷出，加上政府官僚體系日益龐大使支薪的官員及助理人數倍增，迫使皇家開始將流通之錢

幣中的含銀量逐漸降低，以便增加可使用的貨幣數量。自尼祿皇帝 (Nero Claudius Drusus Germanicus) 時將錢幣之含銀量減少為 90% 之後的兩百年間，錢幣之含銀量最後竟降低為 5%。這種錢幣含銀量下降，使物價水準也逐漸上揚，政府只好加重農人、商人及技工的稅賦，皇帝及其親信卻能免繳稅賦，以致社會上貧富不均；一般羅馬統治階級偏愛來自中國的絲綢、衣飾及亞洲的香料、珠寶等奢侈品，並以大量黃金、白銀支付，造成了全球性首次的貿易逆超即進出口貿易不平衡現象。之後羅馬帝國在 4 世紀逐漸衰敗，使羅馬鑄幣廠停止鑄造已經全面貶值之貨幣。476 年，羅馬帝國正式滅亡，人類延續了 1,000 年之久的古典錢幣經濟同時崩潰。

直到 1350 年文藝復興時期之前，農村型態出現，許多莊園、城堡、寺院等建築大興土木，成為生產力和權勢之中心。雖然當時僅有地中海東部地區仍維持了錢幣的造幣制度，但是日後在西歐人侵入東方回教國家的年代，金錢又獲得新的重要地位，成為東、西方之間新開啟的海上及陸上絲路形成了廣闊貿易路線上交易之媒介。加上義大利銀行世家在各主要市集上，從事各國貨幣之借貸並使用匯票，使得東西方之間商賈互市，絡繹不絕，商業活動及金融市場日益健全。

李奧納多·費博納琪 (Leonardo Fibonacci) 在 1202 年出版了 *Liber Abaci* 一書，將阿拉伯數字引進歐洲，取代了羅馬數字，方便了商業活動之記帳和發展。

四、文藝復興時期

1350 年代文藝復興運動帶動了銀行業之復甦，不少銀行家均因從事金錢之兌換和海外貸款業務，財富漸增。1422 年在義大利坐落於托斯卡納山中的翡冷翠城不僅是文藝復興時期之畫家、雕塑家、作家之搖籃，先後造就出雕塑家貝利尼及畫家米開朗基羅等名人，翡冷翠城亦成為銀行業之重鎮，當時該地區已發展出 72 家國際銀行。而文藝復興運動將新的商業理念與藝術風格進一步傳揚到法國、德國、荷蘭、英國及北歐地區，引起了新

> **金融小百科**
>
> **李奧納多·費博納琪**
> 知名數學家，1175 年出生於義大利，少年時期在敘利亞、北非等地遊歷，接觸到十進位的阿拉伯數字，並將阿拉伯數字帶進歐洲；他也是費式數列的提出者。

的思維方式和新興商業組織，建立了新的金融體系。不僅改變了歐洲人之生活方式，並且在歐洲各強大海權國家取得美洲的新礦區黃金、白銀等財富後，更促使這種新的金融體制成為一種多元化的混合銀行制度。所以歐洲各國由義大利、荷蘭和英國人逐步建立的金融制度，造就了今日世界金融體系的風貌和基礎。

五、20 世紀時期

　　另一方面，由於國與國之間政治、貿易及居民的來往日形密切，為了支應國際之間商品、勞務及旅遊的收付所需，各國政府開始制定各國之貨幣政策、國際金融措施以及營造相關運作之機構，形成近代之國際金融制度。20 世紀中，這些國際金融制度，經歷兩次世界大戰的焠煉和演變；戰後，各國開始尋求全球商品、勞務及資本流通方面能夠更加快速的自由化和全球化，以因應各國間進、出口商品之交換、國際資本之投資、國際間證券之買賣以及各國際間機構之借貸活動之更加頻繁互動，因此產生國與國之間大量資本和證券化商品在全球金融市場上迅速移動，加上人類資訊和財經活動有 e 化作業的配合，使得許多國際金融市場硬體和軟體的蓬勃發展，可以說是到了一日千里，無遠弗屆的局面。我們首先探討國際金融市場上，物流和金流相輔以成的現況。

🌐 2-3　國際金融市場之形成

　　國際金融市場最早發生的原因是因國際間商品及勞務交易（物流）需要精確迅速有效的付款（金流）方式來完成；另外，一般人遠赴他國旅遊、洽公亦需面對不同國家間貨幣交換的匯兌問題；國際間金流之移動先由早期攜帶大批現款趕赴市集、賽會或票號、銀行作通貨兌換而發展至以匯票、支票或銀行之信用狀或電匯方式付款已算很有效率，但當國際間資訊工業、e 化作業、網路系統架設愈趨完善之後，許多新的金融商品和國際資本的借貸活動，以及

金融小百科

票號
中國古代的金融機構，初期業務為辦理匯兌，至清朝則開始承辦存款業務，到了 20 世紀初期，票號逐漸由現代銀行所取代。

國際間設廠、資本投機操作等運作就如雨後春筍般大量冒出市場，這些國際資本之流通主要導因於國際貿易、國際投資、國內外資金之募集和流動資金之應用與管理這四大主流，也是國際金融市場形成的主要原因，分別說明如下。

國際貿易

現代人已經習慣於享受透過國際間貿易行為而購得物美價廉或品質精湛之商品。各國街道上開滿了來自不同國家的進口轎車，如德國之 BMW、Benz、瑞典之 Saab、Volvo、日本之 Honda、Toyota，以及美國之 Buick 和英國之Rolls-Royce 等，熙來攘往似乎隨處可見。各個家電用品市場也是五花八門：冷氣機、冰箱、電視、錄影機分別來自許多不同的國家，有的以外形取勝，有的以功能取勝，更有的加入了人性化設計，除了亞馬遜河流域以及非洲部分蠻荒地區或崇山峻嶺、邊關小鎮、兩極冰原外，全球大部分都市化的地區，都可以享受到來自地球村的各個角落，透過國際貿易之進行而交互流通的美妙商品。衣、食、住、行所需的各種食物、日用品、服飾、皮件及家具等品牌多到琳瑯滿目，吸引著消費者大掏腰包。這些商品的進出口，通常是透過專業的貿易商、進口商向銀行以所購之外幣（美元、日圓或歐元）用信用狀或電匯等方式向國外出口商購買並支付進口貨款後，再報關流通，進入本國之消費市場。國際貿易上貨品之進、出口產生了外幣之收取與支付，而這些國際交易貨款之收支項目，必須仰賴國際金融市場上利用健全的金融制度用外匯交易來完成。

然而國際貿易因下單製造及交單提貨的時間和地點有時空的差距，所以自下訂單、製造、包裝、運送、出貨到收取貨款均需要時間，導致貨款在下單訂製和收清款項時有時間上之差距，產生外幣匯兌交換的風險。也就是一段時間內可能發生匯率之變動而造成公司、政府機關或商業機構的匯兌損失，規避此種匯率風險，

> **金融小百科**
>
> **信用狀**
> 在國際貿易上常見的付款方式，開狀銀行應進口商的請求發給出口商之文書，當出口商履行相關義務時，開狀銀行即代替進口商支付貸款。
>
> **電匯**
> 一種匯款方式，多使用在商業行為上的付款方式，由匯款人請往來銀行辦理手續，透過電報的方式通知收款銀行，將匯款匯到收款人的戶頭內；此項業務大多需要收取手續費。

也成為國際貿易業者定價下單時一大考慮。所以國際交易引起的國際資本之結清和流動，使交易時避開匯兌風險成為國際交易上之重要議題之一。

國際投資

當公司或工廠在本國之營運相當順利且獲利穩定的情況下，為了尋求更大之市場規模，除了進行商品之國際貿易外，公司之經理人往往會向海外進行國際直接投資——例如至海外設立新工廠、設立分公司、收購海外公司之股權、或採用策略聯盟與外商建立合資企業等，這些國際投資均需動用到大額之資金，所以企業主多半會事先進行國際資本投資項目之本益評估，僅有在該項國際資本投資之收益現值大於其投資成本時，業主才可能進行投資，以增加企業之價值。

同樣地，業主進行大規模國際投資時亦是以外幣計值，其投資之切入點和資金之動用，也牽涉到外匯（及外國貨幣）之支付，而投資獲利時之外匯收入和選擇兌換外匯為本國貨幣之面額，亦受到國際匯率變動之風險。此種國際直接投資亦成為國際金融流通之一環。

國內外資金之募集

任何企業決定擴展營業之範圍而增加對外投資時，首先必須考慮其資金募集之方式和來源。

公司投資資金募集之來源很多，最常見的包括發行新股票或新債券，抑或以公司之盈餘資助股東增資，並採用最低成本作考量。在國內、外若發行新股票或新債券時，也必須精算以最低之成本獲得最大之資金額度。尤其是在海外募集資金時，也需採取匯率較穩定之外幣計值，避免匯率波動之風險。這種投資資金在海外募集勢必會吸引到不少國際投資者或投機客的資金，形成國際資本之匯入或匯出，以爭取高於銀行儲蓄利息之收益。

流動資金之應用與管理

企業為了日常營運的順利，通常需準備足夠的流動資金隨時應用。例如

工廠為了擴大業務範圍，會向國外購買生產之機器設備、進口原料、半製成品與零件，產生了以外幣計值之應付款項；另一方面，若工廠製造的貨品除了內銷以外，亦有部分外銷他國，成為外幣計值之應收款項；公司在短期業務之操作上，若有剩餘之資金，不妨採用短期之國際證券投資來獲利，或者以短期放款賺取利息收入，凡此種種流動資金項目（應付款、應收款、應收利息、短期證券、股利及流動現金等），都應維持一個適度的金額以方便應用，足夠應付公司日常營運所需並降低其投資成本，避免資金周轉不靈，以維護公司形象。

這種流動資金之應用與管理，也是國際金融短期流動資本的來源之一。管理流動資金之業務人員通常需了解並掌控公司應保有之最低現金額度，規劃多種外幣現款之餘額，找出短期資金運用最有利之國際投資，或者對公司不足之資金尋求最低成本之國際籌款等，才不致發生流動性風險。另就每日、每週、每月之公司流動現金事先作好完整的規劃外，亦需規避或降低利率及匯率變動的風險。這種國際上短期資金之借貸，既為貨幣市場上的主要經營項目，亦成為國際金融市場形成之原因之一。

2-4　國際貿易之金流與物流

由以上各節可知國際金融市場之形成，最早萌芽於國際間商品及勞務之交易——也就是所謂的國際貿易上，除了出口商品之訂單、下單製造、完工包裝、運送出貨、進口報關、交稅提貨至倉儲零售等貨物流程（以下簡稱物流）外，尚有進口商至銀行開發申請信用狀 (Letter of Credit; L/C) 或電匯 (Telegram Transfer; T/T) 貨款、交付手續費或保證金、付款領單、匯票兌現等金錢貨款之支付流程（以下簡稱金流），才算正式完成；物流之部分仰賴出口商或製造商、保險公司（需購買貨物之保險）、船公司或空運公司（運送貨物）、海關人員或公證公司人員（驗貨）等加以完成；而金流部分則依靠進口商、銀行或金融機構去運作完成，其相關流程以圖 2-1 說明之。

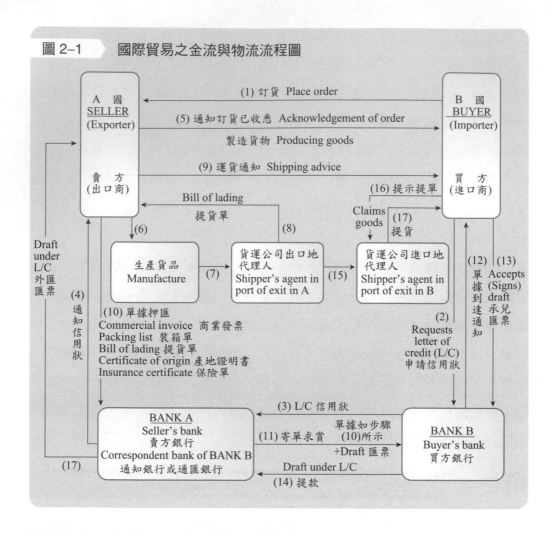

圖 2-1　　國際貿易之金流與物流流程圖

一、物流方面

　　由圖 2-1 可知國際貿易之物流流程是以出口商接到買方訂單⑴或信用狀⑷後才正式製造⑹，並於貨品製造完成後交運船公司⑺，取得船公司大副或代理商之提貨單（bill of loding，簡稱提單）⑻後，依照信用狀上所規定之押匯單據⑽至賣方銀行押匯，賣方取得新臺幣貨款之同時，由賣方銀行憑押匯單據及外匯匯票⑾向買方銀行收取全數外匯貨款⒁。

二、金流方面

在金流方面，先由買方即進口商申請信用狀(2)，貨物出貨抵達並於賣方銀行通知買方的開狀銀行於買方承兌匯票(13)付清貨款後，該筆外匯貨款即可由賣方押匯銀行全數取得外幣(17)如美元貨款，完成了國際貿易的一椿交易。

在 1980 年代至 1990 年代間，進口貿易商以美元計價之信用狀來支付貿易貨款之方式十分流行，約占臺灣總進出口貿易額之 90% 以上。但自 1990 年代以後，由於國際上諸多大廠紛紛至海外設立分廠直接投資，或者貿易商與海外經銷商、外國公司共同合作進行策略聯盟之後，為了爭取市場商機，許多國際貿易型態已採水平分工，即設廠於不同國家進行國際分工、在不同地區產銷同類異質商品，快速交貨的模式，因此以電匯方式付款交貨大為盛行，平均交貨期也由以往之 30 天、45 天縮短為 1 星期或 2 星期內出貨，因此電匯 (T/T) 與信用狀 (L/C) 交易目前已各占貿易總額之一半左右，而貨款的外匯種類已由以往的美元獨大的局面逐漸移轉至歐元、日圓、英鎊等多元性國際通貨了，這也是國際金融上的一種流行趨勢。

2-5　國際金融市場之內涵

國際貿易的物流部分是以商品或勞務跨國界之買賣為主，而其貨款用外幣計價並透過買賣雙方之往來銀行進行交換，也就構成了外匯交易的匯兌行為，所以其金流的部分屬於國際金融最早的一環。但是國際金融日益壯大，所涵蓋的範圍愈來愈廣，只要是各種金融交易活動有跨越國界的行為均包括在內。例如外匯買賣、黃金、白銀、貴重金屬的跨國交易，短期國際融資行為、長期資本移動或借貸以及各種有價證券、債權憑證之發行，只要是構成國際間債權、債務之清算，借貸融資之目的或國際

金融小百科

提貨單
指國際貿易中，負責載送貨物的運輸部門簽發給出口商的有價證券，證明貨物確已運載於船上，並約定運往目的地交予進口商。

押匯
分為出口押匯及進口押匯，現多指出口押匯，即買賣成交後，賣方持信用狀及附帶的單據文件，向銀行貼現或由銀行承兌。

金融小百科

債權憑證
這裡的債權憑證與法院發給債權人證明債務關係存在且未執行的憑證不同。這裡的債權憑證指的是金融機構將流動性較低的債權，如房貸、車貸等，透過證券化出售給投資人分散風險。此類債權憑證，雖有多有抵押品擔保，但仍有違約風險，因此必須有較高的收益率才能吸引投資人購買。

收支之調節等,均屬於國際金融商品之交易;而國際金融市場泰半沒有特定的交易場所,只要是參與者雙方在各自之金融機構而機構本身有加入現代化之電傳系統 (telecommunication system) 以進行交易,即構成國際金融市場。

國際金融市場,根據交易標的物之差異,可以區分為以下 4 種不同的市場:

1. 國際外匯市場:以外國貨幣(即外匯)為交易標的物。
2. 國際貨幣市場:以國際短期信用融資工具為交易標的。
3. 國際資本市場:以籌措長期資金之金融商品為主要交易標的。
4. 國際黃金市場:以黃金及其他貴重金屬為交易標的物。

> **金融小百科**
>
> **實物交割**
> 當交易成立時,賣方即將商品交予買方,買方同時要將金額付與賣方,簡言之就是「一手交錢,一手交貨」。

以上不論是哪一種標的物,只要是金融商品或證券、債權憑證等以「實物交割」(physical delivery) 者,屬「現貨」交易。但若只需「掉換部位」(turn position) 而不需實物交割者為「期貨」交易。一般期貨交易在開戶時存入交易金額之 10% 或 15% 左右即可進行交易者,稱為「保證金交易」(margin trading);但若干金融商品之選擇權,買方只要支付「權利金」(premiun) 就可以從事交易了,這些都是國際金融市場上常見之交易方式。

2-6　國際金融市場之發展

由於國際貿易商品經濟的發展的需要,產生了國際金融市場。在 18 世紀末期英國發生第一次工業革命,在生產技術進步、政經繁榮、海外殖民及航運發達以及銀行網路系統逐漸完備之情況下,倫敦因海外匯入足夠之資金而於第二次世界大戰之前,成為國際金融中心。

20 世紀,前後發生兩次世界大戰,使國際金融及經濟發生嚴重損失,戰後美國國力竄起,對歐洲、亞洲及世界經濟之落後地區紛紛提供經濟及財力支援,並從事各項戰後重建工作及多種建設,使美元成為國際通用的貨幣,而紐約逐漸成為全世界的金融中心。

在 1980 年代,日本經濟日益發展並採行金融自由化後,日圓亦成為全球

通用之關鍵貨幣之一，因此東京在國際金融上逐漸躍升為世界級第三大國際金融中心。

為了維持美元在國際上價值之穩定，1963 年美國政府通過成立「境外金融中心」(Office Banking Unit)，包括美國境外的歐洲美元市場 (Euro-Dollar Market)、新加坡的亞洲美元市場 (Asian-Dollar Market) 以及若干可享租稅優惠的小島，例如卡門群島 (The Cayman Islands)、巴哈馬 (Bahama)、百慕達 (Bermuda) 以及英屬維京群島 (British Virgin Islands) 等租稅天堂，使這些地區與世界其他金融中心的業務產生連動關係。

國際金融在 1990 年代起，在歐洲地區更形發展，其中德國的法蘭克福和法國的巴黎亦成為國際金融中心的二大重鎮；亞洲的新加坡也因其地理位置之優越，經濟欣欣向榮，加上新加坡作為世界之自由港，貨物進出免稅之故，亦躍升為國際金融中心之一。

自 20 世紀末葉開始，人類科技、資訊的進展快速，國際化的跨國公司普遍設立，全球化、自由化蔚為風氣，歐洲聯盟也正式成立且有部分會員國加入歐洲單一貨幣聯盟。成立歐元區之後，歐元成為金融市場上之關鍵通貨，這也使國際金融的發展更趨向多元化的方向邁進。

> **金融小百科**
>
> **境外金融中心**
> 指一國境內，使用較少的金融管制及優惠措施，吸引國外的資金投入國內或該國境外的金融業務。如辦理境外客戶之利率交換、遠期利率協定等業務。

本章習題

一、選擇題

（　）1. 西方最早之貨幣是由哪一個國家鑄造的？　(A)羅馬帝國　(B)呂底亞

古國 (C)印度孔雀王朝。

( ) 2.羅馬帝國在早期建立共和政體,是哪一位皇帝重視商業,使市場經濟繁榮? (A)凱撒大帝 (B)尼祿皇帝 (C)教皇。

( ) 3.文藝復興運動除了造就不少畫家、作家和雕刻家之外,尚有許多銀行家出身於下列哪一個國家和地區? (A)法國巴黎 (B)德國法蘭克福 (C)義大利翡冷翠城。

( ) 4.國際貿易之金流部分,早期普遍採用下列何種方式去運作? (A)現金 (B)信用狀 (C)支票。

( ) 5.公司投資募集資金之來源主要採用何種方式? (A)社會資助 (B)向銀行借款 (C)發行股票或公司債。

二、問答題

1.貨幣有哪 3 種主要功能?

2.解釋「商品貨幣」之意義和種類。

3.全球最早採用紙幣的是哪一個國家? 西方通行之第一代貨幣是開始於何時何處? 最後是由哪一個國家承傳其貨幣制度及商業市場制度?

4.人類延續 1000 年之古典錢幣制度是如何沒落的? 其原因為何?

5.請舉出 6 種國際貿易物流之重要單據。

Chapter 3

國際金融應用之經濟分析工具

3-1　國民所得

　　國民所得又稱**國民生產毛額** (Gross National Products; *GNP*)，為一國全體國民在某一固定之會計年度內，所生產出來供最終使用的財貨與勞務之市價總值；但為了遷就本國國民有僑居在海外者，其生產之產值不易掌握及計算，所以另以本國國境之內，全體居民之總生產毛額來取代者，稱**國內生產毛額** (Gross Domestic Products; *GDP*)，而 *GDP* 之計算方法，通常包括下列 3 種方式。

一、支出面法

$$GDP = C + I + G + X - M$$

其中 C 為消費函數；

　　I 為投資支出；

　　G 為政府支出；

　　X 為出口總值；

　　M 為進口總值。

二、要素所得法

$$GDP = W + R + i + \pi + D + IDTn$$

其中 W 代表工資所得；

　　R 代表租金所得；

　　i 代表利息所得；

　　π 代表利潤所得；

　　D 代表折舊金額；

　　$IDTn$ 代表企業間接稅淨額。

三、最終財貨法

$$GDP = P_C Q_C + P_I Q_I + P_G Q_G + P_X Q_X$$

其中 $P_C Q_C$ 表示消費財之平均單價乘上消費財之總數量,亦即消費財之總產值;

$P_I Q_I$ 表投資設廠之總價值;

$P_G Q_G$ 表政府產出之總價值;

$P_X Q_X$ 表出口財貨之總價值。

雖然採用以上 3 種計算國內生產毛額 (GDP) 的方法不同,但理論上均可獲致相同的數額,而基於計算上之方便性,大多數國家均採用支出面法由其主計機構衡量之,亦即:

$$GDP = C + I + G + X - M$$

其中消費函數 (C)、投資函數 (I) 及政府支出 (G) 等部分,政府可透過財政政策 (fiscal policy) 或貨幣政策 (monetary policy) 而加以調整,其**財政政策**是指政府以增減其稅收,或調升調降各項稅率、發行公債,以因應其政府支出、並調節工商業景氣之政策。而**貨幣政策**是指政府以公開市場操作買賣有價證券、印製新鈔票、或提高、降低重貼現率等政策來調整貨幣之供需。

國際金融所涵蓋之**國際收支餘額** (Balance of Payment; BP) 主要包括國際商品與勞務交易之經常帳和國際間資本移動之資本帳兩大部分,均會間接影響到本國之貨幣供需。換言之,本國出口 (X) 減去進口 (M) 之淨貿易餘額和淨資本流動餘額會直接透過本國之國際收支餘額而影響到本國之貨幣供給量 (Money Supply; MS),進一步衝擊到本國之貨幣政策。因此本章將進一步解說國際金融所應用到的貨幣政策、財政政策和各國相關市場之間彼此互相牽動的關係,使讀者能徹底了解金融工具之意義及其使用之目的。

3–2　商品市場

一國商品市場交易的標的物就是各個國家人民日常生活中食、衣、住、行、育、樂各方面所需使用之商品和勞務,從整個經濟體而言,也就是該國全體國民之支出層面。因此我們可以由國內生產毛額之計算窺其全貌,首先由下列消費函數談起。

一、消費函數

$$C = C_0 + cY \tag{3.1}$$

其中 C 為消費總支出額；

C_0 為自發性消費；

c 代表邊**際消費傾向** (Marginal Propensity to Consume; *MPC*)，亦即 $\frac{\Delta C}{\Delta Y}$，即每增加 1 元之國民所得時，人民花費在消費支出之增量，Y 為國內總生產。

而每個國家之人民的邊際消費傾向和他們的民族性以及消費習性有關。例如臺灣之居民曾在 1980 年代創下 35% 之高儲蓄率，因而大約可以推估，每當臺灣居民國民所得增加 1 元時，大多數居民會花費 0.65 元，而將剩餘的 0.35 元儲蓄起來，當時社會大眾之邊際消費傾向接近 0.65。

二、投資函數

至於投資函數（Investment function，以 I 表示之），通常投資是利率 (interest rate) 的減函數，也就是當利率下降時，民眾和企業家向銀行或金融機構借款投資之成本下降，所以願意增加投資金額；反之亦然。

三、政府支出

政府支出（Government expenditure，以 G 表示之）則由行政機構作決策並通過立法機關或相關部會之審核通過後執行，一般均假設其為每年有一固定金額可供動用。

四、出口函數

出口函數（export function，以 X 表示之）受到匯率（exchange rate，以 e 表示之）和價格（Price，以 P 表示之）之影響。

五、進口函數

進口函數（import function，以 M 表示之）除受到匯率 (e) 和價格 (P) 之影響外，富有的國家其國民所得 (Y) 高，則誘發性進口之數額較高；反之，貧窮的國家因國民所得 (Y) 較低，故購買進口貨之能力較低，因此進口函數多半會受到國民總生產之數額大小之影響。所以進口函數可用 $M = M_0 + mY$ 表示，其中 M_0 為自發性進口量，m 為**邊際進口傾向**，即 $\dfrac{\Delta M}{\Delta Y}$，為增加 1 元國民所得時，花費在進口貨增加之比例，而 m 之值介於 0 與 1 之間。

六、均衡所得與進、出口對所得之影響

為了簡化模型，我們假設投資支出 I，政府支出 G，和出口總值 X 均各為不同之常數值，亦即：

消費函數 $C = C_0 + cY$

投資支出 $I = I_0$

政府支出 $G = G_0$

出口總值 $X = X_0$

進口函數 $M = M_0 + mY$

基於上述各個層面，我們可以由一國國民之總產出 (Y) 和總支出相等時，求出均衡所得 (Y^*) 如下：

$$Y^* = C + I + G + X - M$$

將前述假設模型各項支出值代入上式得：

$$Y^* = (C_0 + cY^*) + I_0 + G_0 + X_0 - (M_0 + mY^*)$$
$$= C_0 + cY^* + I_0 + G_0 + X_0 - M_0 - mY^* \qquad (3.2)$$

將 (3.1) 式之 Y^* 置於等號之左邊可得：

$$Y^* - cY^* + mY^* = C_0 + I_0 + G_0 + X_0 - M_0$$

則：

$$(1 - c + m)Y^* = C_0 + I_0 + G_0 + X_0 - M_0 \tag{3.3}$$

上式 (3.3) 等號兩邊各除以 $(1 - c + m)$ 可以得到均衡所得之值，即：

$$Y^* = \frac{C_0 + I_0 + G_0 + X_0 - M_0}{1 - c + m} \tag{3.4}$$

將上式 (3.4) 對 X_0 作偏微分，可以得到出口乘數為：

$$\frac{\partial Y}{\partial X_0} = \frac{1}{1 - c + m}$$

將 (3.4) 式對 M_0 作偏微分，可以得到進口乘數為：

$$\frac{\partial Y}{\partial M_0} = \frac{-1}{1 - c + m}$$

一般而言，由於邊際消費傾向 c 之值和邊際進口傾向 m 之值均小於 1，所以出口乘數和進口乘數之絕對值均大於 1(因為各乘數之分母之 $(1 - c + m)$ 值均小於 1 之故)，但其對國民總產出之影響方向兩者是相反的，由於出口乘數為正值所以出口可以增加國民總產出 (Y)，而進口乘數為負值所以進口會減少國民產出 (Y)，我們可分別以圖 3–1 及圖 3–2 來加以說明。

圖 3–1 中，在與國民總產出 (Y) 夾角 45° 之線段和原始總支出 $(C + I + G + X - M)$ 線之交點 A 上所對應之均衡產出值為 Y_0，今若本國之出口值增加 ΔX，將導致總支出線平行上移到 $C + I + G + (X + \Delta X) - M$ 線，而與 45° 線相交於 B 點，B 點所對應之新的均衡產出為 Y_X，而 $Y_X > Y_0$，所增加的國民總產出值為：

$$\Delta Y = Y_X - Y_0 = \Delta X \cdot \frac{1}{1 - c + m} = \Delta X \cdot 出口乘數$$

其中出口乘數為 $\frac{1}{1 - c + m} > 1$，故出口量 ΔX 之增加，使得增加之總產出 ΔY 以大於 1 之乘數來倍增，此即為出口之乘數效果；所以各國均希望能增加本國商品之出口，以促進國民總產出之增加。

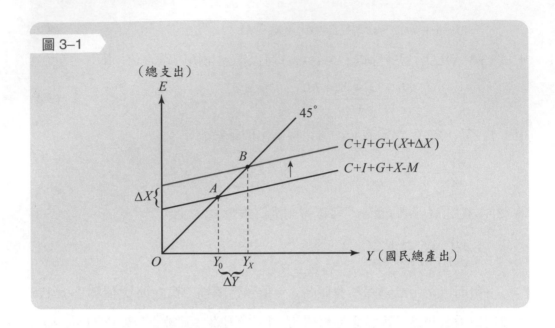

圖 3–1

另一方面，進口值之增加會導致國民總產出之減少，如圖 3–2 所示。

在圖 3–2 中，45° 線與原始之總支出線 $C+I+G+X-M$ 之交點為 D，其對應之原均衡產出值為 Y_0。

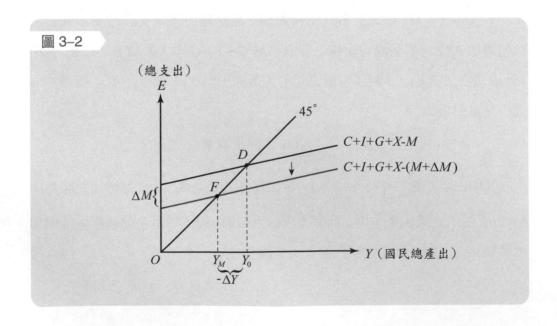

圖 3–2

今若增加自發性進口 ΔM 之進口值，對總產出值 Y_0 發生之變化量為

$\Delta Y = \Delta M \cdot \dfrac{-1}{1-c+m}$，即總支出線將平行下移至 $C+I+G+X-(M+\Delta M)$ 線，

而與 45° 線相交於 F 點，為增加進口後之新均衡點。在 F 點所對應之本國國民總產出則由 Y_0 下降到 Y_M，所以進口值之增加將減少本國之總產出水準。因此各國均對貨品之進口增加不敢掉以輕心，除非是機械設備、生財器具之進口外，對於由國外大量急遽增加之消費財的進口或國外以低於正常價格傾銷貨品到本國，或有受外國政府補貼之進口貨品而影響到本國同質產業之發展者，各國均分別祭之以反傾銷稅或平衡稅之處罰，這也是參加世界貿易組織 (WTO) 各會員國之間宜避免傾銷行為或補貼行為的原因，主要是由於傾銷或補貼行為屬於價格歧視或不公平之貿易作為，受害之會員國可以請求 WTO 之爭端解決小組調查協調，並作出損害賠償之裁決。

> **金融小百科**
>
> **傾銷**
> 意指一國以非合理價格（如低於成本價），將貨品大量出口到另一國的情形，多國設立反傾銷法來避免該國企業利益受損。

3-3 商品市場之均衡

最初當商品市場達到均衡時，如圖 3-3 之 F^* 點所示，此時隱含同時市場上有一均衡利率為 R_0，其對應均衡所得為 Y_0。

圖 3-3

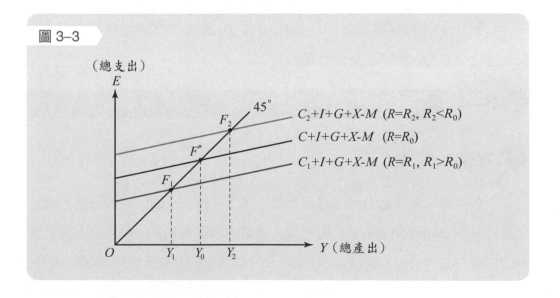

假若市場利率上升，由 R_0 上升到 R_1 時，必會使消費 C 下降至 C_1，而導致新均衡點為 F_1，此時總產出下降至 Y_1，因此我們可據以繪出當利率為 R_1 時，均衡產出為 Y_1，反之，當利率下降到 R_2 時，消費增加到 C_2，新均衡點 F_2 所對應之總產出值為 Y_2。

將所有商品市場之均衡點對應之均衡利率和其總產出，如 (Y_0, R_0), (Y_1, R_1) 和 (Y_2, R_2) 各點連接，我們可以獲得 IS 線如下圖 3–4 所示。

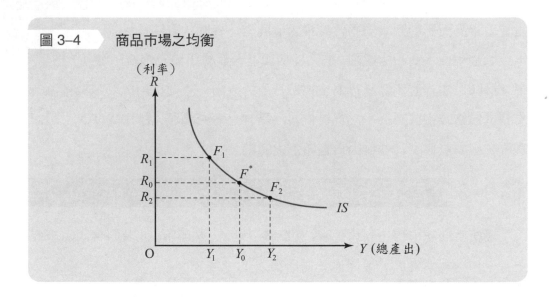

圖 3–4　商品市場之均衡

由圖 3–4 可知 IS 線上之任何一點，F^*、F_1 或 F_2 均代表在商品市場上達到均衡之（產出，利率）之組合點。

3–4　貨幣市場

貨幣的需求

一般而言，市場是由供應商品之賣方（即 supplier, seller）和有能力購買之買方（即 demander, buyer）所組成，貨幣市場也不例外。在貨幣市場上貨幣的主要供應者為政府機構，銀行廠商及貸款資金的社會大眾；而貨幣市場對

貨幣產生需求者主要包括資本家、投資客及需要借錢的一般民眾。根據經濟學家的說法，一般社會大眾對貨幣的需求主要來自生活中的三個層面，亦即交易動機、預防動機與投機動機的貨幣需求。其中**交易動機**是指貨幣用來購買日常生活食、衣、住、行、育、樂的各項花費；**預防動機**是指貨幣儲蓄於各種不同之金融機構以供未來不時之需者；**投機動機**是指貨幣之使用於投資在動產、不動產及各項有價證券和金融商品上之支出。既然將貨幣視為市場上的商品，則一般人對它的需求必須支付的代價，稱為利息支出，亦即使用每 1 元貨幣乘上所需支付之利率 (R)，因貨幣本身為正常財，當市場利率高即價格貴時，人們對貨幣需求量減少；反之，當市場上利率低時，貨幣需求量會增加，所以貨幣之需求線 (demand for money; M^d) 為一條由左向右向下傾斜之曲線，如圖 3–5 中之 M^d 所示。

圖 3–5 中縱座標表示利率 (R)，即對借支時每 1 元貨幣之使用所需支付之報酬率，視如貨幣之價格。而橫座標為實質貨幣數量，亦即由當年之名目貨幣數額 (M) 除以當年之物價水準 (P)。

因此 M^d 線代表貨幣之需求線，包括了交易動機之需求、預防動機之需求和投機動機之貨幣需求量之水平加總。

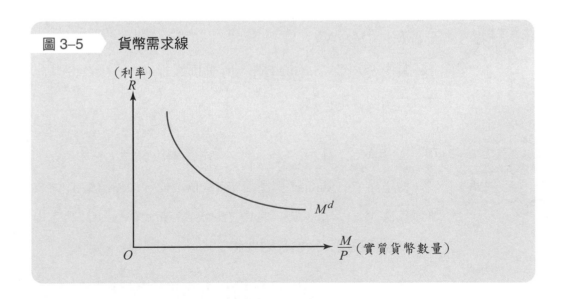

圖 3–5　貨幣需求線

貨幣的供給

構成市場之另一面為貨幣之供給者。有關貨幣之供給之定義，則包含下列各種。

一、$M_0 = C^P + R$

是依據費雪 (Fisher, 1911) 定義貨幣為「任何財產權在交換過程中能被廣泛接受者」。式中 C^P 代表社會大眾手中持有的通貨額 (coin and currency held by the public)，而 C^P 等於通貨毛額扣除央行、財政部與銀行廠商窖藏之現金（亦即經濟體系內流通之通貨淨額）；R 代表銀行體系保有之準備 (Reserve)。

二、$M_{1A} = C^P + DD$

主要依據羅伯遜 (Robertson, 1959) 定義貨幣為：「任何商品若能廣泛地作為交換工具或於清償營利性債務時能被接受者」。其中 DD 代表 Demand Deposit，包括銀行廠商發行之活期存款與支票存款帳戶以及外國商銀在本國央行所擁有之活期存款餘額。

三、$M_{1B} = M_{1A} + SD$

其中 SD 代表 Saving Deposit，亦即銀行廠商（未含郵匯局）發行之活期儲蓄存款。

四、$M_2 = M_{1B} + TD$

傅里曼 (Friedman) 與斯瓦茨 (Schwartz) (1963, 1970) 將貨幣定義為 $M_2 = M_{1B} + TD$，其中 TD 代表 Time Deposit，即定期存款，包括現金、活期性定存和定期性存款等。

五、$M_3 = M_2 +$ 信託基金

葛利 (Gurley) 與蕭沃 (Shaw) (1960) 認為匯票支付服務、電話轉帳及自動轉帳的儲蓄帳戶等新措施均可大幅提升儲蓄存款之貨幣性，認為應該將所有金融廠商發行之流動性負債包括於 M_3 貨幣定義中，即 $M_3 = M_2 +$ 信託基金。而信託基金中尚包括銀行廠商發行之可轉讓定期存單 (Negotiable Certificate of Deposite; NCD)。

六、準貨幣

準貨幣包括貨幣機構之定期存款、可轉讓定期存單淨額、定期儲蓄存款、外幣存款、外匯存款、外匯信託資金、外幣定期存單、金融債券淨額、央行發行儲蓄券淨額與 12 種國庫券淨額等。

理論上對於各種不同定義之貨幣供給其共同之特性之一為在某一特定時間、一經濟體系之貨幣供給量之總和為一固定之金額，因此貨幣之供給線 (M^s) 為一垂直於數量軸之直線，如圖 3–6 所示。

> **金融小百科**
>
> **可轉讓定期存單**
> 在存款期間可以自由轉讓給第三人的定期存款存單，持有者可在定期存款期間將存單依照自己所需的金額，出售給票券公司，或者是跟銀行辦理質借，以取得所需款項。

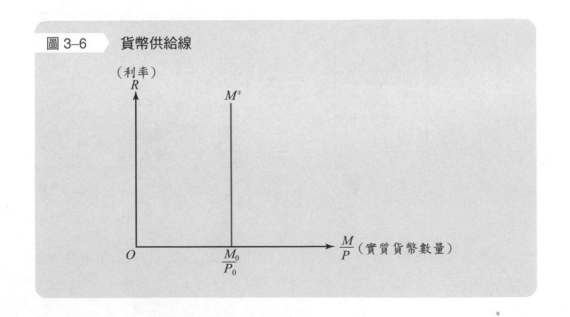

圖 3–6　　貨幣供給線

其中 M^s 線代表貨幣供給量為固定，其實質貨幣數量 $(\frac{M}{P})$ 為名目貨幣供應量 (M) 除以當年之物價水準 (P)。

3–5 貨幣市場之均衡

　　將貨幣市場之需求與供給線繪於同一圖形上，我們可以得到貨幣市場之均衡點 E_0，此時市場均衡利率為 R_0，而所對應之均衡之產出為 Y_0。

　　如圖 3–7 所示，假若均衡產出增加，由 Y_0 上升到 Y_1 時，交易動機和投機動機之貨幣需求隨之增加，促使貨幣需求線由 M^{d_0} 上升到 M^{d_1}，此時貨幣市場上利率有走揚之趨勢，即 R_0 上升到 R_1。反之，若總產出 Y_0 下降到 Y_2 時，則貨幣需求 M^{d_0} 將下降到 M^{d_2}，而新均衡利率將有下跌到 R_2 之趨勢，我們將所有貨幣市場之均衡點 (Y_0, R_0)、(Y_1, R_1) 及 (Y_2, R_2) 連成一線，即為 LM 線，如圖 3–8 所示。

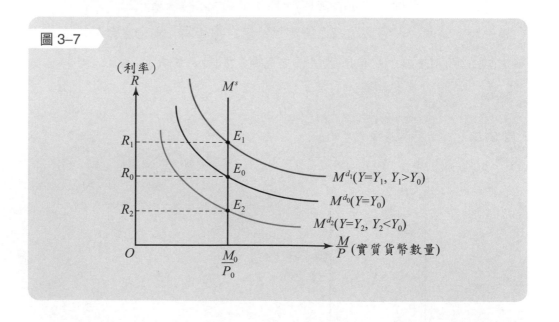

圖 3–7

　　由圖 3–8 中可知 LM 線上之任何一點如 E_0、E_1、E_2 均代表貨幣市場上之均衡點。

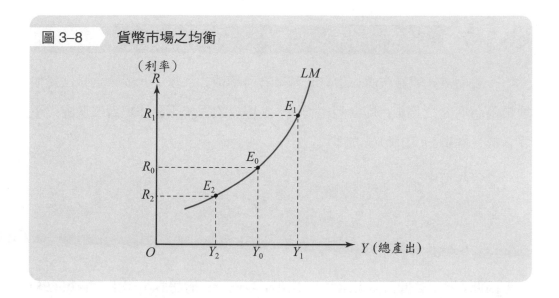

圖 3-8　貨幣市場之均衡

3-6　商品及貨幣市場之均衡

若將商品市場上各均衡點（圖 3-4）與貨幣市場上各均衡點（圖 3-8）合併繪於同一圖形上，如圖 3-9，可以得知二市場都達到均衡時之（產出，利率）組合之均衡水準是在 IS 線與 LM 線之交點 E^* 時達成。

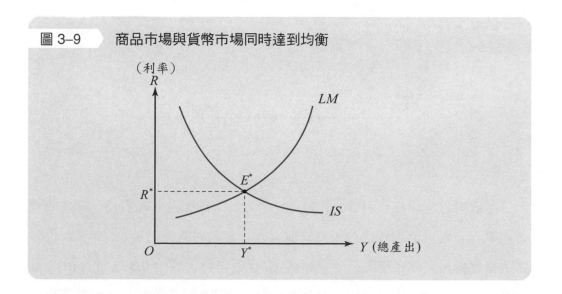

圖 3-9　商品市場與貨幣市場同時達到均衡

E^* 所對應之均衡產出為 Y^*，而均衡利率為 R^*。

3-7　證券市場

　　一般而言，證券市場亦由買方和賣方所構成。而每 1 元股票之帳面價值通常為利率 R 之倒數，即當利率增高時，股票之需求下降將導致股價隨之下降（詳見本書第 11 章），亦即：

$$P_{bond} = \frac{1}{R}$$

換言之，

$$R = \frac{1}{P_{bond}}$$

　　因此，期初若國民所得水準為 Y_0 時，我們可以將證券市場之供給線 (BS) 和需求線 (BD) 表達如圖 3-10 所示。

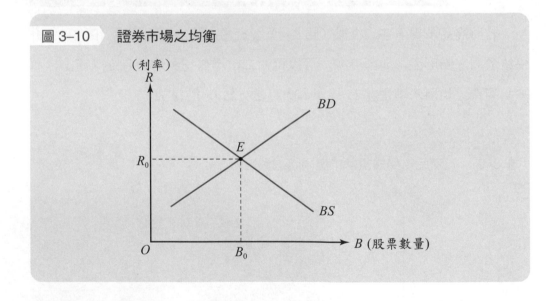

圖 3-10　證券市場之均衡

　　在股票之需求線和股票之供給線之交點，即均衡點 E 所對應之利率為均衡利率 R_0，而此時股票之均衡交易量為 B_0。當國民所得由 Y_0 增加到 Y_1 時，手頭寬鬆導致人們投資股票之意願增加，使股票需求線由 BD 增加到 BD'，此時股票之供給短期無法增加，仍為 BS 線，BD' 與 BS 之交點即市場均衡點由 E 移動到 E'（如圖 3-11）。

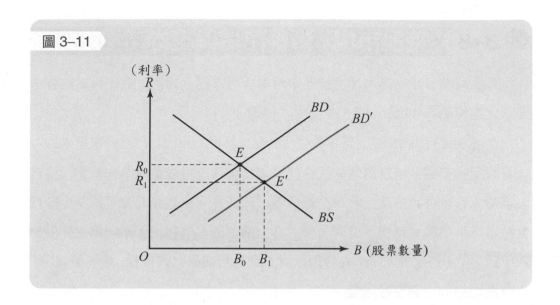

圖 3-11

此時均衡點 E' 有拉動利率下降至 R_1 之趨勢，反之亦然。將 (Y_0, R_0)、(Y_1, R_1) ……等股票證券市場上所有均衡點連接起來，即成為證券市場均衡線（簡稱 LB 線），在 LB 線上之任何一點代表股市達到均衡時所對應之所得 (Y) 及利率 (R) 之組合，如下圖 3-12 所示。

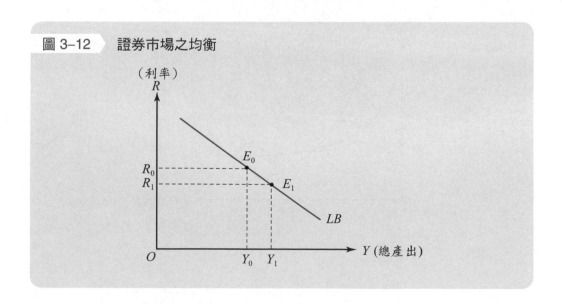

圖 3-12　證券市場之均衡

3-8　商品市場、貨幣市場與證券市場之均衡

為了同時分析商品市場、貨幣市場與證券市場之均衡，我們可以將各市場線之連線圖 3-12 繪入圖 3-9 之中，如圖 3-13 所示。

在圖 3-13 中，*IS* 線之斜率大於 *LB* 線之斜率的原因，乃因貨幣需求線中購買商品的交易動機之貨幣需求往往較購買股票之投機動機為先考慮，消費大眾認為衣食住行商品之需求比較重要，因此在利率較高時為了維持生存或生活水準仍然願意消費。但對有價證券之購買則多半利用生活所需之外的餘款所致，在所得 *Y* 增加時，先會增加對衣食住行商品之購買量，還有餘錢時，才會增加證券之購買量所致。

由圖 3-13 中可知 *IS*、*LM* 與 *LB* 線相交於均衡點 E^* 時，商品市場、貨幣市場與證券市場三者同時達到均衡，此時所對應之均衡產出為 Y^*，均衡利率為 R^*。

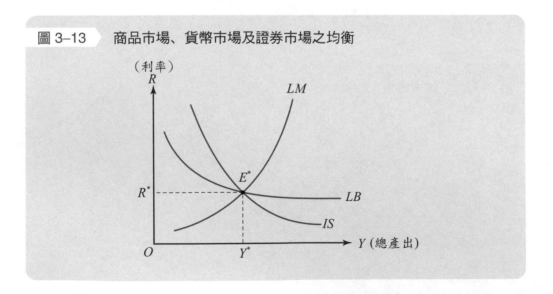

圖 3-13　商品市場、貨幣市場及證券市場之均衡

3-9 物價水準和總合供需市場

在各個價格水準下，若將個別市場之需求量平行加總可以得到總合需求線 (Aggregate Demand; AD)。同理，在各個價格水準下，將個別供應廠商之供給量平行加總，亦可以獲得總合供給線 (Aggregate Supply; AS)。將總合需求線與總合供給線繪於同一圖形上，可以獲得總合供需市場之均衡物價水準和均衡產出間的關係。

如圖 3-14 中，總合需求線 AD 和總合供給線 AS 之交點為均衡點 E_0，此時 E_0 所對應之均衡物價水準為 P_0，而均衡產出為 Y_0。

圖 3-14 均衡產出與物價水準之達成

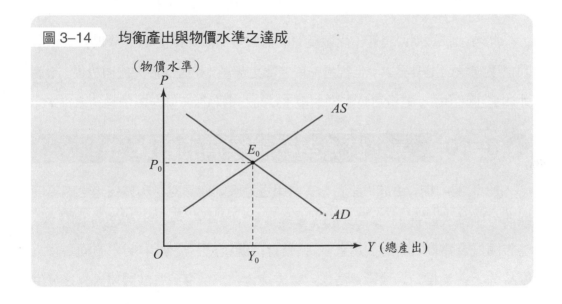

當整體經濟社會之生產已達充分就業狀態時，社會上不存在循環性失業，機器及廠房設備均達充分使用的狀態，此時若有任何刺激社會大眾消費之因素——如廣告、流行或政府之擴張性貨幣政策等，均將刺激總合需求之上揚，使總合需求線 AD 向右移動至 AD'，如圖 3-15 所示，使原始均衡點 E_0 移動至 E_1。

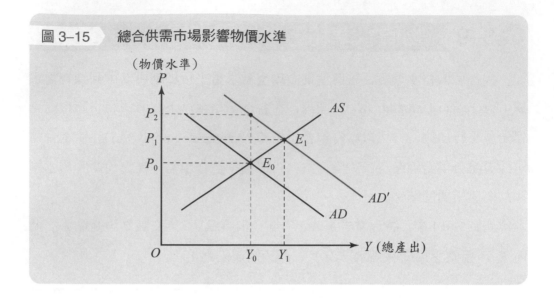

圖 3–15　總合供需市場影響物價水準

此時，若短期內總產出之數量一時無法增加而維持在 Y_0 水準時，物價將因供不應求而上升至 P_2，但經過一段時間之調整，如廠商擴充廠房設備、增聘外籍勞工工作後，產量可逐漸增加至 Y_1，而物價稍微下降至新的均衡水準 P_1。

3–10　貨幣供給對總體經濟的衝擊

18 世紀中期，由於大批黃金、白銀透過國際商品交易和殖民地之礦區開採而分別流入西班牙、葡萄牙和英國等海權國家手中，一方面導致各國王室、皇親國戚及富商貴冑之競逐奢華，使社會的總產出不敷使用；另一方面各國為維持強大之海權，以致戰費浩繁，軍需龐大，終於導致各該國境內先後發生物價上漲 400%、300% 不等之通貨膨脹現象。這種在人類金融史上首度發生因國際收支之不平衡而直接衝擊到各國之總體經濟層面之影響途徑，我們可以透過現代總體經濟理論而窺其堂奧。只是世事變化、滄海桑田，當年之商品市場和貨幣市場規模遠比今日為小，而股票證券市場之產生，則是 100 多年後人類發生第二次工業革命時才逐漸成行。惟鑑往知來，我們可以透過近代之經濟理論，找出國際收支和國際金融對本國貨幣供給面之衝擊，而得悉未來對經濟之走勢，此為本章節之主要目的。

首先我們將總體經濟各層面，包括商品市場、貨幣市場、證券市場和集其大成之總合供需市場納入分析，如圖 3–16。

在圖 3–16 中，假設初期商品市場、貨幣市場及股票證券市場達到均衡點 E_0 之狀態，此時整個經濟體系所面對之總產出為 Y_0，利率水準為 R_0，而物價水準為 P_0。

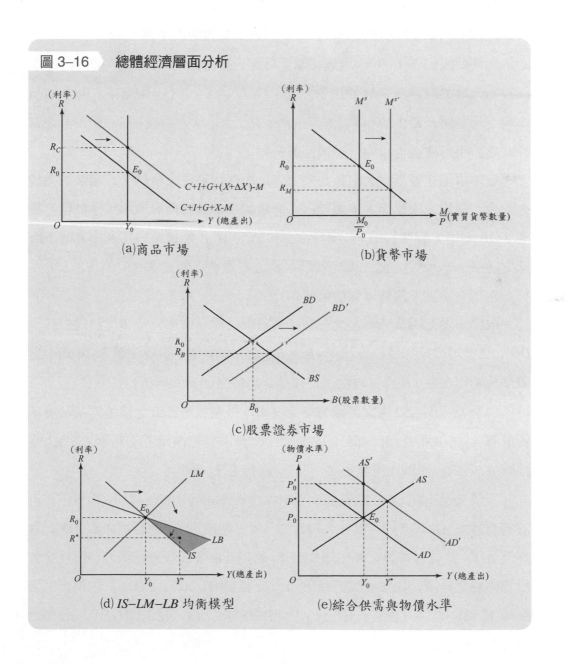

圖 3–16　總體經濟層面分析

(a)商品市場

(b)貨幣市場

(c)股票證券市場

(d) IS–LM–LB 均衡模型

(e)綜合供需與物價水準

(a)商品市場上所面對之支出線為 $C+I+G+X-M$；(b)貨幣市場上實質貨幣供給量為 $M^s = \dfrac{M_0}{P_0}$，即名目貨幣供給量 M_0 除以物價水準 P_0；(c)證券市場之股票供給線為 BS，而股票需求線為 BD，股票成交數量為 B_0；(d)此時代表商品市場各均衡組合點之 IS 線，貨幣市場各均衡組合點之 LM 線與股票證券市場均衡組合點之 LB 線相交於期初之均衡點 E_0；(e)在期初均衡點 E_0 時，總合供給線 AS 與總合需求線 AD 相交，而對應之物價水準為 P_0。

現今假設圖 3–16 (a)中透過國際貿易之大量出超 (ΔX) 數量（即出口 > 進口），使 $C+I+G+X-M$ 線上升到 $C+I+G+(X+\Delta X)-M$ 線，此時在商品市場之均衡組合點由於利率之向上 $(R_C > R_0)$ 之走勢，將使圖 3–16 (d)中之 IS 線有向右平行移動之趨勢（如箭頭所示）。

貨幣市場在貿易龐大出超之壓力下，無形中等於大量外匯，相當於古代之黃金、白銀之大量流入本國國內，而增加了本國貨幣之市場供應數量，故圖 3–16 (b)中之貨幣供給 M^s 向右擴張移動至 $M^{s'}$，使貨幣市場利率有向下降低之趨勢 $(R_M < R_0)$，此一向下拉低利率之力量將促使圖 3–16 (d)中之 LM 線有向右下方移動之趨勢（如箭頭所示）。

股票市場上因貨幣資金之充裕，使股票之需求增加，故 BD 線向右移至 BD'，使市場形成一種拉低利率 $(R_B < R_0)$ 之力量，進一步促使圖 3–16 (d)中之股市均衡組合點 LB 線有向左下方移動之趨勢（如箭頭所示）。

綜合 IS–LM–LB 線之箭頭方向之交集，最後總體經濟之最後均衡點將落腳於圖 3–16 (d)中之陰影部分，如 Y^* 所示，此時整體市場上之利率 R^* 將比期初之 R_0 為低，而國民總產出 Y^* 將高於期初之 Y_0 水準。

至於大量出超 (ΔX) 數量對物價水準之衝擊則可由圖 3–16 (e)中看出，由於總合需求 $AD = C+I+G+X-M$，當 ΔX 大量增加時，總合需求線 AD 向右移至 AD'，此時若社會之產出增加到 Y^* 時，則物價水準上升至 P^*。但若社會已達產能之極限，無法增加總產出 (Y_0) 之數量時，AD' 之增加，在總產出仍維持 Y_0 時，物價將急速上升至 P_0'（如中古時期之西、葡二國），形成強大之通貨膨脹狀態。

3-11　貨幣政策之應用工具

中央銀行的主要功能

　　一國之貨幣政策泰半操之於各國之中央銀行手中，由於該銀行為政府的貨幣金融主管機構，所以其金管業務之重點不在於營利，而在於掌控整個經濟體系有關銀根寬鬆或緊縮之貨幣政策，另監督一般商業銀行之正常營運、管理外匯操作並維護整體經濟及金融狀況之穩定。

　　中央銀行與一般商業銀行之業務性質有異；一般商業銀行是屬於私人營利機構，藉由金融仲介、存放款利差、信用融資收益、外匯買賣價差、銀行票據服務手續費……等業務謀利。但中央銀行因非金融仲介機構，且具非營利性質，除了作為各商業銀行之銀行外，並依法監督各商業銀行之經營合法及體質之健全與否。綜合而言，中央銀行之主要功能如下。

一、控制貨幣數量

　　中央銀行可依法發行通貨，亦即印製鈔票，這是貨幣供給最主要之來源。

二、作為各商業銀行的銀行

　　一般而言，商業銀行的資產依其性質區分可以歸納為以下 4 類：

1. 準備金 (reserves)──包括商業銀行庫存的通貨以及其在中央銀行的存款。其中商業銀行庫存的通貨主要是為了支應往來存戶日常提款所需；同理，商業銀行在中央銀行之存款（稱為準備性存款）也有類似性質。

2. 流動性資產 (liquid assets)──主要指銀行持有之國庫券、商業本票等短期票據（債券），易於變現、利率較低，但方便支應存戶突發性之現金需求。

3. 投資性之有價證券──如商業銀行所購買的政府公債、公司債等較長期之債券等，由於長期債券價格波動較大，商業銀行在急需資金而將其出售時之風險較高，故其利息亦相對短期為高。

4.放款——亦即商業銀行對外貸放給客戶之資金。為銀行風險性最高的資產，但亦為商業銀行利潤最主要的來源。

但在商業銀行需要大量資金卻無法由上述各項資產之變現或其他管道獲取足夠金額時，最後還是有一個資金融通的管道——也就是向中央銀行借款，所以中央銀行可以作為各商業銀行的銀行，為資金最終的貸放者，此即中央銀行的第二大業務重點。

三、監督金融機構、維護金融穩定

近年各種金融機構之數量及規模均增加，為了維護金融市場之穩定，中央銀行及其他相關金融主管部門（如金管會）需定期與不定期的去了解、查核與評估各商業銀行資金之吸收與運用狀況和營運績效等，以確保金融仲介體系之正常運作，防止金融危機。此外，證券管理委員會則負責監管股票上市之各項規範之執行，以健全臺灣股市。

四、外匯管理與操作

各國中央銀行多半持有外匯準備等國外資產，其涵蓋之範圍包括各類外國貨幣、外國中央政府所發行之債券、中央銀行本身在國外金融機構之存款等，數額龐大。因此中央銀行有能力及職責經手本國之外匯管理與操作。

五、經理國庫

中央銀行通常均為各國中央政府之公庫，隸屬於財政部，不僅經理國庫之存款、負責中央政府各機關之現金、票據、證券之出納和保管外，必要時得以對政府作資金之融通，以配合財政收支的調節。

中央銀行控制貨幣供給量的主要方法

既然中央銀行重要業務之一是控制貨幣數量，若論及中央銀行控制貨幣供給量之主要方法則包括下列 3 項工具。

一、存款準備率 (legal reserves)

為了維護金融機構存款及放款之穩定，並確保商業銀行支應往來存戶日常提款所需，中央銀行要求商業銀行必須保留存戶存款總額之一定比率作為**法定準備金**，不得貸放給民間及工商業界，而必須存放於銀行體系以提供不時之需。因此中央銀行可以藉著提高法定準備率，而減少商業銀行的向外放款金額，即可達到降低市面上貨幣供給量之目的；反之，若中央銀行降低商銀之法定準備率時，則可使商銀對外放款增加，達到市面上銀根寬鬆的效果，此為央行貨幣政策的第一項工具。

二、重貼現率 (discount rate)

當商業銀行發生短期資金不足時，可以向中央銀行借款支應，此項借款之利率稱為**重貼現率**。此為中央銀行貨幣政策的第二項工具。中央銀行可以藉著提高或降低重貼現率，而影響商銀借錢之意願以及借款金額的多寡。當央行希望增加市面之貨幣供給量時，可以降低重貼現率以吸引商業銀行增加借款；反之，當央行希望減少市面之貨幣供給量，以避免物價上漲過速時，可以提高重貼現率，以降低商業銀行向央行借款之意願和金額，進而使商業銀行向客戶放款之金額也隨之縮減，減少了市面之貨幣供給數量。

三、公開市場操作

中央銀行也可以藉著在公開市場上之買賣債券的手段，以增加或減少商銀的準備金，進一步達到控制貨幣供給量之目的，稱之為**公開市場操作**。此為央行控制貨幣供給量的第三項工具，而各國中央銀行控制貨幣供給量均常使用此一方法，因為其效果較為直接且中央銀行易於掌控之故。

通常央行在公開市場買賣之債券種類，可以是政府債券——例如由財政部所發行之國庫券、由央行依照「中央銀行法」之規定所發行之定期存單、乙種國庫券以及儲蓄券等等，為央行之負債而非資產，其持有人可以為商業

銀行或社會大眾。

　　當中央銀行在公開市場向商業銀行購買上述由政府發行之政府債券時，即增加了商業銀行所持有之準備金，成為商業銀行在法定準備以外之超額準備金，商業銀行得以向外多增加放款，使得貨幣供給量增加；反之，若央行在公開市場上出售政府債券時，吸收了市面之貨幣數量回到央行本身，使市場上貨幣供給量得以減少。因此公開市場操作為央行控制貨幣供給的第三項政策工具。

本章習題

一、選擇題

（　）1.本國之出超（即出口＞進口）之貿易餘額以及國際資本之淨流入，會直接影響本國之國際收支，並進一步衝擊到該國之　(A)財政政策　(B)貨幣供給　(C)經濟建設。

（　）2.若某國之消費函數為 $C = 10 + 0.8Y$，而邊際進口傾向 $m = 0.05$ 時，則其進口乘數為　(A) 4　(B) -4　(C) -5。

（　）3.貨幣定義中 $M_{1A} = C^p + DD$，其中 DD (Demand Deposit) 是包括下列何種存款？　(A)定期存款與支票存款　(B)定期存款與外國商銀在本國央行之活期存款　(C)活期存款、支票存款及外國商銀在本國央行之活期存款。

（　）4.下列哪一項不屬於塑膠貨幣？　(A)信用卡　(B) I-Cash　(C)支票。

（　）5.當美國聯準會 (Fed) 降息時表示　(A)債券及股市價格將走揚　(B)股

　　市將下跌　(C)債券將下跌。

二、問答題

1. 國民總生產之計算有哪 3 種方法？

2. 貨幣供給大量增加會對國內生產量、利率和物價有何衝擊？

Chapter 4

國際貨幣制度

4-1 國際貨幣制度之意義

人類由原始部落之蠻荒年代、農牧時代步入商業時代之後，許多古文明國家因為物產豐富、休養生息而人口眾多，市場雲集。為了在市場上購買食衣住行所需用品的方便，東、西半球均獨立產生了各地區不同的貨幣系統。各自通行於各朝各代所管轄之行政區域範圍之內，至於各國之轄區外或關外之商品買賣，則泰半採取以物易物的方式進行。

但是 16 世紀初期，由於中南美洲海外礦區大量鑄造西、葡二國之錢幣，透過國際商品之交換，使許多歐亞國家見識到以「錢幣」作為交易媒介之便利性；此外，義大利商業世家早於 14 世紀中葉起，已開始利用家族私人的資金巡迴遊走於歐洲的各個主要市集和賽會，於市場上擺設「長檯」，提供各國不同金錢的兌換、借貸、代人償債並收取利息、手續費等相關之金融服務，成為早期銀行之雛形。當時義大利銀行家提供金融服務的對象已經跨越了國界，遍及歐亞大陸，甚至涵蓋英國、裏海、中國、蘇丹、印度和斯堪地納維亞各地區。這些銀行世家早已組成「票據交易業公會」，並且多半採用銀票、字據作為借貸之憑證，以談妥之利息條件貸款給商人，雙方簽下票據後，由借款之商人同意將於下一站其他國家之賽會中，以包含利息在內而金額較多之另一國貨幣支付給銀行家，這種新形義大利票據或銀票之跨國使用，除了保障交易當事人之權益，促進了國際間之商品貿易外，也涉及到商人在不同國家之間從事貨幣兌換之行為，說明了國際貨幣制度之建立有其必要性，配合歷史的發展和地域的延伸而成為一種全球性的金融系統架構。

4-2 國際貨幣制度之功能

國際貨幣制度是由各國依照法律訂定及發行其貨幣幣值與數量，規範其本國貨幣對外幣之兌換價值，並且訂定國內外金融機構運作之組織和措施的制度，其主要功能通常包括下列各項。

一、規範國際間貨幣的可否自由兌換

基於各國不同之意識型態及利害關係，國際之間有不同之邦交國和非邦交國家，金融主管必須規範該國貨幣對其他不同國家貨幣的自由兌換性以及對相關國家之國際收付是否予以限制。

二、訂定本國貨幣與各國貨幣兌換之匯率價格

由於國際間經貿往來頻繁，而各國各自發行不同之貨幣，因此各國政府、機關與民間交往，勢必產生國際間金錢收付換算之需要，所以本國貨幣兌換各國貨幣的交換比率（即匯率）必須由主管機關予以界定，可以作為各國之通貨兌換的標準依據。

三、確立國際流動資產之種類

一國為了對外國債權、債務支付之方便，必須保有一些國際流動資產。

一般而言，「國際流動資產」(international liquidity asset) 必須是國際間各國均普遍接受的資產，例如戰前的黃金及「關鍵通貨」(key currencies)，以及戰後由「國際貨幣基金」(International Monetary Fund; IMF) 組織分配的「特別提款權」(Special Drawing Right; SDR) 等，通常將國際流動資產稱為「國際準備」(international reserve)、或稱「外匯存底」，均透過國際貨幣制度予以確立。一國之外匯存底愈高，則對外購物、償債能力也愈強。

金融小百科

關鍵通貨
指的是在外匯市場中最常被使用、本國外匯儲備所占比重最大，且在國際上普遍被接受的一種貨幣。美元即是關鍵貨幣之一。

特別提款權
國際貨幣基金所創設的一種帳面資產，又稱紙黃金。國際貨幣基金組織按份額分配給會員國，當會員國內發生貿易逆差時，可用以向其他會員國換取外匯，藉以償付國際收支逆差或國際基金組織貸款。

四、制訂國際清算的原則

國際間經貿往來十分頻繁，貿易及資金流通相當快速，所以國際貨幣制度必須規定對國際間發生的債權、債務進行「國際清算」的方式和規範，例

如採用自由多邊清算或雙邊清算，隨時結算或定期結算等規範原則，此亦為國際貨幣制度的重要功能。此外，一國是否限制國際流動資產的流動或是否採用黃金或外匯來沖抵或結算國際債務等，務使國際間債權、債務的清算能有一套可依循的既定原則來順利進行。

4-3 國際貨幣制度之演進

由前述章節可知，國際貨幣制度具有多項功能，而各國之實施辦法則大同小異。其中一國所保有國際流動資產之形式和該國印製本國貨幣所依循的規範，即為該國之貨幣制度。首先，世界各國為了因應國際及國內經貿活動，必須發行本國之貨幣。而一國「本位貨幣」發行的規範，主要可以分為「金本位制度」(Gold Standard System)、「金匯兌本位制度」(Gold Exchange Standard System) 以及「信用本位制度」(Credit Standard System) 三大類別。具體而言，「金本位制度」是採用黃金作為世界通用之國際流動資產或以黃金當作各國本位貨幣之計值標準；「金匯兌本位制度」是採取黃金和國際間可以直接自由兌換的關鍵通貨為國際流動資產，也就是其外匯準備中保有黃金和關鍵通貨。而「信用本位制度」則是以各國所擁有的外匯準備與該國之國際舉債能力作為國際流動資產的依據，若一國保有之外匯準備愈多，其信用愈佳。茲分別說明如下。

金本位制度

自 1880 年至第一次世界大戰結束之 1914 年為止，是國際金本位制度最興盛的年代，全球主要國家均自不同之年度起開始實施金本位制度；分別記載其開始實施之年度如下：

表 4-1　實行金本位制度主要國家

開始實施金本位年度（西元）	國家名稱
1816 年	英國
1871 年	德國
1873 年	瑞典、挪威、丹麥

1874 年	法國、比利時、瑞士、義大利、希臘
1875 年	荷蘭
1879 年	美國
1897 年	日本
1905 年	墨西哥

凡實施金本位制度的國家其貨幣是以黃金的含量來決定其價值。為了維持此一制度，參與國承諾必須在評定的價格下買賣黃金。

由於黃金易於儲存、攜帶與分割，加上黃金的生產成本也不低，若一國政府為了維持其貨幣兌換黃金的固定價值，則該國貨幣供給亦受限於其既有之黃金存量。當該國之黃金的供給呈現穩定的成長時，貨幣供給也能維持適度的增加。

只是當一國國際收支出現逆差時，為清償國外債務必然會有黃金之淨外流，會使本國的貨幣供給額減少，導致該國物價水準下跌。而物價下跌時，使出口價格下跌，競爭力增加，淨出超上升，則該國國際收支恢復平衡。另一方面，如果一個經濟體系的國際收支發生順差時，外國的黃金內流，本國黃金儲備增加，貨幣供給增加，物價水準就會上升。物價上升使出口競爭力下降，順差減少，國際收支又恢復平衡。

一般而言，在金本位制度時期，物價水準顯示相當的穩定。直到 1930 年代全球發生經濟大蕭條時，國際金本位制度才全面崩潰。

金融小百科

經濟大蕭條
指的是始於 1929 年、終於 1939 年，在北美、歐洲和其他工業化國家發生的全球性經濟衰退。此次大蕭條的原因眾說紛紜，其中凱因斯認為市場對於商品的需求減少是造成經濟大蕭條的最主要因素，因此他主張應由政府採取擴張性的財政政策來刺激需求。

🔑 關鍵通貨區

在第一次世界大戰的戰爭期間物資缺乏，歐洲各國普遍面臨了高度通貨膨脹的壓力，而各國的貨幣也無法恢復金本位制度下的評價關係。只有美國於 1919 年因為受通貨膨脹影響較小，而恢復金本位制度，成為世界金融重心。但在 1931 年，英國因為黃金準備不足，所以英鎊終止兌換黃金，終止英國的

金本位制度。該年末，美國黃金存量也減少了約 15%，不久在 1933 年美國也放棄金本位制度。

由於金本位制度全面崩潰，統一的國際貨幣制度已不存在，英國遂結合其殖民地及附庸國，組成以英鎊作為國際支付工具的「英鎊地區」(Pound Sterling Area)，在區內各國也採用法定的黃金評價，使各國間維持固定匯率，而自成一貨幣區域。

另一方面，法國也組成「法郎集團」，舉凡區域內之貿易與清算，皆採用法郎為主要支付貨幣，所以稱為「法郎地區」(France Area)。

為了不讓英鎊地區及法郎地區專美於前，美國也聯合一些國家組成「美元集團」，在美元集團區內實施美元儲備，各國貨幣並與美元維持一固定匯率水準。在此三個主要的「關鍵通貨區域」(key currency areas) 外，許多其他國家之國際貨幣流通，皆呈現匯率浮動現象。這種關鍵通貨區形成之貨幣集團自第一次世界大戰戰後開始（1918 年）一直維持到 1939 年才逐漸式微。

金匯兌本位制度

在第二次世界大戰末期，1944 年有四十四個國家在美國新罕布什州 (New Hampshire) 的「布列頓森林」(Bretton Woods) 集會，研議戰後如何重建國際貨幣與金融制度，經與會代表達成「布列頓森林協議」(Bretton Woods Agreements)。該協議對各國之貨幣與金融制度完成了以下各項措施。

一、成立國際貨幣基金

1943 年 4 月 7 日，英國發表「凱因斯方案」(Keynes Plan)，美國提出「懷特方案」(White Plan)。其中英國的「凱因斯方案」提議將「國際清算同盟」(Proposals for the International Clearing Union)，作為世界性的中央銀行。其主要目標是：

1. 建立國際間決定外匯匯率之合作機能，防止貶值競爭及外匯、貿易的管制。

金融小百科

布列頓森林協議

此次會議主要是在各國對貨幣的兌換、國際收支的調節、國際儲備資產的構成等問題做出適當的安排與調節，在此次會議中產生了「世界銀行」及「國際貨幣基金」之憲章，並通過了「聯合國貨幣金融協議最後決議書」、「國際貨幣基金協定」和「國際復興暨開發銀行協定」兩個附件，總稱「布列頓森林協議」，對現在的經濟發展由極大的影響。

2. 藉此機制創造國際準備，以因應世界貿易的成長，並用以沖抵總和需求的不足或過剩。

3. 對國際收支失衡的國家給予壓力，要求共同承擔恢復收支平衡的責任。

4. 降低各國對經濟政策干預。

除此以外，美國也提出「懷特方案」，其內容即為「國際穩定基金方案」(Proposals for the United Associate Nations Stabilization Fund)。其主要目標是：

1. 穩定匯率，除了黃金以外，建立以美元為中心的固定匯率制度。

2. 減輕各國國際收支失衡情形。

3. 促進國際貿易與生產性資本的移動。

4. 妥善利用外匯資源。

5. 減少外匯管制和差別性的外匯決策。

兩種方案均經過 44 國與會代表熱烈討論後，鑑於美國當時的經濟實力雄厚，英國接納了美國的方案，以「懷特方案」為基礎，簽署「國際貨幣基金協定」(Agreement of the International Monetary Fund)；以及「國際復興暨開發銀行協定」(Agreement of the International Bank of Reconstruction & Development)，兩協定於 1945 年 12 月 27 日批准生效。

根據「國際貨幣基金協定」有關「國際貨幣基金」(Internation Monetary Fund; IMF) 的宗旨包括以下各項：

1. 為一建立永久性的機構，以促進國際貨幣合作及諮商。

2. 提供國際貿易的擴充與平衡成長有利的條件，且設法對各會員國維持高的就業與實質所得水準。

3. 促進匯率穩定。

4. 建立經常交易的多邊支付制度，消除外匯管制。

5. 運用國際貨幣基金準備的資源，給予會員國機會修正其國際收支的失衡。

6. 縮短各會員國國際收支失衡的期間與失衡的程度。

二、採行符合布列頓森林體系的貨幣政策

以「懷特方案」為基礎，成立「國際貨幣基金」及「國際復興開發銀行」(International Bank of Reconstruction & Development; IBRD) 也就是所謂的「世界銀行」(Word Bank)，主要實行以下之貨幣政策：

1. 採取可兌換黃金的美元本位

以黃金作為國際準備，而以美元充當「國際貨幣」(international money)。

2. 維持可調整的固定匯率

當時 1 美元的黃金評價含量為 0.888671 克，所以可以依照各國本位貨幣之黃金含量與美元作固定比價，並將匯率波動範圍維持在中心匯率上下 1% 範圍內。

3. 利用貨幣基金協助各國調節國際收支

以國際貨幣基金為主，透過基金的融通以協助各國調節短期失衡，但資助規模有限。

由於戰後初期，各國國際收支均嚴重失衡，發生「美元短缺」(Dollar Shortage) 現象，1947 年時在美國總統杜魯門 (Harry S. Truman) 時期的國務卿馬歇爾 (George Marshall) 提出「歐洲重建計畫」(European Recovery Program) 中有「馬歇爾援助計畫」(Marshall Aid Plan) 之援歐法案，利用美國提供約 200 億美元的援助，加上美國海外駐軍與軍事援助，以及美國企業的海外投資等支出來彌補全球性的「美元短缺」。

> **金融小百科**
>
> **馬歇爾**
> 喬治‧卡特萊特‧馬歇爾 (George Catlett Marshall) 生於 1880 年，美國軍事家、外交家、政治家。二次世界大戰中，他協助羅斯福總統出謀劃策，為戰爭的勝利做出了不可抹滅的功勞。他提出的馬歇爾援助計畫，又稱為歐洲復興計畫，使他獲得了諾貝爾和平獎。
>
> **馬歇爾援助計畫**
> 由馬歇爾所提出，指的是二次世界大戰以後美國對被戰爭破壞的歐洲進行經濟援助、協助重建的一項計畫。在此之後，此類型的經援計畫通稱為馬歇爾援助計畫。

💡 金匯兌本位制度之崩潰

布列頓森林協議建立了金匯兌本位制度並提供了將近 20 年的穩定金融環境，他的主要貢獻是消除了戰前各貨幣集團的對立、結束了競相匯率貶值的混亂局面。尤其是建立了以美元為中心的固定匯率制度，有利於國際經濟活動之運作，所以國際貿易大為發展。

但是誰也未料想到由於在戰後期間，美國對外提供大量援助與投資，相對地延緩其國內的技術與設備更新。使美國的國際收支出現長期逆差，貿易赤字削弱了美元的幣值，美元遂成為「燙手的通貨」(hot currencies)。各國所持有美元準備金之多寡，會影響該國之貨幣供給量之多寡。但維持可兌換黃金之美元本位制亦有其困難。

當時，美國耶魯大學教授崔芬 (Robert Triffin) 在 1960 年出版的《黃金與美元危機》提出所謂的「崔芬難題」(Triffin Dilemma)，也就是全球之美元供給過多會產生不能完全兌換黃金的風險，造成信心危機；但是如果美元供應不足，又會影響國際流動資產之數量和國際流動之能力，使美元之供應數量很難決定，成為難題。

具體而言，金匯兌本位制度以黃金及美元作為國際上通用的流動性資產後,各國為了因應其經濟發展以及穩定匯率所需，對美元的需求日益增加。當時美元在全球國際金融上所擁有的重要特色有下列 3 項：

1. 美元為「交易性的通貨」(transaction currencies)：美元可以在市面上進行交易，市場上供需的多寡影響其價位。

2. 美元為「準備性的通貨」(reserve currencies)：美元可用作國際清算之外匯準備。

3. 美元為「干預性的通貨」(intervention currencies)：在遵守固定匯率的要求下，一國之貨幣與美元之匯率如果貶值超過規定的 1% 時，該國的中央銀行必須以美元自外匯市場無條件地購入本國貨幣，以使得匯率回到中心匯率上下 1% 的範圍內。反之，若本國貨幣升值時，本國央行必須在市場上拋售美元。

本質上要使世界各國美元儲備的增加，必須仰賴美國國際收支的赤字，也就是美國大量進口所產生貿易逆差並且用美元去支付貿易逆差而釋出美元。這樣一來，金匯兌本位制度之下，美元獨大，使得美國變成世界各國中

央銀行的中央銀行。這種矛盾也使得此一體系無法長久維持。另一方面，金匯兌本位制度下，要求各國幣值兌換美元時，必須採用固定匯率，才能穩住各國貨幣間匯率之安定。

然而在固定匯率制度下，各國為了穩定該國貨幣兌換美元之匯率不得不犧牲國內的經濟安定與經濟成長的目標。因為，如果一國國際收支發生赤字時，該國貨幣貶值，中央銀行為了維持匯率的穩定，必須拋售美元購回本國貨幣，此又導致市面上本國貨幣供給短缺，使該國通貨緊縮，發生經濟衰退與失業現象。因此釘住美元之匯率制度維持不易。

尤有甚者，1960 年代中期越戰爆發後，美國的國際收支逆差狀況加劇，各國紛紛拋售美元搶購黃金；1968 年 3 月中旬，開始實施「黃金兩價制」(Two-Tier Price System)，一方面美國與各國中央銀行間仍依官價買賣黃金，一方面又允許黃金價格由市場供需自由決定，黃金成為有兩種價格。至 1971 年，美國首度呈現經常帳赤字，國際收支進一步惡化，美元大量外流，黃金儲備也急遽減少。各國中央銀行雖然進行干預，甚至於採行管制外匯，仍無法抑制全球各國拋售美元的風潮。

就在 1971 年 12 月，美國聯合英、法、義、荷、比、瑞士、西德、瑞典、日本、加拿大等 11 國集團在美國華盛頓簽署「史密松寧協議」(Smithsonian Agreements)，達成以下各項共識：

1. 調整黃金價格，由每盎司 35 美元調至 38 美元，也就是美元對黃金貶值，但美元仍停止兌換黃金。

2. 美國取消 10% 之進口附加稅來活絡貿易和金融之流通性。

3. 調整各國貨幣兌換美元的評價。而准許各國放寬匯率波動的幅度，由原來之 ±1% 放寬至 ±2.25% 之範圍內。

但是上述「史密松寧協議」並未改善國際金融僵化的情勢，所以大家只好先後放棄釘住美元之固定匯率，使 1970 年代起各國紛紛放棄固定匯率制度，而採行「浮動匯率制度」(Floating Rate System)，也象徵「布列頓森林協議」的金匯兌本位制度崩潰。

🔵 多元化貨幣制度興起

1976 年 1 月各國又在牙買加 (Jamaica) 集會，達成改善貨幣制度的「牙買加協議」(Jamaica Agreement)。該協議的主要內容包括下列各項：

1. 允許各國採行浮動匯率制度

　　「牙買加協議」各國同意將浮動匯率合法化，並修改 IMF 章程。

2. 將黃金非貨幣化

　　正式結束「黃金兩價制度」，全球均取消了黃金的官價，改由各國中央銀行可在自由市場依市場價格買賣黃金；並停止以黃金作為國際間債權、債務之清算的工具。

3. 創造「特別提款權」作為國際清算之工具

　　特別提款權 (Special Drawing Right; SDR) 由國際貨幣基金會 (IMF) 於 1970 年創造出來補充國際流動性之不足。IMF 根據各國之國民生產毛額 (GNP) 按比率分配特別提款權給各國，由於各國均在 IMF 設有特別提款權與帳戶。一旦該國發生貿易逆差而須以外幣支付時，可以動用其特別提款權支應外幣，並負擔利息。IMF 自 1970 年開始分派「特別提款權」(SDR)，以逐步替代美元的國際貨幣儲備地位。

4. 擴大對發展中國家的融資額度

　　以拍賣黃金設立「信託基金」(trust fund)，貸款給貧窮的發展中國家，並增加融資額度。

5. 改採以美元為主的多元化貨幣體系

　　自美元危機後，加入其他的「強勢通貨」(hard currencies)，如馬克、日圓、瑞士法郎、英鎊等均可作為「國際通用貨幣」，也就是這些強勢貨幣也可作為國際流動準備資產了。

4-4　其他國際貨幣制度的改革方案

由前述各節可知，自 1970 年代開始，多元化貨幣制度興起，之後，諸多專家提出國際貨幣制度改革方案，其中比較重要的方案，簡述如下。

一、建議恢復金本位制度

在 1970 年代，法國的盧夫 (Jacques Rueff) 及美國的孟岱爾 (Robert Mundell)，建議恢復黃金兌換，並主張各國國際收支的清算，全部以黃金結算，以避免匯率大幅波動及物價上漲的現象。

當時不少反對者認為：自 1970 年以來，金價上下波動不穩定，各國很難釐定準確的「黃金評價」。此外，不僅黃金生產量不穩定，而且全球黃金之年產量不足，所以總產量也不能充分供應世界經濟成長的需求，反而會因此限制了各國之貨幣政策及金融之流動性，所以 1982 年 2 月美國政府否決了恢復金本位制度的提案。

> **金融小百科**
>
> **盧夫**
> 法國經濟學家，生於 1896 年。是位黃金本位制的主要支持者，對於國際上以美元作為儲備單位的作法提出批判，並警告如此將導致全球通貨膨脹。
>
> **孟岱爾**
> 美國經濟學家，生於 1932 年。其所提出的理論中，最為人所知的即是「單一貨幣區」的構想。因為在當時布列頓森林協議下，此種構想可說是一種突破與創新。曾獲 1999 年諾貝爾經濟學獎，被譽為「歐元之父」。

二、建立國際信用儲備制度

1980 年始，美國耶魯大學教授崔芬提出由全球各國共同建立一個超越國家組織的國際信用儲備制度，他認為可以運用國際貨幣基金會 (IMF) 作為各國中央銀行的清算機構，這樣一來，全球各國須將其所持有的外匯儲備，以存款的方式存入國際貨幣基金會。國際間的國際收支，只需反映在各國存於 IMF 之存款上的變動。但該提案遭受到阻力。因為各國均不願意將其外匯儲備集中於此一國際貨幣機構，以避免人為操縱的風險，所以該提案不符合實際。

三、提出設立國際商品儲備貨幣之方案

當時有許多發展中國家缺乏美元及黃金等外匯準備，但卻擁有許多初級產

品，如米、糖、咖啡等；由於初級產品的生產與出口是受市場價格波動及國際經濟情勢的影響，哈特 (Albert Hart)、卡多爾 (Nicholas Kaldor) 與丁柏根 (Jan Tinbergan) 等主張以多項國際基本產品為基礎，創立「國際商品儲備貨幣」。

這一方案的主要內容是先建立一個世界性的中央銀行，並以「商品籃」(commodity basket) 為基礎來評價發行新的國際通用的貨幣。至於「商品籃」的標準則是選取一些國際基本產品，按其在國際貿易中所占的地位加權而組成。將現有之特別提款權亦融入新的國際儲備制度中，其價值由「商品籃」為標準加以重新評價。然而如果一旦執行起來滯礙難行，所以最後亦未達成共識。

四、建議共同設立匯率目標區的構想，以維持匯率之穩定

1980 年代後，匯率變動加劇。為了維持匯率的穩定，威廉遜 (John Williamson) 首先提出「匯率目標區」(target zone) 的構想，先由各國選擇一組可調整的基本參考匯率後，並規定各國幣值須在一定幅度內予以維持。其後，威廉遜與柏根斯坦 (Fred C. Bergstern) 再共同提出他們認為合理的「匯率目標區」作基本參考匯率，並設定實際匯率保持在基本匯率的上下 10% 內。

當時法國、義大利與比利時提議，應把美元、歐洲通貨單位 (ECU) 與日圓等關鍵貨幣的匯率控制在「目標區」的範圍內。倘若匯率變動超越此一目標區，各國就應聯合進行干預。最後卻因無法在作基本參考的均衡匯率之訂定上達成協議而作罷，直到 21 世紀初期，歐元正式發行其間歷經多次協商過程詳如本章下節所示。

4–5 區域貨幣體系的興起

20 世紀貨幣體系最大之變化為，許多國家為了貿易及匯兌上之方便，逐漸組成整合的區域貨幣體系，分別說明如下。

歐元區的貨幣整合

歐洲聯盟始自於 1950 年，由法國外長舒曼提出舒曼計畫 (Plan Shuman)，而由法、德、義、荷、比、盧 6 國於 1957 年簽訂羅馬條約，並於 1967 年成立歐洲共同市場。之後，歐洲各國陸續加入，邁向經濟整合。為了完成經濟整合之目標，必須對外採行一致之關稅，對內實施共同之貨幣制度，因此各國於 1973 年 4 月 3 日首先建立「歐洲貨幣基金」(European Monetary Fund; EMF)，其目的在支持會員國干預外匯市場，維持各國匯率之穩定。

歷經各國數次之協商和改進，1979 年 3 月 13 日歐洲各國正式實施「歐洲貨幣制度」(European Monetary System; EMS)，其主要進程包括下列 3 項。

一、建立歐盟共同的貨幣單位

「歐洲通貨單位」(European Currency Unit; ECU)，將會員國依其在歐體內之國民總生產及經貿比重等構成「貨幣籃」，每 5 年調整 1 次。

二、強化「歐洲貨幣基金」之功能

一方面集中會員國 20% 的黃金儲備，一方面加上美元等其他外匯儲備約占 20%，再加上與此等值的各國貨幣，建立「歐洲貨幣基金」，積極協調各會員國，中央銀行間互相提供本國貨幣之短期信用貸款作為穩定及干預匯率之補充。

三、催生歐洲貨幣體制

1991 年 12 月，歐盟各會員國領袖在荷蘭簽署「馬斯垂克條約」(Maastricht Treaty)，朝「歐洲經濟暨貨幣同盟」(European Economic & Monetary Union;

EMU) 之理想邁進。根據該條約，各會員國在 1994 年 1 月 1 日成立「歐洲貨幣機構」(European Monetary Institute; EMI)，以一個中央銀行型態的機構，來協調共同的貨幣政策。1997 年 1 月 1 日成立「歐洲中央銀行」(European System of Central Bank; ESCB) 或稱「歐洲聯邦銀行」(European Federal Bank; Euro Fed)，央行總部設於德國的法蘭克福，統一執行歐盟的貨幣政策。1999 年 1 月 1 日正式發行「歐洲貨幣同盟」(European Monetary Union; EMU) 之貨幣，稱為「歐元」(Euro)。

　　至 2002 年 1 月 1 日，歐洲聯盟全面發行歐洲單一貨幣紙鈔，正式在國際市場上流通使用，7 月 1 日後，歐元成為「歐洲貨幣同盟」之唯一法定貨幣。

　　歐元的實施對歐洲貨幣同盟各會員國之經濟利益包括下列各方面：

1. 貨幣同盟聯結十九個國家使用同一種貨幣，市場規模擴大，而且使區域內的匯率風險趨於零。

2. 區域內之資金流動性加大，可降低企業風險與成本。

3. 貨幣同盟區域內商品價格、資金借貸之成本與利率費用均降低，有利於投資環境與市場的成長。

4. 歐元成為世界主要貨幣之一，有助於提高歐盟在國際金融、保險、貿易與經濟方面之影響力。

🔴 其他地區之貨幣整合

一、東歐之經濟互助委員會體系

　　1949 年 1 月，蘇聯、保加利亞、匈牙利、波蘭、羅馬尼亞與捷克等國組成「經濟互助合作委員會」(Council for Mutual Economic Assistance; COMECOM)，之後蒙古、古巴、越南也陸續加入，其作用為：

1. 以轉帳盧布為會員國間的共同貨幣，用來計算轉帳、借貸及貸款之清算作用。

2. 建立以「轉帳盧布」為中心的固定匯率制度，而各會員國之幣值則可有固

定之匯率，方便會員國間之債權、債務清算。

3. 建立以國際經濟合作銀行 (International Bank for Economic Cooperation; IBEC) 作為各國之中央清算機構。

二、阿拉伯貨幣基金組織

「阿拉伯貨幣基金」(Arabic Monetary Fund; AMF) 於 1972 年 2 月成立，有阿爾及利亞、巴林、埃及、伊拉克、約旦、科威特、黎巴嫩、利比亞、毛利塔尼亞、摩洛哥、安曼、巴勒斯坦、卡達、沙烏地阿拉伯、索馬利亞、蘇丹、敘利亞、突尼斯、阿拉伯聯合大公國、及南、北葉門等 21 國參加。

阿拉伯貨幣基金之主要功用在於對阿拉伯國家之間探討從事金融合作事宜，設法促進經濟發展與本區域內之經濟整合之可能性，調節國際收支避免失衡現象、穩定各國之匯率，擴大阿拉伯金融市場，邁向日後之貨幣整合目標。

三、亞洲貨幣整合之構想

歐元發行後，成功地成為世界性之關鍵通貨，也使得歐洲聯盟之經濟朝向正面的發展，對世界經濟及金融之板塊產生衝擊而移動。歐盟境內各國人民之就業遷徙和生活型態均有了良性之互動，區域內貿易更加順暢，匯兌風險全面消失，利率及營運成本下降，成為許多地區仿效之目標。

2003 年諾貝爾經濟學獎得主及歐元之父孟岱爾建議亞洲各國若成立亞元 (Asian Money) 之區域性貨幣在亞洲流通，將可有助於亞洲國家之經濟整合。2005 年東協 10 國與中、日、韓分別簽訂了經濟合作架構協定，除了減除商品之關稅之外，也涵蓋產業政策合作和政治，區域安保等領域，日本則倡導創立亞元之構想。

只是亞洲各國對美元之倚賴極深，加上本區之經濟整合尚屬紙上談兵之階段，必須先有經濟整合之雛形才可能論及貨幣之整合，所以亞洲單一貨幣——亞元之出現，目前還言之過早，僅於 2000 年由東亞各國在日本之建議下

於泰國清邁簽訂了一個換匯協定，簽約國承諾在發生金融危機時，以換匯之方式彼此協助。可以說亞洲貨幣整合尚停留在構想階段。亞洲開發銀行擬於近日開始編製「亞洲貨幣單位」(Asian Monetary Unit; AMU)，主要參照歐元前身——即歐洲通貨單位來設計，採用「一籃子貨幣」方式，將東協 10 國和中、日、韓 3 國之貨幣加入計值，並以十三個國家之國內生產毛額 (GDP) 和貿易規模等指數作加權，先制訂一個「虛擬貨幣」，並等待其兌美元及歐元之匯率核定後，對外公布。至少可以用之作為觀察亞洲各國匯率之偏離程度和亞洲相對於歐美經濟實力之參考。這種構想意味著亞洲各國未來在貿易與金融上之合作愈形重要。

本章習題

一、選擇題

( ) 1. 第一次世界大戰結束之前，全球主要國家均採行何種貨幣本位制度？ (A)金匯兌本位制度　(B)金本位制度　(C)信用本位制度。

( ) 2. 第二次世界大戰末期，1944 年有四十四個國家在美國之布列頓森林 (Bretton Woods) 集會，建立哪一種新的貨幣本位制度？　(A)金匯兌本位制度　(B)金本位制度　(C)信用本位制度。

( ) 3. 1968～1976 年所採行之黃金兩價制 (Two-Tier Price System) 是肇因於　(A)各國拋售美元，搶購黃金　(B)美國大量貿易順差　(C)浮動匯率制度。

( ) 4. 歐洲中央銀行於 1997 年 1 月 1 日設立總部於　(A)法國巴黎　(B)英

國倫敦　(C)德國法蘭克福。

(　　) 5.歐盟會員國中未參加歐洲貨幣同盟 (European Monetary Union) 的有下列哪三個國家？　(A)德國、法國、義大利　(B)英國、瑞典、丹麥　(C)荷蘭、義大利、西班牙。

二、問答題

1. 貨幣制度之主要功能有哪些？

2. 簡述一國「本位制度」發行之規範，主要分為哪三大類別？有何差別？

3. 在 1930 年代金本位制度全面崩潰以後，統一的國際貨幣制度已不存在，當時形成哪三大關鍵貨幣區域 (key currency areas)？

4. 國際貨幣基金 (IMF) 實行哪三大貨幣政策？

5. 1960 年美國耶魯大學教授羅勃・崔芬 (Robert Triffin) 出版《黃金與美元危機》中提出崔芬難題 (Triffin Dilemma)，是指什麼難題？

6. 解釋特別提款權 (Special Drawing Right; SDR) 之意義為何？

Chapter 5

國際收支平衡表

5-1　國際收支平衡表之定義

國際收支帳是以貨幣形式記載一個開放經濟體系的全體居民，在一定期間內對外經濟活動總績效之記錄，既是「開放經濟體系」必然與國外有著貿易、政治、外交、經濟、文化以及民間往來等互動關係；而「全體居民」則包括常住之自然人、法人、赴國外旅遊者和駐外單位人員等，這些人因從事對外活動而發生了在國際間使用外匯作日常生活收付的關係；而這些國際收支的記載通常是以每 1 月、1 季、半年或 1 年為期間，這些國際收支所記載的主要項目包括國際商品貿易及服務之進出口、國內外資本之流入及流出、國際對外投資業務的資金收付以及本國外匯準備之增減等科目的年度總績效，因其多半以美元計值，所以可以用來作國際間不同經濟體系某一年度內對外活動表現之收支餘額的分析和比較。由於這些國際經濟活動之來往，使得各國之間產生了債權和債務之關係，相關之淨額稱為國際收支餘額 (balance of international indebtedness)，其債權、債務之償還和結算多半動用到該國之各種外匯資產以及外匯準備等來支付差額。

國際貨幣基金對**「國際收支平衡表」**所下之定義為：「國際收支平衡表是在一定期間裡某一經濟體系經濟表現績效的一種統計報表。用來闡明：(1)一個經濟體系與其他國家間商品、勞務與所得的交易情況；(2)與其他國家間貨幣性黃金、特別提款權以及請求權與債務所有權等的變動狀況；(3)國際間無償性移動以及在會計處理上，為了平衡前述交易或變動所不能互相沖抵的相對科目等項目，並按複式簿記原理作編製。倘若對外國之收入大於支出，稱之為『順差』(surplus)，反之，若對外國之收入小於支出，則稱之為『逆差』(deficit)。」

5-2　國際收支平衡表之內涵

依照前述定義，我們可以進一步看出國際收支平衡表實務上是一種「流量」的觀念，因為它是於某一特定期間內，記載一國國際收付之流水帳，並

加以分類列總而得；而所用來記帳之貨幣一般是採用國際通用之美元作為計算單位。

此外，國際收支平衡表之記帳通常是採用複式簿記 (double-entry) 的方式來記帳，也就是任何一筆交易需同時登入貸方 (credit) 與借方 (debit) 之科目；若是國際經貿交易活動涉及本國有外匯之收入，則應被記為本國之加項，亦即貸方，而相對應的償付方式則記入借方項目；若是交易活動涉及本國有外匯之支出，則應被記入本國之減項，也就是借方，而相對應之收入償付方式則記入貸方帳目。根據此一原則，由本國之角度看來，大凡涉及由外國支付給本國而使本國的外匯供給增加的貸方交易項目包括下列各項：

1. 本國商品及勞務之輸出。

2. 外國對本國之捐贈及援助。

3. 外國人在本國之旅遊支出。

4. 外國人在本地之投資和銀行存款之增加額。

5. 本國居民對外投資所賺取之利潤和利息之匯回。

6. 本國收回過去對外之融資、投資或銀行存款。

7. 本國金融當局輸出貨幣性黃金。

另一方面，經貿活動若涉及本國必須以外匯來支付給外國之官方或民間，也就是本國之外匯需求增加，而動用外匯之借方交易項目包括：

1. 外國商品及勞務輸入本國。

2. 本國對外國之捐贈及援助。

3. 本國人赴國外之旅遊支出。

4. 本國人增加在國外之投資和銀行存款金額。

5. 外國居民在本地投資所賺取到的利潤和利息之匯出。

6. 外國收回過去對本地之融資、投資或銀行存款。

7. 本國金融當局輸入貨幣性黃金。

5–3　國際收支平衡之結構

綜上所述，由於國際收支平衡表對每一筆國際交易均分別記有借方和貸方科目，使得借方和貸方之餘額必須平衡，此即為其名稱之來源。至於這些經貿活動應以何種名稱歸類入帳呢？這就牽涉到國際收支平衡表之結構問題，包括經常帳 (Current Account; CA)、資本帳 (Capital Account; KA) 和結算帳 (Settlement Account)，為國際收支平衡表之三大主要帳目。現將其結構之重點加以說明如下。

一、經常帳 (Current Account)

經常帳主要記載本國之商品及勞務之出口和進口，以及國際無償性之片面移轉情形，細分為貿易收支帳、勞務收支帳和無償性片面移轉帳等明細帳目。

1. 貿易收支帳

貿易收支帳主要是記載有形商品之出口和進口，所以也稱之為商品貿易帳，此一帳戶之記載皆以海關之統計資料為準。通常對出口商品及進口商品均是以「離岸價格」(f.o.b.) 計算其價值。

> **金融小百科**
>
> **離岸價格**
> 指賣方將貨物裝載到指定船、越過船舷之前，所產生的一切費用，這筆費用由賣方負擔。

2. 勞務收支帳

又稱為「無形貿易帳」(invisible trade account)，可分為「服務」(services) 與「投資收益」(investment income) 兩部分。服務包括運輸、銀行、保險、通訊、旅遊、交通代理及租賃收支等。投資收益係指直接投資的收益，如利潤、股利等所得，以及各種利息之收支餘額等之記入。

3. 無償性片面移轉帳

無償性片面移轉帳是針對本國與外國的政府或民間之無償性單方面之援助或贈與之記載，包括兩國私人部門間之無償性匯款，例如慈善或宗教團體之捐贈、僑民匯款及留學支出等，另外也包括兩國政府間之單方面無償性移

轉支出，例如救災捐款、經濟援助、技術援助以及對國際機構經費之分擔等支出，這些由 1 國官方或居民單方面向外國之官方或民間作為支援、協助或贈與之活動也照樣必須動用到外幣之收付，自然也成為國際收支平衡表的一部分。

二、資本帳 (Capital Account)

　　資本帳主要用於記載本國民間之個人或廠商與其他國家民間資本流動的狀況，此種民間與個別廠商因進行交易發生之資本流動通常包括本國與外國之民間金融資產和有形資產，其中金融資產包括匯票、證券、債券、存款與通貨等；一般分為直接對外投資 (direct foreign investments)、國際金融性之長期證券投資 (international portfolio investments) 和短期有價證券之投資 (short term investments)。分別說明如下：

1. 直接對外投資

　　直接對外投資指的是本國居民購買資產以取得或增加對國外企業之所有權和財務控管，例如直接在國外設廠，取得經營之控制權，具體而言，直接投資是以貨幣資本、專利、技術或設備等方式在國外成立分支機構、收購、聯合經營或參與外國公司之營運。

2. 國際金融性之長期證券投資

　　指本國居民對國外投資期限在 1 年以上之證券、外國政府之公債、民間之公司債或 1 年期以上之貸款等。另亦可購買國外企業之股票、債券或其他金融資產作資產組合投資 (portfolio investments)。

3. 短期有價證券之投資

　　指本國居民對國外投資期限在 1 年以下之證券交易以及貸款、存款、應收帳款和商業票據，通常包括 1 年內國際間的結算清償，套匯與套利行為，以及黃金、有價證券、存單的買賣等。

　　以上 3 種投資均須納入該國資本帳內。任何居民之國際投資活動若造成本國外匯供給的資本流入均須記為資本帳之貸方（加項）；但若是投資活動有

外匯需求而引起資本之流出，則記為資本帳之借方（減項），而該國資本流入總額與流出總額之間的差額，即為資本帳餘額 (balance of capital account)。

三、結算帳 (Settlement Account)

　　結算帳又稱官方清償餘額 (official settlements balance)，係記載官方金融資產與存款之交易情形，通常由各國之中央銀行或財政部主導從事此交易；結算帳基本上又分為「誤差與遺漏」(errors and omissions)、「特別提款權之分配」(allocation of special drawing rights) 與「官方準備」(official reserves) 等項目，分別說明如下：

1. 誤差與遺漏

　　記載「統計誤差」(statistical discrepancy)，其誤差多半來自資料不統一、不全、不準確或錯漏等原因，因此用此項目予以平衡。這種誤差與遺漏之發生是因為各國之間經貿交易活動之種類與項目十分繁複，而國際收支平衡表無法將這些交易活動一一完整且鉅細靡遺地記載，但是因為各項國際收支常常會透過雙方之銀行體系而動用到外匯，所以銀行體系在該一年度內所保有外匯數量之增減可以用來近似地估計衡量國際收支餘額，這種估算值在實際編製國際收支平衡表時必然會產生小部分之誤差與遺漏，為了表達這項事實，在國際收支平衡表上通常會列有誤差與遺漏這一項目，以便維持帳目之平衡。

2. 特別提款權之分配

　　特別提款權是國際貨幣基金所創造，按照各會員國所繳的分額，分配給會員國的一種記帳單位，可作為一國的國際流動資產之用，為該國國際收支的一項進帳，亦可用來清償及結算國際間之債務及債權，所以俗稱「紙黃金」。

3. 官方準備（準備與相關項目）

　　是指一國家的中央銀行或其他貨幣當局所持有的國際流動資產與國外債權，包括貨幣性黃金、外匯、特別提款權等各種形式，通常也稱為外匯準備。

　　為了國際收支平衡表在實際編製上之方便，各國通常採用全部銀行體系所保有之外匯資產之變動來衡量國際收支餘額，但銀行體系中最重要者為該

國中央銀行外匯資產之變動，所以一般人將官方準備又稱為「官方準備交易帳」（official reserve transaction account）或官方清算或平衡帳（official settlement account）。若一國之國際收支有逆差時，則該國之中央銀行或聯邦準備銀行（Federal Reserve Bank）必須將其短期官方資本或該國之國際準備資產（如外匯及特別提款等）移轉給有順差國之中央銀行，記作本國之借方科目；反之亦然。

5–4 臺灣國際收支平衡表

由上述各節綜合而言，經常帳、資本帳和結算帳（金融、誤差與遺漏及官方準備）構成了國際收支平衡表之主要內涵。表 5–1 即為臺灣地區從 2004 年至 2007 年國際收支平衡表之簡表，由該表可以看出我國近年之經常帳逐年增加且為順差，但資本帳部分均為負值，顯然近年外商對臺灣之投資趨於保守，而金融帳部分近幾年呈現逆差之趨勢。

表 5–1　國際收支簡表

臺灣國際收支簡表（年資料）
Balance of Payments—1. Analytic Presentation (by year)

單位：百萬美元 in millions of U.S. dollars

	Code	2004	2005	2006	2007
A.經常帳	4993	19,728	17,578	26,300	32,979
商品：出口 f.o.b.	2100	182,362	198,456	223,789	246,500
商品：進口 f.o.b.	3100	−164,999	−179,000	−199,592	−216,055
商品貿易淨額	4100	17,363	19,456	24,197	30,445
服務：收入	2200	25,789	25,827	29,272	31,311
服務：支出	3200	−30,731	−32,480	−32,815	−35,102
商品與服務收支淨額	4991	12,421	12,803	20,654	26,654
所得：收入	2300	15,485	17,394	19,338	23,500
所得：支出	3300	−4,353	−8,355	−9,757	−13,368
商品、服務與所得收支淨額	4992	23,553	21,842	30,235	36,786
經常移轉：收入	2379	3,170	3,463	3,837	4,559
經常移轉：支出	3379	−6,995	−7,727	−7,772	−8,366
B.資本帳	4994	−77	−117	−118	−96
資本帳：收入	2994	6	1	4	3

資本帳：支出	3994	−83	−118	−122	−99
合計，A加B	4010	19,651	17,461	26,182	32,883
C.金融帳	4995	7,169	2,302	−19,595	−38,656
對外直接投資	4505	−7,145	−6,028	−7,399	−11,107
來臺直接投資	4555	1,898	1,625	7,424	7,769
證券投資（資產）	4602	−21,823	−33,902	−40,754	−44,993
股權證券	4610	−8,167	−12,464	−18,466	−35,696
債權證券	4619	−13,656	−21,438	−22,288	−9,297
證券投資（負債）	4652	17,154	31,045	21,814	4,904
股權證券	4660	14,092	34,826	22,662	5,599
債權證券	4669	3,062	−3,781	−848	−695
衍生性金融商品	4910	−843	−1,003	−965	−289
衍生性金融商品（資產）	4900	888	909	1,930	3,691
衍生性金融商品（負債）	4905	−1,731	−1,912	−2,895	−3,980
其他投資（資產）	4703	408	−6,254	−1,266	−5,716
貨幣當局	4703	−	−	−	−
政府	4703	32	0	−4	11
銀行	4703	−6,754	−9,421	−5,525	−9,027
其他部門	4703	7,130	3,167	4,263	3,300
其他投資（負債）	4753	17,520	16,819	1,551	10,776
貨幣當局	4753	898	9,250	−3,311	−7,300
政府	4753	−6	0	6	−6
銀行	4753	13,957	5,352	1,993	15,309
其他部門	4753	2,671	2,217	2,863	2,773
合計，A至C	4020	26,820	19,763	6,587	−5,773
D.誤差與遺漏淨額	4998	−225	293	−501	1,753
合計，A至D	4030	26,595	20,056	6,086	−4,020
E.準備與相關項目	4040	−26,595	−20,056	−6,086	4,020
準備資產	4800	−26,595	−20,056	−6,086	4,020
基金信用的使用及自基金的借款	4766	−	−	−	−
特殊融資	4920	−	−	−	−

資料來源：中央銀行 (2008) http://www.cbc.gov.tw/

5–5　國際收支平衡表的經濟意義

　　前項國際收支平衡表所顯示的不僅是臺灣地區近年全體居民經濟活動之統計數據而已，任何國際收支平衡表亦有其經濟上之意義。

在重商主義之年代，認為黃金、白銀等貴金屬（相當於今日之外匯準備）之流入，可以使國家富強，因此，各國政府決策當局均盡力追求該國之經常帳——即國際商品及勞務順差之最大化，卻忽略了一味地鼓勵出口、抑制進口之結果，無形中扭曲了本國境內總體資源配置之效率並且造成了本國貨幣貶值的可能性；另一方面，若長期抑制外國有生產效率之進口貨品，也無形中降低了本國人民之生活水準，而增加了本國國內消費之物價支出，因此，貿易收支帳及勞務收支帳之餘額並非完全是出超（即出口大於進口）優於入超（即進口大於出口），只要是出超和入超之逐年差額不大，為該國可以控制並有能力予以結清的程度，均屬良性的國際收支帳。惟有連年大量入超發生國際收支惡化但卻一直無法改善，因而造成鉅額貿易逆差，使國家之外匯存底連年流失，甚至無法支付國際債務之情況，才是國際收支最差的表現。所以國際收支餘額若能有合理順差或政府能控制設法維持平衡的情況，是各國政府均希望達成的目標，所以各國均很注意各個年度中收支平衡表所透露出來的訊息而設法加以改善。

5–6　國際收支失衡時之調節

當一國之國際收支餘額連年發生大量出超或大量入超之情況，使該國之外匯存底發生大量之累積或大量之流出以便用來結算各年度之國際債權或債務之現象，視為國際收支之失衡，至於造成一國國際收支失衡的主要原因，一般而言有下列各種。

一、週期性失衡 (cyclical disequilibrium)

若一國處於景氣循環週期，亦即出現復甦、繁榮、衰退、蕭條四個階段的經濟景氣變動，有可能造成國際收支的失衡。通常在復甦、繁榮期間，較易有大量順差，即國際收支有出超現象，在經濟衰退、蕭條時期則容易發生逆差、即國際收支入超現象，稱之為週期性失衡。

二、結構性失衡 (structural disequilibrium)

各國因為天然資源不同而且生產技術有差異，使各國可能侷限於自己的經濟資源和技術結構，而導致國際收支的失衡。例如石油輸出國得天獨厚享有大量石油輸出之貿易順差，但是中南美洲國家卻因技術水準不足，長年產生貿易逆差，均為結構性失衡現象。

三、所得性失衡 (income disequilibrium)

由於各國經濟發展程度大不相同，使得各國之國民所得水準有高低之別；或者由於各國經濟成長率的差異，或多或少會影響該國之國際收支表現。在經濟高度發展的已開發國家，例如德國、日本等國每年均享有大量的貿易順差，但在開發水準較低的國家，如巴西、阿根廷等國則連年產生貿易逆差，始終無法改善，這就成為所得性之國際收支失衡。

四、貨幣性失衡 (monetary disequilibrium)

當國際之匯率水準維持不變，但一國因為採取擴張性貨幣政策促使本國之資金浮濫而導致本國國內的物價水準比其他國家為高時，則該國出口貨品之價格會比外國昂貴，以至於本國出口減緩而進口貨品數量增加，將使得該國之經常帳出現貿易逆差。另一方面，由於本國貨幣供給增加，國內利率水準下降的結果，也會造成資本外流，流向國外利率較高的國家去套利，所以資本帳也會出現逆差。

五、貿易性失衡 (trade competition disequilibrium)

若貿易出超大國採用許多新技術、新原料和新的管理方式，一方面新產品不斷地推出問世，一方面該國的生產成本不斷地降低，必然連年產生順差，國際收支也愈發改善。反之，居於劣勢之貿易逆差國由於永遠趕不上其技術創新的產品水準，加上生產成本又高，只好不斷大量進口外國的貨品，當然會有巨幅逆差產生，稱為貿易性失衡。

六、過度債務性失衡 (over-debt disequilibrium)

中南美洲許多國家在 1980 年代曾經發生國際債務危機,在國際市場上大量借入外債, 或因採高利率政策, 最後無法償還國際外債利息, 致使其國際收支失衡現象更形惡化, 形成過度舉債使國際收支失衡的現象。

如果一國發生上述任何一種國際收支失衡時, 政府財經當局必須設法採取適當的方法分別透過下列各因素使之趨於平衡:

1. 調整本國貨幣兌換外國關鍵貨幣之匯率

一般而言, 當中央銀行進場干預匯率, 設法在外匯市場上將本國貨幣貶值, 則可刺激本國之出口, 抑制外國貨品之進口。只是需要視本國對進口輸入產品的價格彈性, 加上外國對本國輸出產品需求的價格彈性之和必須大於 1 才 能 有 效 改 善 貿 易 赤 字, 通 常 稱 之 為「馬 婁 條 件」(Marshall-Lerner Condition), 相關之理論詳列於第 6 章中, 金融當局常常透過匯率的升降, 調整該國之國際收支狀況。

2. 利用產出和所得水準的增減來調整國際收支

通常發生順差時, 國內流通的貨幣餘額增加, 導致利率下降, 進一步促使國內的投資和消費水準增加,使得進口需求擴大;加上低利率會使本國資本外流減少了部分順差, 使國際收支逐漸恢復平衡。

3. 物價水準之升降影響出口競爭力

順差時, 貨幣流通餘額增加, 導致物價水準上升, 出口競爭力下降, 而進口需求增加, 出口減緩後, 貿易順差情況得以縮小, 逐漸趨向均衡。反之亦然。

4. 採用利率來改善資本帳之表現

由於國內外相對利率的高低不同, 會引起國際資本的移動。如果將本國利率水準提高, 會促使國內產出和所得下降, 並減少進口。但高利率將吸引國際資本流入, 而外國資本內流的結果, 資本帳餘額有順差現象, 將可改善本國國際收支的赤字。

本章習題

一、選擇題

( ) 1. 錢君赴日本投資設廠，由臺灣匯出美元 500,000 元，此一筆帳為對外國直接投資，應記入國際收支平衡表之　(A)貸方　(B)借方　(C)複式簿記之借方和貸方。

( ) 2. 在現行之國際間債權和債務之清償不再採用下列哪一種國際準備資產？　(A)黃金　(B)特別提款權　(C)英鎊。

( ) 3. 若一國處於經濟繁榮期而有大量之國際收支貿易順差，但在經濟衰退期卻發生大量之貿易逆差，這種國際收支之失衡是屬於　(A)結構性失衡　(B)週期性失衡　(C)所得性失衡。

( ) 4. 俄羅斯及中東國家因有豐富之石油,每年大幅度出超；阿根廷出口肉類及農產品,每年卻發生貿易逆差；這種國際收支失衡是　(A)所得性失衡　(B)週期性失衡　(C)結構性失衡。

( ) 5. 2008 年冰島大量向國外舉債，發行債券，不僅鮪魚出口減緩，且冰島幣之匯率大跌、國內物價上漲、出現經常帳逆差，這種收支失衡為　(A)週期性失衡　(B)過度債務性失衡　(C)結構性失衡。

二、問答題

1. 國際收支平衡表之定義或經濟意義為何？

2. 國際收支平衡表有何功用？

3. 當一國發生國際收支失衡現象時，政府當局可以採用於改善失衡現象之各種因素或工具有哪些？

Chapter *6*

國際收支調節的
政策

6-1 國際收支帳的經濟意義

國際收支平衡表所列帳目包括經常帳、資本帳、金融帳、誤差與遺漏以及準備相關項目等，其中最受矚目的是經常帳項目下之商品貿易淨額，也就是某一年度內該國商品貿易的出口值與進口值相減之淨額；假若出口值 (export) 以 X 代表，而進口值 (import) 以 M 代表的話，則國際收支帳餘額 (Balance of Payment; BP) 可以表示為：

$$BP = X - M \tag{6.1}$$

此外，又因一國之出口值決定於該國之物價水準 (P) 及匯率 (e)；而一國之進口值則受到該國之物價水準 (P)、匯率 (e) 及國民所得 (Y) 等變數之影響，所以一般式可表示為：

$$BP = X(P, e) - M(Y, P, e) \tag{6.2}$$

除了貿易淨額外，在實務上，資本帳和金融帳也會影響該國外匯存底發生淨流入或淨流出，所以由 (6.2) 式中，可以將資本淨外流 (net capital flow) 減去，才能真正顯示某一年度內該國的總體經濟表現是否增加了本國之外匯存底餘額，也就是：

$$BP = X(P, e) - M(Y, P, e) - F \tag{6.3}$$

其中 F 代表資本之淨外流。

通常世界上大部分國家除了關心該國每年經濟活動表現能夠有外匯收入之增加外，也會希望該國產業能生產具高附加價值之產品來交換貿易對手國較低價位之進口財；換言之，即該國每一單位之出口財可以換得若干單位之進口財本身即為該國商品之**貿易條件** (terms of trade; tt)，若貿易條件愈高表示該國所出口之商品價格和單位利潤愈高，貿易對該國之出口產業愈有利。

又因一國之出口及進口商品之數量眾多，所以必須先計算出口和進口之價格指數 (price index)，即是以基期年之物價指數作標準而計算出眾多進出口商品價格的加權平均值，相關之定義如下：

$$tt = \frac{出口價格指數}{進口價格指數} = \frac{進口商品之數量}{出口商品之數量}$$

　　由上式可以看出，一國商品之貿易條件也就是該國每一單位之出口財可以換得若干數量之進口財之意，也就是出口財與進口財的相對價格，若出口量用 X 代表，P_X 表出口財之單價；進口量用 M 代表，而 P_M 表進口財之單價，則本國之貿易條件可表示為：

$$tt = \frac{P_X}{P_M} = \frac{M}{X} \qquad\qquad (6.4)$$

又因為國際貿易必須採用外幣計價，而外幣兌換為本國貨幣之匯率 (exchange rate) 用 e 來代表，則 (6.4) 式可化為：

$$tt = \frac{P_X}{P_M \cdot e} = \frac{M}{X} \qquad\qquad (6.5)$$

　　為了簡化模型，假設某國之出口商只有 1 種財貨，而出口量為 X，則該商品之出口總值即為：

$$出口總值 = P_X \cdot M = 進口財貨之單價 \times 進口量$$

根據經濟學原理，商品總收益 (Total Revenue; TR) 為其價格 (P) 和銷售量 (Q) 的乘積，亦即 $TR = P \cdot Q$，而總收益之增加除了和商品之單價有關之外，也與商品之彈性價格有關。一般而言，商品之價格彈性 (η) 即消費者對價格反彈之敏感強度，當價格上升時，消費量減少；當價格下跌時，消費量會增加。而價格彈性公式為：

$$\eta = \frac{數量變化之百分比}{價格變化之百分比} = \frac{\Delta Q / Q}{\Delta P / P} \qquad\qquad (6.6)$$

　　一般正常財之需求彈性大時，如 $\eta > 1$，則表示如果商品價格降低時，總收益 (TR) 會因銷售量增加的幅度大於商品降價的幅度而增加。相反的，若商品之需求的價格彈性小，如 $\eta < 1$，則雖然商品降價而銷售量增加，但銷售量增加的幅度小於價格下降的幅度，所以總收益 (TR) 反而在降價後減少。國際貿易出口總值和進口總值也有同樣的情形，若是本國出口之商品的價格需求彈性用 η_X 表示，而外國進口到本國商品之價格需求彈性用 η_M 表示的話，當 η_X 價格需求彈性大時，則降價可以刺激出口量大量增加，使總出口值增加。同理，當進口商品之價格需求彈性 (η_M) 大時，若進口商品之單價 (P_M) 上升

時，會引起進口量 (M) 之大量減少，對本國之商品貿易餘額和國際收支餘額有利，可以改善國際收支餘額。

　　而商品之出口價和進口價之計算，與匯率 (e) 有關。若本國貨幣兌外幣匯率貶值時，則將使得出口財之外幣計值之單價便宜，而進口商購買外幣而訂購國外貨品之價格相對昂貴了，所以本國貨幣之貶值對出口有利，但對進口不利。有了以上之各項了解後，我們就可以開始分析國際收支的相關理論。

6-2　國際收支理論

　　國際收支理論主要討論政府應採用何種方法或工具可以改善本國之國際收支餘額 (Balance of Payment; BP)，通常是以改善國際收支餘額中最重要的商品貿易淨額為目標，設法使出口總值大於進口總值，亦即設法使本國之商品貿易帳發生出超 (surplus) 是最直接的目標。為了達成此一目標，國際經濟學者提出了下列各種國際收支理論。

彈性論──以本國貨幣匯率貶值來調整

　　彈性論是由馬歇爾 (Alfred Marshall) 和婁納 (Abba P. Lerner) 研究當一國之所得水準不變的情況下將本國貨幣貶值後，匯率變動如何影響一國國際收支。這種分析不考慮國際間資本移動，只專注於改善該國之商品和勞務的進出口餘額時，採用本國貨幣匯率貶值，可以使匯率的變動，造成國內外相對價格的變動。

一、貿易條件

　　國內外相對價格，實際上就是本國之「貿易條件」，因為貿易條件為：

金融小百科

馬歇爾
英國經濟學家，生於 1842 年。他所出版的《經濟學原理》將供過於求、邊際效用理論和生產成本形成一套具有邏輯的定理，並成為英國各大學中的經濟學教材。

婁納
美國經濟學家，生於 1903 年。他曾對馬克思與凡勃倫有極大的狂熱，但當他了解新古典主義中的邊際分析法概念以後，這份狂熱就消失殆盡。他與馬歇爾共同提出的關於一國貨幣的貶值與該國貿易收支改善程度的關係，我們稱之為馬婁條件。

$$tt = \frac{P_X}{P_M \cdot e} = \frac{M}{X} \tag{6.7}$$

$$= \frac{出口財之單價}{進口財之單價 \times 匯率} = \frac{進口量}{出口量}$$

換言之,貿易條件可以說是「每一單位的出口財可以換到若干單位的進口財」。如果 tt 上升,表示本國之貿易條件改善;反之,若 tt 下降,則表示本國貿易條件惡化。假定進出口價格(即 P_X, P_M)不變,而將本國貨幣貶值,那表示本國的出口財相對便宜,將使出口數額增加。但是其效果如何,則視本國對進口產品的價格需求彈性與外國對本國出口產品的價格需求彈性兩者之和是否大於 1 而定,通常稱之為「馬婁條件」。

二、本國匯率貶值對貿易餘額的影響

由於本國之貿易餘額為:

$$BP = P_X \cdot X - eP_M \cdot M$$

假定,匯率變化前,國際收支是平衡的,即出口值與進口值相等,亦即 $P_X \cdot X = eP_M \cdot M$,其中 BP 代表本國商品之貿易餘額;P_X 表出口財之單價;X 為出口量;P_M 表進口財之單價,M 為由國外進口之數量;e 代表匯率。

如果採用本國貨幣匯率貶值來改善本國之貿易餘額,則我們可以作以下之運算。

$$\frac{\partial BP}{\partial e} = P_X \cdot \overset{(+)}{\frac{\partial X}{\partial e}} - P_M \cdot M - e \cdot P_M \cdot \overset{(-)}{\frac{\partial M}{\partial e}} \tag{6.8}$$

上式中由於本國匯率貶值可以增加本國出口量,所以 $\frac{\partial X}{\partial e}$ 為正值;但本國匯率貶值會減少本國進口量,所以 $\frac{\partial M}{\partial e}$ 為負值。

又假設出口財需求之價格彈性為 $\eta_X = +\frac{\hat{X}}{\hat{e}}$,其中 $\hat{X} = \frac{\Delta X}{X} = \frac{\partial X}{X}$,$\hat{e} = \frac{\Delta e}{e} = \frac{\partial e}{e}$,進口財需求之價格彈性為 $\eta_M = -\frac{\hat{M}}{\hat{e}}$,其中 $\hat{M} = \frac{\Delta M}{M} = \frac{\partial M}{M}$,代入 (6.8) 式得:

$$\frac{\partial BP}{\partial e} = P_X \cdot \frac{X}{e} \cdot \frac{\partial X}{\partial e} \cdot \frac{e}{X} - P_M \cdot M - e \cdot P_M \cdot \frac{M}{e} \cdot \frac{\partial M}{\partial e} \cdot \frac{e}{M}$$

$$= P_X \cdot \frac{X}{e} \cdot \eta_X - P_M \cdot M + P_M \cdot M \cdot \eta_M \qquad (6.9)$$

採用匯率貶值使 BP 增加，即 $\frac{\partial BP}{\partial e} > 0$，亦即 (6.9) 式之值必須大於 0，也就是：

$$P_X \cdot \frac{X}{e} \cdot \eta_X - P_M \cdot M + P_M \cdot M \cdot \eta_M > 0 \qquad (6.10)$$

將 (6.10) 式兩邊各除以 $P_M \cdot M$ 可得：

$$\frac{P_X \cdot X}{e \cdot P_M \cdot M} \cdot \eta_X - 1 + \frac{P_M \cdot M}{P_M \cdot M} \cdot \eta_M > 0 \qquad (6.11)$$

化簡得：

$$\frac{P_X \cdot X}{e \cdot P_M \cdot M} \cdot \eta_X + \eta_M > 1$$

由於假設匯率變化前之國際收支是平衡的，即出口值 = 進口值，也就是 $P_X \cdot X = e \cdot P_M \cdot M$，則上式可以為：

$$\eta_X + \eta_M > 1 \qquad (6.12)$$

上式表示當出口財需求之價格彈性 (η_X) 加上進口財需求之價格彈性 (η_M) 之和大於 1 時，則匯率 e 貶值時，可以使得本國商品貿易的餘額改善，亦即 $\frac{\partial BP}{\partial e} > 0$ 之意。

由於這是由馬歇爾和婁納所最先提出的，所以一般人稱之為馬婁條件 (Maeshall-Lerner Condition)。

三、畢肯戴克－羅賓遜－梅茲條件 (Bickerdike-Robinson-Metzler Condition)

「馬婁條件」僅針對出口量和進口量需求之價格彈性，即該國之需求面作分析，而未對供給作探討，也就是假設出口產品的供給，與國外進口商品的供給是具有完全彈性的，即供給線為一水平線，不受價格之限制，所以換言之，供給不會因匯率貶值而發生變動，貶值僅會影響出口產品以本國貨幣

表示的價格，以及進口產品的外幣價格發生變動。倘若取消此一供給不受影響的假定時，則出口產品會因國外的需求增加使出口增加，出口品之價格上升，而且，進口產品因國內的需求減少而價格下跌。這樣一來，貶值能否改善國際收支，則必須同時看進出口產品供給彈性的乘積與進出口商品的需求彈性的大小而定。這種條件被稱為「畢肯戴克－羅賓遜－梅茲條件」，用符號表達為：

$$\frac{\eta_X \cdot \eta_M (\varepsilon_X + \varepsilon_M + 1) + \varepsilon_X \cdot \varepsilon_M (\eta_X + \eta_M - 1)}{(\varepsilon_X + \eta_X)(\varepsilon_M + \eta_M)} > 0 \tag{6.13}$$

其中 ε_X，ε_M 分別為出口、進口之供給的價格彈性。

所以有學者認為馬婁條件是「畢肯戴克－羅賓遜－梅茲條件」在供給不受匯率影響，僅需求受匯率影響之假設下的一個特殊情況。但此理論在假設所得水準不變，就業情況不變，而且不考慮資本移動的狀況下分析，其適用性受限，何況匯率貶值通常會引起進一步的預期心理，通常也會造成國際資本的移動。

四、J－曲線效果 (J-Curve Effect)

雖然一國採用本國貨幣之匯率貶值在符合馬婁條件之情況下，長期而言，可以增加該國之出口，減少該國之進口，所以會改善該國之國際收支餘額。但是在實務上，出口單價和進口單價在簽訂貿易合約時即可能已經訂定了，何況下訂單到商品製造完成均需一段時間，所以短期內貶值不會立即引起貿易數量的變化，必須有一定的時間作調整，在此期間裡，國際收支不但不會獲得改善，反而會呈現更惡化，這種現象稱之為「J－曲線效果」。

J－曲線是由梅吉 (S. P. Magee) 提出並將「J－曲線」的變化分為 3 階段，即包括「合約期」(currency-contract period)、「過渡期」(pass-through period) 和「數量調整期」(quantity adjustment period)。

「價格效果」是因當匯率貶值時，使本國商品出口降價而進口品價格較貴，但由於進出口數量短期內尚未調整，貶值使貿易收支惡化（如圖 6–1 中之 $\widehat{DE}$ 線段）。但在惡化之初，由於進出口契約事先已簽訂，故一切皆暫不受

影響，如圖 $\overline{OD}$ 線段。

　　「數量效果」則是經過一段時間後，因貶值使本國商品出口的對外價格相對便宜，導致出口數量增加；進口商品因相對價格上漲而進口減少，逐漸產生改善國際收支效果，如圖 $\widehat{EF}$ 線段。

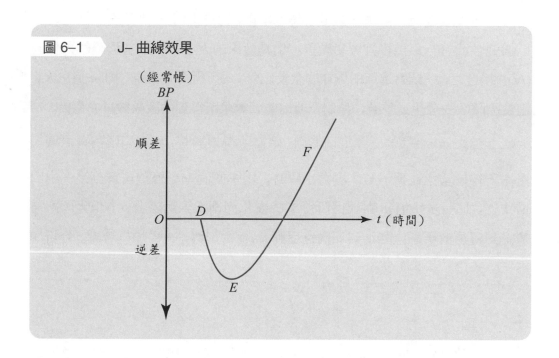

圖 6-1　　J- 曲線效果

所得論——緊縮有效需求以減少進口支出

　　假設當物價水準與匯率不變的情況下，透過有效需求之控制以降低進口支出，並利用減少進口之乘數，加倍降低本國之進口，並影響所得水準的變動，改善國際收支。此理論也假設，國際收支不包括資本移動。一般而言，出口 $X = X(P, e)$；進口 $M = M(P, e, Y)$，即出口受價格、匯率影響，而進口受價格、匯率及所得的影響。

　　由本書第 3 章之 3-2 節之所得決定模型可由 (3.4) 式中得知均衡所得為：

$$Y^* = \frac{C_0 + I_0 + G_0 + X_0 - M_0}{1 - c + m}$$

故：

$$BP = X - (M_0 + mY)$$

$$= (X - M_0) - [m \cdot \frac{C_0 + I_0 + G_0 + X_0 - M_0}{(1 - c + m)}] \tag{6.14}$$

由此可知，一國可以透過控制有效需求以調節國際收支。當國際收支逆差時，可以緊縮有效需求，降低所得水準以減少進口支出來改善。反之，則以擴張性政策，以減少其貿易順差。但其效果的大小，取決於邊際輸入傾向 (m)。換言之，一國對進口的依存度愈大，輸入的所得彈性愈高，即 m 值愈大，則當國際收支發生逆差時，控制及緊縮有效需求所得到的改善效果亦愈大。

上述之 $m = \frac{\Delta M}{\Delta Y}$ = 邊際進口傾向，為當所得增加時，對進口財購買之增加量占所得增量之比例。若本國為小國時，則本國匯率之貶值影響到進、出口價格外，進一步透過 m 對國民所得 Y 的變化而衝擊到國際收支。但大國則需遭受到貿易對手國邊際進口傾向之反彈 (m^*) 之影響，一併加以考慮。分析如下。

一、小國

哈伯格 (Arnold G. Harberger) 認為一國為了改善國際收支餘額而將匯率貶值，除因相對價格的改變而影響進出口外，進而也會透過邊際進口傾向 (m) 以及所得水準 (Y) 的變化，再影響進口的變動，進一步影響國際收支。所以哈伯格將前述「彈性論」與「所得論」相結合，提出「哈伯格條件」(Harberger Condition)，亦即：

$$\eta_X + \eta_M > 1 + m \tag{6.15}$$

其中 η_X、η_M 分別為出口、進口需求之價格彈性，m 為本國之邊際進口傾向。

二、大國

由於大國的經濟活動，如進出口及匯率的變動，將影響其貿易對手國做

出反彈或回應。簡單而言，如世界上只有兩個國家，本國的進口、出口，分別等於外國的出口、進口。故「外國的回應」(foreign repercussions) 因素必須考慮在內時，學者遂將哈伯格條件修正為：

$$\eta_X + \eta_M > 1 + m + m^* \tag{6.16}$$

其中 η_X、η_M 分別為本國之出口、進口需求價格彈性，m 為本國之邊際進口傾向，m^* 為外國的邊際進口傾向。但是，如果假定在進、出口商品的供給具有完全彈性時，「大國」若採貶值手段以改善其國際收支時，只有在 (6.16) 式下條件始有效。而「小國」則適用 (6.15) 式之情況下可以奏效。

吸納論

金融小百科

米德
英國經濟學家，生於 1907年。他是最早將凱因斯理論寫進教科書的人之一。由於對國際貿易理論與國際資本流動做了開創性研究，於 1977 年獲得諾貝爾經濟學獎。

　　通稱「支出分析法」(expenditure approach)，是分析以總收入與支出對國際收支調整的影響。是由米德 (James E. Meade) 與亞力山大 (Sidney S. Alexander) 針對彈性論只重視貶值使相對價格變動，而忽略貶值的收入效果，及所得論是屬事後分析而必須看事後之結果估算進口反彈之程度而作 *BP* 改進有效與否之分析。因此提出以總收入與支出行為，來分析貶值對國際收支的影響，稱為吸納法。

　　由於本國貨幣匯率之貶值，若採彈性分析法會忽略了貶值對其他總經濟變數直接及間接的衝擊，進一步影響到國際收支之可能性，所以為了求其完備，學者亞力山大於 1952 年提出以吸納分析法代替彈性論，改由貶值對總體經濟影響的層面著手。

　　亞力山大首先將國民所得 *Y* 定義為國內總需求（即國內總吸納 *A*）加上國際收支餘額 *BP*，亦即：

$$Y = A + BP$$

換言之：

$$BP = Y - A \tag{6.17}$$

其中國內總吸納為國民所得 *Y* 和匯率的函數，可表示為：

$$A = cY - Be \tag{6-18}$$

其中 A 為國內總吸納（即國內總需求）；

Y 為國民所得；

e 為匯率；

c 及 B 為係數。所以 c 為邊際消費傾向加邊際投資傾向之和，可以稱為邊際支出傾向；B 為貶值對國內總需求（即國內吸納）之衝擊之效果。

由於 $BP = Y - A$ 即 $BP = Y - cY + Be$

$$\frac{dBP}{de} = (1-c)\frac{dY}{de} + B \tag{6.19}$$

(6.19) 式可以看出貶值對國際收支餘額 BP 之影響（即 $\frac{dBP}{de}$），會受到 c 的影響，受 $\frac{dY}{de}$ 的影響以及受到 B 之影響，分別說明如下。

一、貶值對所得的乘數效果

(6.19) 式中之 $(1-c)\frac{dY}{de}$ 代表貶值對所得的乘數效果。

1. 貿易條件效果 (terms of trade effect)

首先貶值會導致本國出口商品以貨幣計價之價格下跌，而外國商品進口到本國之價格昂貴，所以便導致貿易條件 (tt) 惡化，使本國實質所得水準減少而減少了對國外進口貨品之需求，使得國際收支餘額 (BP) 改善，稱為貿易條件效果。

2. 就業效果 (employment effect)

另一方面，由於本國出口商品相對便宜，外國人將增加對本國出口商品之需求，使本國以往閒置之生產資源加入生產，增加了就業機會，本國所得水準因而增加，有可能增加對國外進口貨品之需求，則國際收支餘額 (BP) 會惡化，稱為閒置資源效果，也可稱為就業效果。

由於貶值之貿易條件效果可以改善國際收支，但閒置資源就業效果卻使國際收支惡化，所以其影響視二種效果之力量大小而定；因此由 $(1-c)\frac{dY}{de}$ 所

代表的貶值對所得以及透過所得的乘數效果對國際收支之影響並不明確。

二、貶值使物價上漲對總需求之衝擊

國內總需求亦稱國內總吸納，貶值會使進口財之價格上漲並刺激國內生產，進而使本國之物價水準上漲，對國內總需求之衝擊有下列各項：

1. 實質餘額效果 (real balance effect)

貶值使商品在本國之價格上漲，若本國貨幣供給量不變之情況下，購買力弱使貨幣之實值餘額減少，人們只得減少對進口舶來品之需求，因而改善國際收支。

2. 所得重分配效果 (income redistribution effect)

貶值使國內之物價上漲後，原固定收入者之名目所得雖未改變，但對商品的實質購買力下降；而社會上大部分人均為固定收入者，所以總體支出會減少，可改善國際收支。

3. 預期效果 (expectation effect)

貶值使物價上漲後，一般人會預期未來物價還會上漲，因此會在物價上漲前增加對商品之購買量使得進口財之支出也增加，導致國際收支惡化。

4. 貨幣幻覺效果 (money illusion effect)

貶值使物價水準上揚，當有人的名目所得亦同比例增加時，其實質所得未變。但如果人們有貨幣幻覺，誤以為實質所得增加而增加對進口品的支出時，將導致國際收支惡化。

綜上所述，本國貨幣貶值由總體經濟之角度來分析後，貶值對國際收支之影響有正、反面兩種力量作用，所以最後是否能改善國際收支餘額將視兩種力量之大小而定。

貨幣論──主張貨幣與國際收支之均衡有關

1960 年代末期，孟岱爾 (Robert Mundell)、詹森 (Harry Johnson) 與法蘭克 (Jeffrey A. Frenkel) 提出國際收支的貨幣論；認為國際收支是一國貨幣總

供給與總需求之差額——也就是貨幣的超額需求的現象。

根據孟岱爾等之主張，在固定匯率下利率與物價水準關係密切，而小國之利率和物價受到國際市場之影響大；而貨幣需求為所得、利率和物價的函數。

而在貨幣供給方面，他們主張貨幣供給不影響實質生產，故也不會影響貨幣需求。當貨幣市場失衡時，可採用貨幣供給之增減來作調整。在固定匯率制度下，當貨幣供給增加時，發生超額貨幣供給，一般人所握有的現金餘額將高於其意願持有的水準，就會用此超額之貨幣餘額去購買國外的有價證券、商品，而導致國際收支資本帳發生赤字。為了清算資本帳之赤字，政府動用外匯準備，使外匯準備減少，使超額之貨幣供給減少，直到平衡為止。

相反的，當國內貨幣供給不足、有超額之貨幣需求時，人們會減少對進口財之購買；或出售國外有價證券，導致國際收支發生順差，則有外匯準備之流入，直到貨幣供需達到均衡為止。

本章習題

一、選擇題

（　）1.國際貿易之進口值受哪些因素之影響？　(A)國民之偏好　(B)國家之匯率水準和人口數　(C)匯率、物價和國民所得。

（　）2.本國貨幣之匯率升值之影響為　(A)有利於本國之出口競爭力　(B)有利於進口貨之價格下降　(C)有利於國際收支餘額。

（　）3.若本國之貿易條件 (tt) 之上升，表示本國每單位出口財與每單位進

口財相比時，發生　(A)本國商品之附加價值下降　(B)本國商品出口之附加價值上升　(C)國外之需求下降。

(　)　4. 本國之國內總需求即為國內總吸納，應包括　(A) $C + I + G + X - M$　(B) $C + I + G$　(C) $X - M$。

(　)　5. 若出口乘數為 $\dfrac{1}{1 - c + m}$，其中邊際消費傾向為 0.8，邊際進口傾向為 0.05，則增加出口值 $10,000 美元時，總產出可增加　(A) $40,000　(B) $20,000　(C) $50,000。

二、問答題

1. 解釋「馬婁條件」之意義為何？

2. J– 曲線效果為什麼會發生？可分為哪三階段？並繪圖說明之。

3. 所得論認為有逆差時可由緊縮有效需求來減少進口，改善國際收支，試說明若本國為小國或者本國為大國時之不同之哈柏格條件為何？

Chapter 7

國際貨幣市場

　　國際貨幣市場是指資金參與國際間短期融資借貸的市場，是由國際間資金之需求者與供給者進行資金的短期借貸或以短期信用工具作交易的行為。一般人將國際貨幣市場、國際資本市場、黃金市場、外匯市場和金融期貨市場共同視為一完整的國際金融市場。本章主要論及國際貨幣市場相關議題。

7-1 貨幣之定義

一、費雪 (Fisher) 定義的貨幣

　　費雪 (1911) 定義貨幣為：「任何財產權在交換過程中能被廣泛接受者」，其使用之代號如下式所列：

$$M_0 = C_P + R \tag{7.1}$$

其中 M_0 為費雪所定義之貨幣供給；

　　C_P 為通貨毛額扣除央行、財政部與銀行廠商窖藏之現金，亦即經濟體系內正在流通之「通貨淨額」。英文意指 "coin and currency held by the public"，故以 C_P 代表之；

　　R 為銀行體系保有之準備金 (reserve)。

二、羅伯遜 (Robertson) 定義的貨幣

　　羅伯遜 (1959) 定義貨幣為：「任何商品若能廣泛的作為交換工具或用於清償營利性債務時能被接受者」，其相關之定義列如下式所示：

$$M_{1A} = C_P + DD \tag{7.2}$$

其中 M_{1A} 為羅伯遜所定義之貨幣供給；

　　C_P 仍指通貨淨額；

　　DD 為銀行廠商發行之活期存款與支票存款帳戶以及國外商銀在本國央行所擁有之活期存款餘額，因其隨時可以應客戶之要求 (demand) 而提領戶頭內之餘額，故英文意指 demand deposit，故簡寫用 DD 代表之；照一般的說法，亦即 M_{1A} = 通貨淨額 + 活期存款 + 支票存款。

三、延伸前述的貨幣定義

將前述貨幣定義再加以延伸其包含的範圍，可得 M_{1B} 為貨幣供給，其公式如下：

$$M_{1B} = M_{1A} + SD \tag{7.3}$$

其中 M_{1A} 為羅伯遜所定義之貨幣供給；

SD 為銀行廠商（未含郵匯局）發行之活期儲蓄存款，英文原義為 saving deposit，故以簡寫 SD 代表之。

換言之，即 $M_{1B} = M_{1A}$ + 活期儲蓄存款。

四、傅里曼 (Friedman) 與斯瓦茨 (Schwartz) 對貨幣的定義

傅里曼與斯瓦茨 (1963, 1970) 將貨幣定義為：

$$M_2 = M_{1B} + TD \tag{7.4}$$

其中 TD 為定期存款 (Time Deposit; TD)，為客戶定期存入銀行之存款。依照一般通行之說法，也就是 $M_2 = M_{1B}$ + 定期存款 + 定期儲蓄存款 + 郵匯局存簿儲金 + 外匯存款。

五、葛利 (Gurley) 與蕭沃 (Shaw) 對貨幣的定義

葛利與蕭沃 (1960) 認為凡以匯票支付服務、電話轉帳及自動轉帳的儲蓄帳戶等，銀行或便利商店所提供之新措施大幅提升了儲蓄存款的貨幣性和流動性，認為應該將所有金融廠商發行之流動性負債也包括於 M_3 貨幣定義中，即：

$$M_3 = M_2 + 信託基金 \tag{7.5}$$

上項信託基金主要包括銀行廠商發行之可轉讓定期存單 (Negotiable Certificates of Deposit; NCD)、外匯信託資金、外幣定期存單、金融債券淨額、央行發行儲蓄券淨額與乙種國庫券淨額等。

為了銀行能穩健經營，存款戶之存款總額不能全數由銀行貸放出去，依

照規定，商業銀行資產的一部分須以準備金的方式持有。而政府法定準備的規定通常要求商業銀行所持有的準備金至少須達到其存款金額的某一固定比率存放於銀行或其在央行的帳戶中，此一比率即為**存款準備率** (required reserve ratio) **或稱法定準備率**。若商業銀行所持有的準備金高於法定準備，則超出的金額即為銀行的超額準備 (excess reserve)。所以：

超額準備 = 銀行實際持有之準備 – 法定準備

7–2 貨幣供給要素

各國政府可依照市面上的資金需求，隨時作資金調整之寬鬆或緊縮的貨幣政策，為了了解貨幣政策，必須知道貨幣供給之工具，這些工具主要由政府、商業銀行、和一般社會大眾所掌控，首先說明影響貨幣供給之公式如下：

$$M^s = \frac{1 + R_{\frac{C}{D}}}{R_{\frac{C}{D}} + R_E + R_D + R_T \cdot t}[C_P + DD + SD]$$

$$= \frac{1 + R_{\frac{C}{D}}}{R_{\frac{C}{D}} + R_E + R_R}[C_P + DD + SD] \tag{7.6}$$

其中 $C_P + DD + SD$) 即為 M_{1B}；

$R_{\frac{C}{D}}$ 為社會大眾手頭上保有之流動現金（即通貨淨額）占活期性存款的比率；

R_R 為政府規定就存戶存款總額中商業銀行應保存之法定準備金所占之比率；

R_E 為超額準備占活期性存款之比率；

C_P 為社會大眾手頭保有之流動現金，即通貨淨額；

R_D 為活期性存款之法定準備率；

R_T 為定期性存款之法定準備率；

TD 為定期性存款總額；

$t = \dfrac{TD}{DD}$ 為定期性存款對活期性存款比率。

7-3　中央銀行與貨幣政策之執行

歐洲中央銀行及其概述

美國聯邦準備體系 (Federal Reserve System) 成立於 1914 年，是為美國的「中央銀行」，該銀行對於國際金融之影響力一直具有執牛耳的地位，其聯邦準備理事會主席亦即一般人認知的美國「中央銀行」總裁所發表之任何政策性言論和利率之調降或調升，都會對全球之股市、匯市、債市和總體經濟產生極大的影響。另一方面，歐洲聯盟 (European Union) 以下簡稱歐盟，亦於 20 世紀末成功地由二十五個成員國組成一個超大型的經濟整合體，並於 1998 年 7 月 1 日在德國的法蘭克福市成立了歐盟的中央銀行，稱為歐洲中央銀行 (European Central Bank; ECB)，其管理委員會 (Governing Council) 由歐洲中央銀行理事局 (Executive Board) 之 6 名理事和歐元區各成員國的中央銀行行長組成，並由歐洲中央銀行和歐盟各成員國之央行共同組織為歐洲中央銀行體系，主要掌管歐元區之貨幣政策、進行外匯交易、經營成員國貨幣之收支和外匯準備等業務。

歐盟之會員國主要包括奧地利 (Austria)、比利時 (Belgium)、丹麥 (Denmark)、芬蘭 (Finland)、法國 (France)、德國 (Germany)、希臘 (Greece)、愛爾蘭 (Ireland)、義大利 (Italy)、盧森堡 (Luxembourg)、荷蘭 (Netherlands)、葡萄牙 (Portugal)、西班牙 (Spain)、瑞典 (Sweden)、英國 (United Kingdom of Great Britain)、賽普勒斯 (Cyprus)、捷克 (Czech Republic)、愛沙尼亞 (Estonia)、匈牙利 (Hungary)、拉脫維亞 (Latvia)、立陶宛 (Lithuania)、馬爾他 (Malta)、波蘭 (Poland)、斯洛伐克 (Slovakia)、斯洛維尼亞 (Slovenia) 等二十五個會員國，其中除了英國、丹麥、瑞典仍各自採行自己國家所發行之貨幣並自訂貨幣政策外，其餘 19 國家和地區先後參加歐洲貨幣同盟 (European Monetary Union; EMU) 採用歐元 (Euro) 單一貨幣，並於 1999 年 1 月 1 日正式通過使歐元具備法償資格；同時正式公布歐元對十一個最先加入貨幣同盟

的會員國間通貨兌換歐元之固定匯率，如表 7–1 所示。

表 7–1　歐洲貨幣同盟國通貨轉換歐元之匯率表

（1998～2002 年）

歐洲貨幣同盟會員國通貨	歐元之兌換會員國通貨之匯率
比利時法郎	40.3399
德國馬克	1.95583
西班牙比薩塔	166.386
法國法郎	6.55957
愛爾蘭鎊	0.787564
義大利里拉	1936.27
盧森堡法郎	40.3399
荷蘭基爾德	2.20371
奧地利先令	13.7603
葡萄牙厄斯科多	200.482
芬蘭馬卡	5.94573

資料來源：李榮謙《國際貨幣與金融》第三版，2001 年 9 月，頁 394。

　　之後不久，貨幣同盟國依照預定之進程，自 2002 年 1 月 1 日起，歐元紙幣和硬幣同步開始啟用外，在歐洲貨幣同盟區內大部分的零售活動也正式轉換成以歐元計價；在 2002 年 1 月 1 日至 2002 年 6 月 30 日之間，區內各成員國本國的通貨和歐元並行，成為雙法定貨幣時代。自 2002 年 7 月 1 日起，歐元區各會員國本國通貨喪失法償資格，歐元成為區內各會員國的唯一法定貨幣。至於歐元整合之歷史背景將於本章「7–7 國際新貨幣——歐元的興起」中詳述之。

　　歐元區會員國採行歐元單一貨幣之後，不僅有助於歐洲同盟之整合，更增加了區域內進口和出口貿易數量上揚的貿易移轉效果，其績效如下。

一、消除了區域內貿易的匯率變動風險

　　由於歐元區內各會員國間均以歐元計算商品的交易價格，故不再承受以往採用各國通貨計價時需換算幣值之匯兌風險，包括外匯交易之買賣價差以及其他手續費支出等，降低了交易成本和區域內貿易的匯兌風險。

二、減少了交易的資訊成本和差別取價行為

以往歐盟內並存著各國貨幣,一方面消費者習慣將外幣計價轉換成本國貨幣去比較商品之單價,在匯率隨市場波動之情況下,既不方便又難於比價;而銷售廠商亦可能利用消費者取得真實匯率資料困難之訊息成本,在本地因資訊不對稱而針對不同的消費族群採取不同的定價;即對缺乏價格彈性之市場收取較高之價格;而對價格彈性大之市場收取較低之價格;廠商這種差別取價行為會造成社會經濟福利的損失。但現在採用單一貨幣歐元計價後,可以減少這種交易之資訊成本,並避免廠商採取差別取價之可能性,有利於公平交易的實施和增進社會總體之經濟福祉。

三、節省區域內各國官方國際準備之成本

2002 年 7 月以前,歐元區內各會員國之本國貨幣與歐元同時存在,所以各個會員國之貨幣當局就必須握持鉅額的國際外匯準備,用以操作及支持各國通貨的匯價穩定,並進行多方貿易收支的清算。在歐洲中央銀行發行及管理歐元單一貨幣後,區內各國就不再需要保有鉅額的國際準備來支持各國自身通貨的匯價或用以清算彼此間貿易收支的差額,現今只需單純地管理歐元和國際關鍵貨幣如美元、日圓、英鎊等的匯價關係以及對歐元區外進行貿易收支的清算即可,因而減少了區內各國官方外匯準備的成本,符合經濟效益的原則。

四、歐元成為全球性關鍵貨幣

歐元發行後立刻成為美元強勁的競爭對手,並與美元、日圓、英鎊等貨幣同樣成為全球性關鍵貨幣之一。使歐盟在國際貨幣制度和國際金融市場上扮演的角色亦更加重要,許多國際金融市場之參與者均願意在較低的利率下,保有以歐元計算之資產。另一方面,歐洲單一貨幣也導致全球金融業作再一

次的營運變革，即銀行業須放掉原先承做的歐洲各國通貨兌換的外匯業務，而調整為新的單一貨幣系統；歐洲各銀行也必須投資規劃新的網路清算系統以支應對北美及日本市場的付款與清算等；歐元自從上市之後，其兌換美元的匯率逐步上升，有可能取代美元成為國際貨幣之主要投資對象，成功地成為全球性關鍵貨幣，證明了「歐洲中央銀行」超然獨立於各國行政體系之外，而且在國際金融市場的表現穩健純熟，相當成功。

臺灣中央銀行與美國中央銀行體制之比較

至於臺灣方面，我國中央銀行隸屬於行政院，其常務理事中包括了其他財經部會的首長，所以並不是超然獨立於行政體系之外，而央行之總裁、副總裁與理事任期均為 5 年，必須接受立法院之監督，從一些經濟理論之角度來思考，中央銀行為貨幣政策的執行者，貨幣與財政政策均為政府調節總體經濟之重要決策工具，兩種政策若互相搭配得宜，可收事半功倍的效果，因此中央銀行隸屬於行政體系，自有其合理性。反觀美國方面之中央銀行之運作情形，美國聯邦準備制度 (Federal Reserve System) 的組織架構則為獨立於政府行政體系之外的組織，該行是由 7 名委員會成員外加五位聯邦儲備銀行的代表組成美國聯邦準備理事會 (Federal Reserve Board) 執行業務，該理事會並不隸屬於任何政府的行政部門，理事人選是由總統派任，任期長達 14 年，因此對於所擬定之貨幣政策之執行，可以超然獨立於執政當局的干預之外，較能長期維持國家經濟與金融的穩定，因為該行庫可長期執行一貫的貨幣政策而不會為了短期利益或選舉因素作政策之變動，可以避免不必要的景氣波動或政治影響，這種論點亦有其可取之處。

7-4　貨幣政策工具

由上述各節可知，各國的中央銀行在穩定國際金融上扮演極重要之角色，因此本節將介紹中央銀行是如何採用不同之貨幣政策來因應市場的貨幣需求，以及調控總體經濟之穩定成長。

　　各國中央銀行通常為各國的貨幣金融主管機構，掌管各國政府的貨幣政策 (monetary police)，監督各國商業銀行的營運，以便維護總體經濟和金融的穩定。中央銀行既為金融機構的監督銀行，所以不以營利為目的，其主要職能及貨幣政策工具有以下四大項：

一、調節貨幣供給量

　　中央銀行擁有 3 項政策工具來調節或改變貨幣供給量：法定存款準備率、重貼現率 (discount rate) 與公開市場操作 (Open Market Operation; OPO)，分別說明如下：

1. 法定存款準備率

　　由於中央銀行決定一般商業銀行須保有存戶存款總額之一定比率——即法定存款準備率於央行中，其餘才能對外借貸放，所以中央銀行可以利用法定準備金比率 (required reserve ration) 之調高以減少市面貨幣流通之數量；相反的，當市面上資金不足，銀根吃緊時，中央銀行可以調降法定存款準備率，以增加市面資金之放款和流通。

2. 重貼現率

　　中央銀行亦為商業銀行之最後融資者，因商業銀行有時會向中央銀行借款以彌補其短期資金之不足，此種由商銀向央行借款應付之利率，稱為重貼現率，因此中央銀行可以透過對重貼現率之提高或降低，而改變商業銀行向其借款的意願；而商業銀行向中央銀行借錢之多寡，又會影響到整體社會的貨幣供給量，所以重貼現率為央行貨幣政策的第二項工具。

3. 公開市場操作

　　央行為了達到調整貨幣供給量的目的，也可以藉著在公開市場上買賣債券的方式來增加或減少商業銀行的準備金，以便達到影響貨幣供給量之目的。大部分國家的中央銀行在公開市場買賣的債券為該國政府所發行的債券，稱為國庫券；而臺灣則依照「中央銀行法」的規定，自行發行短期國庫券如定期存單，乙種國庫券以及儲蓄券等流通於市面，這些均屬於中央銀行的負債，

通常由商業銀行及民間予以承購。

　　當中央銀行在公開市場上將其持有的政府債券賣給任一商業銀行時，會使商業銀行因付款買債券而手頭持有的法定準備金減少，若該商銀並未保有任何超額準備時，則該準備金將低於法定準備，因此商銀必須減少對外界的放款來彌補其不足的準備金，也就是使市面上流通的貨幣供給量減少；相反的，中央銀行若欲增加市面上貨幣的供給量（例如每年年初過農曆春節，工商業者需要較多現金以發放職員的年終獎金）時，則可以在公開市場上購買商銀原持有的債券而釋出現金給商銀，此時商銀之準備金增加，可以增加對外界的放款額，進而使市面上流通的貨幣供給量增加，使銀根寬鬆。

二、為各銀行資金的最後融資者

　　各商業銀行均在中央銀行保有準備性存款，除了可以用來滿足政府規定之法定準備外，也可以用來清償積欠其他商銀的債務。此外，中央銀行不僅提供商業銀行相關存款之服務，也提供商銀放款以因應和融通商銀短期的資金需求，此種借款之利率也就是前述之重貼現率。當商業銀行有資金之需求而又無法從其他管道取得融資時，中央銀行為其最後可以取得融資的銀行。

三、維護金融的穩定

　　中央銀行的第三項功能是維護總體金融的穩定。央行與財政部等金融主管機關為了維護金融市場的穩定，會定期或不定期地了解、查核與評估各商業銀行之營運績效和資金運用狀況，以便確保金融仲介體系之正常運作。因政府授權中央銀行依法發行新臺幣，央行則委請中央印製廠印製，理論上中央銀行具有無限量發行通貨的能力。當有任一商業銀行發生擠兌之狀況時，只要中央銀行願意給予該商銀資金上的援助，通常可以挽救該商銀的危機，維持金融界的穩定。

四、為經理中央政府的公庫

　　財政部為管理中央政府公庫的監管單位，其業務往來則由中央銀行代為經理，例如中央銀行發行本國通貨（即印製新臺幣）、管理國庫的存款、負責中央政府各機關之現金、證券、票據之出納和保管、從事外匯的管理和操作，並保有本國政府的國外資產（即外匯準備）──包括各類外國通貨、央行在國外金融機構之存款以及央行所持有的各國政府所發行的公債等，於必要時亦得配合財政收支的調節，對政府作資金的融通，所以中央銀行在國內外金融穩定、匯率管理以及政府公債之經辦業務上扮演相當重要的角色。

7–5　國際貨幣市場之功能

　　國際貨幣市場的主要功能是使國際間短期的剩餘資金能夠有效地提供給資金之需求者作周轉使用。在國際貨幣市場的主要交易客戶包括各國的中央銀行、商業銀行、政府機關、投資機構如人壽保險公司及信託投資公司、大型企業和投資大眾等，其融通之金額非常龐大，且交易進行得相當迅速。

　　依照國際短期資金之發行方式，國際貨幣市場分為「初級市場」與「次級市場」二大類別。**初級市場**即指發行不同信用工具來籌資的「發行市場」，發行市場可以由發行者直接銷售或透過仲介機構間接銷售，亦可以採取「拍賣」(auction) 之方式銷售。例如美國政府發行之國庫券有其最低和最高限額，讓參與拍賣者作競爭性投標 (competitive bid)，由拍賣最高出價者得標。

　　次級市場是指信用工具發行之後，透過經紀商交易的市場，故又稱為「流通市場」。通常銀行的交易室 (dealing room) 或櫃檯交易的「店頭市場」(Over-The-Counter; OTC) 為次級市場進行交易的主要地點；但為了方便起見，一般亦可以採用電話或電傳方式進行交易。由於經紀商能提供客戶較佳的交易條件，貨幣市場上透過經紀商的交易十分普遍。

通常貨幣市場所稱的「短期」是指該項「證券化」(securitization) 信用工具由發行日起算至到期日為止，或者是資金之融通借貸期間在 1 年以內者均稱之為短期。這種短期資金之借貸在國內市場是以各國之中央銀行 (Central Bank) 或聯邦準備銀行 (Federal Reserve Bank) 為主要之貨幣供給者，透過銀行之貼現 (discount) 窗口對有需要短期資金之商業銀行，各級中央或地方政府機構以及證券商、外匯經紀商等金融機構作短期資金之融通。另一方面，中央銀行或聯邦準備銀行亦可透過「公開市場操作」買入或賣出市場上流通之有價證券等，以調節市場上流通的資金數目；但在國際貨幣市場上，則是利用市場資訊之透明和完整，即時可知各國利率匯率之最新資訊，進行即時交易，可將國際間剩餘的資金做效率的加以流通運用，使短期資金之需求者能迅速得到融資周轉，而資金之供應者亦能獲得合意的資本利得。至於國際間有關短期資金借貸之憑證，通常是透過各國所發行而為國際可接受之信用工具而完成的，相關之國際貨幣市場之信用工具詳見下節所述。

7-6 國際貨幣市場的主要信用工具

一、國庫券

在國際上流通的「國庫券」(Treasury Bill; TB) 是指由各國政府發行的短期債券，通常是作為該國之國家財政收支、調節資金短期間內融通的手段，也是金融市場上，政府作公開市場操作，調節貨幣供需、穩定金融的主要工具之一，其中美國國庫券及英國國庫券在貨幣市場上均為投資者普遍接受。

二、商業匯票

由於國際貿易的商業營運行之有年，而「商業匯票」(commercial bills 或 trade bills) 是商業交易所衍生的請求付款票據，本身具有其自償性。如果出貨人將信用狀 (L/C)、裝箱單 (purchasing list) 及船公司簽發的提貨單 (bill of lading) 等單據，附隨商業匯票向購貨者提示請求付款這種匯票，稱之「跟單

匯票」(documentary bills)；但若請求付款可以不附單據者，則稱之為「光票」(clean bills)。貨幣市場主要以光票為交易對象。

三、可轉讓定期存單

「可轉讓定期存單」(Negotiable Time Certificate of Deposit; NCD) 最早是美國花旗銀行於 1961 年所創，其性質是銀行對存戶所簽發的存款證明憑證，與一般銀行的「定期存款單」(time deposit) 的主要差別是，「定期存款單」不可以轉讓，而「可轉讓定存單」則可以轉讓，且一般採定額、不記名，以方便在市場上流通。

四、商業本票

國際間常有大型企業，因信譽卓著，為了籌措所需短期資金而簽發融資性質的商業本票，所以「商業本票」(Commercial Papers; CP) 是企業所簽發的融資性質之「短期本票」(short-term promissory note)，通常由企業簽發以本身為付款人，透過仲介機構發行，為無擔保票據，供短期資金融通之用。

五、銀行同業拆款

在銀行與銀行間亦有直接借貸之行為，這種「銀行同業拆款」(interbank) 是屬於非證券化的貨幣市場活動。大凡參加者皆為銀行，一般屬於銀行間的互相借貸行為，不能轉讓給市場外之任何非銀行組織或機構，故無次級市場。拆款以本國貨幣為主，在境外金融中心或國際貨幣中心，則有以歐洲通貨作為借貸的貨幣，銀行同業拆款，通常屬於信用借貸，而且均是大額交易，期間很短往往以「隔夜貸款」最普遍。

六、附買回協定與附賣回協定

國際貨幣市場流行的**「附買回協定」**(Repurchase Agreement; RP) 或稱「附買回條件」是指某些資金的需求者，在出售特定金融標的同時給承

諾在一定期間後將該標的「買回」(buy back) 的協定。賣出與買回期間之利息可於出售金融標的物時先行預扣，或者於買回標的物時加付利息。另一方面，「**附賣回協定**」(Resale Agreement) 則是在市場上由資金之供給者主動將其剩餘資金，短期貸放給資金需求者之同時，向資金需求者承購其所交付的某特定的金融標的（類似抵押品性質），將於一定期間後將該標的物再賣回給原出售者的交易協定。

七、歐元本票

歐元本票 (Euro notes) 是歐洲市場短期內貼現之信用工具。若發行者已取得銀行同意發行的「歐元本票額度」(Euro note facility) 後，即可向市場上作發行的動作，但若發行者如果無法順利按原計畫發行歐元本票時，可由銀行購入原來已由銀行同意的發行額度，或者也可以「循環使用」(revolving)，留至下次發行時再使用。

7–7　國際新貨幣——歐元的興起

歐洲貨幣整合之背景

西元前 1000 年歐洲之民間經濟和航海活動就已經十分活躍了。早期腓尼基人和希臘人在地中海沿岸航海和經商，希臘人以其城邦式之統治和斯巴達式之軍事訓練，成就了古文明之一的希臘文化，其活動領域涵蓋了歐洲、亞洲和非洲的局部地區；之後歐洲之羅馬帝國開始強盛，其勢力範圍也僅及地中海及其周邊之民族受其管轄，而並非所謂的地理歐洲。接著回教勢力侵入西班牙、高盧地區和義大利南部，直到法國人祖先鐵錘查理在 732 年將其擊退，阻擋了其攻勢。也就是從這一年開始，「歐洲意識」逐漸萌芽，雖然歐洲地區存在著不同的民族、國家、語言、文化和宗教，但是他們漸漸認為歐洲是大家認可的一個共同體。

繼而歐洲中世紀時期到來，西班牙基督徒發動對回教徒之領土收復戰爭

(722～1492 年)，使得「歐洲意識」受基督教的架構影響而朝向政教合一的方向發展。其中以法國人之祖先查理曼大帝統治之卡洛琳帝國 (Empire Carolingien) 為歐洲政教合一之代表。繼中古歐洲查理曼大帝之後，歐洲因權力鬥爭而於 843 年分裂為三大區塊：包括西半部的法國、東半部之德國以及居於兩國間的洛林省；不久洛林省不敵法、德相爭而被兩國併吞。

自 15 世紀之後，「歐洲意識」產生三大不同主流：

1. 在權力平衡 (balance of power) 機制運作下，各歐洲國家有共識地承認彼此之間自主及完整獨立。

2. 若權力平衡機制無法運作時，法國拿破崙與德國希特勒採武力方式欲一統歐洲。

3. 部分知識分子呼籲建立一集體安全機制之國際性組織。

上述三大主流思想散播直等到第二次世界大戰戰後歐洲各國才逐步走向經濟及政治整合之方向。

由於 20 世紀初歐洲大陸各國經歷過第一次與第二次世界大戰戰火的摧殘，各國均企盼建立和平及互助的國際關係。戰後重建之困難重重和戰爭的痛苦記憶，不斷的衝擊著各國政府與人民。因此，各種抑制戰爭發生的構思與計畫不斷的湧現，其中最令人重視的為法國外交部長舒曼 1950 年之宣言中所構思的概念，促成了次年歐洲煤鋼共同市場的成立。歐洲各國藉由經濟上的整合，消弭了彼此間的爭鬥並且加強了彼此間互相制衡的力量。有關歐洲聯盟之成立，前後經過了半世紀的努力才達成，相關之重大紀事可以參照表 7-2。

由表 7-2 中可以得知歐洲聯盟之前身為歐洲經濟共同體，於 1957 年成立，成員國包括德國、法國、義大利及荷蘭、比利時、盧森堡六個國家。1992 年接著擴大組成了歐洲聯盟 (EU)，自歐盟成立到現在，會員國除包含原歐洲共同市場 (EC) 的六個創始國家之外，歐洲地區其他國家也不斷的加入，到 2004 年 5 月為止，歐盟之組織成員已經涵蓋了二十五個歐陸國家；亦即法國、德國、義大利、比利時、荷蘭、盧森堡、愛爾蘭、英國、丹麥、希臘、葡萄

牙、西班牙、瑞典、芬蘭及奧地利等國，以及在 2004 年 5 月 1 日新近加入之
十個東歐國家，包括賽普勒斯、捷克、愛沙尼亞、匈牙利、拉脫維亞、立陶
宛、馬爾他、波蘭、斯洛伐克及斯洛維尼亞等 10 國；2007 年羅馬尼亞、保
加利亞亦加入歐盟，使得歐盟的成員擴大為 27 國。

表 7-2　歐洲聯盟成立大事紀

1948 年	「歐洲經濟合作組織」在巴黎成立。
1950 年	法國為了統一管理歐洲共同資源，而由外交部長舒曼提出「舒曼計畫」(Plan Shuman)[1]，倡議歐洲煤鋼共營，成為現今歐盟組織的起源。
1951 年	法、德、義、荷、比、盧等 6 國簽訂巴黎條約，正式成立「歐洲煤鋼共同體」。
1957 年	法、德、義、荷、比、盧等 6 國簽訂羅馬條約，確定「歐洲經濟共同體」與「歐洲原子能共同體」的成立。
1967 年	歐洲共同市場 (EC) 成立。
1972 年	英國、愛爾蘭與丹麥加入歐洲共同體。
1979 年	採行歐洲貨幣制度 (EMS) 且使用「歐洲通貨單位」(ECU)[2]。
1981 年	希臘成為「歐洲共同體」的會員國。
1986 年	西班牙與葡萄牙加入「歐洲共同體」。簽署「歐洲單一法案」(Single European Act) 隔年生效，並且確立在 1992 年底建立歐洲「單一市場」[3]。
1990 年	歐洲貨幣同盟 (EMU) 第一階段開始，准許加盟國間資本自由流通。各國簽訂「申根條約 (Schengen agreemend)」，消除過境關卡限制，使會員國間無國界，於 1993 年 1 月 1 日生效。
1992 年	「歐洲聯盟條約」(Treaty on European Union) 又稱做「馬斯垂克條約」的簽訂，使得歐洲經濟整合趨向完整，且將歐洲共同市場 (EC) 改名為「歐洲聯盟」(EU)。
1993 年	歐洲單一市場開始運作，保障歐盟市場內資本、人力、和服務自由流通。
1994 年	歐洲貨幣同盟 (EMU) 第二階段開始，建立歐洲貨幣機構作為歐洲中央銀行的前身。
1995 年	馬德里會議中，決定歐元 "Euro" 為歐洲單一貨幣的名稱。奧地利、瑞典及芬蘭相繼成為 EU 會員國。
1999 年	歐洲貨幣同盟 (EMU) 第三階段開始，歐洲中央銀行開始運作，決定歐洲貨幣政策，貨幣政策以歐元為單位。歐洲貨幣同盟參與國彼此間匯率固定，歐洲商業銀行和中央銀行間所有交易均以歐元為基礎。本年度起歐元和本國貨幣同時存在，為過渡期，直至 2002 年為止。

2002 年	1 月 1 日歐元開始在國際市場上流通，7 月 1 日以後 EMU 國家內歐元為唯一法定貨幣。
2004 年	賽普勒斯、捷克、愛沙尼亞、匈牙利、拉脫維亞、立陶宛、馬爾他、波蘭、斯洛伐克及斯洛維尼亞等十國，成為歐盟新成員。 25 成員國領袖於 10 月 29 日於羅馬簽署「歐洲憲法」，但須交由各會員國之國會審議表決。
2007 年	羅馬尼亞、保加利亞加入歐盟，使會員國增為 27 國，目前共有 15 個會員國採用歐元為法定貨幣。

1. 為 1950 年法國外交部長舒曼所發表的，目的為抑止戰爭的發生。
2. ECU 為歐洲共同體的各成員國貨幣組成之一籃通貨的貨幣單位。
3. 單一市場，是指歐盟會員國之間的商品、勞務、資金及人員可以平等自由地流動。
資料來源：整理自 http://www.trade.gov.tw/region_org/region_6.htm. (2004)
　　　　　　http://europa.eu.int/abc/history/index_en.htm. (2004)

　　歐洲聯盟成立後，對國際金融最大之影響為歐元的興起，歐元發展之進度列如表 7–3 所示。

表 7–3　歐元發展之進度

時間	重要事項	概述
1979	建立歐洲貨幣制度 (EMS)	「歐洲貨幣制度」(EMS) 成立於 1979 年 3 月 10 日，其目的在於使「歐洲共同市場」(EC) 成員國在金融政策上團結一致、共同對抗金融危機，促進貿易成長，避免失業問題惡化，並使用歐洲通貨單位 (ECU) 進行國際清算。
1992	簽署馬斯垂克條約	區域組織由「歐洲共同市場」(EC) 順利轉型成為「歐洲聯盟」(EU)，亦使得其「經濟暨貨幣同盟」(EMU) 更為具體化。在新的「經濟暨貨幣聯盟」架構下，歐洲共同貨幣之名稱亦由「歐洲通貨單位」(ECU 係依據各國貨幣、經濟實力與對外貿易額比例所組成)，改名為目前眾人耳熟能詳之歐元 (Euro)。
1998	制定 EMU 會員國之歐元轉換匯率	公布加入歐元體系的十一個國家名單、訂定歐元加盟國之間的匯率、決定歐洲中央銀行總裁人選。
1999	歐洲中央銀行開始運作	奧、比、芬、法、德、愛、義、盧、荷、葡、西等 11 國開始採用歐元，銀行與股市均以歐元交易。
2002	歐元在國際市場流通	在歐洲貨幣同盟 (EMU) 國家內，歐元硬幣與紙鈔成為法定貨幣，各國貨幣自同年 7 月 1 日走進歷史，不得在市面流通，目前有 15 國採用歐元為唯一法定貨幣。

歐洲各國加入歐元體系之門檻

當初歐洲各國欲加入歐元體系時，依照馬斯垂克條約必須符合下列 5 項規定：

1. 通貨膨脹率不得超過歐盟中表現最佳的前三個國家之通貨膨脹之 1.5%。
2. 長期利率水準不得高於歐盟中長期利率最低的三個國家之 2%。
3. 匯率穩定，至少 2 年內該國匯率波動達到歐洲匯率風險評比機構之標準。
4. 政府之預算赤字不得高於該國當年國內生產毛額 (GDP) 之 3%。
5. 政府發行公債不得超過該國當年國內生產毛額 (GDP) 之 60%。

以上這 5 項加入歐元體系之門檻主要為保障歐元能整合成功以及單一市場運作順利之關鍵。

凡能通過上述 5 項門檻之歐洲國家即能加入歐洲中央銀行之統一貨幣政策，歐洲之中央銀行設址於德國之法蘭克福，成立後自 1999 年 11 月到 2000 年 10 月之 1 年期間，均以防止通貨膨脹穩定物價為主要貨幣政策，其穩定物價之目標是透過「雙支柱戰略」而實現。其中第一支柱為謹慎發行歐元之貨幣供給量。歐洲中央銀行制定了與物價水準連動之中期相對穩定的貨幣供給量，其所採用廣義貨幣定義之 M_3 年增長之參考值平均約為 4.5%，藉以穩定貨幣之供給。

另外，第二支柱係由歐洲央行制定一項物價發展預測系統供作施行貨幣政策之參考。該系列物價發展之預測值計算包含了貨品之生產和進口價格、訂單接單情況、業務景氣指數、預算餘額以及匯率等經濟指標和財政市場指標，可以針對物價發展提供早期之預警信號，作為貨幣政策之決策參考。此二支柱系統於 2003 年間歐洲中央銀行曾修正為新的評價體系以不超過 1%～2.5% 之直接通貨膨脹率為檢測目標，易於為社會大眾所接受和了解。

目前使用歐元為官方貨幣之國家共有 15 國家和部分地區，包括奧地利、比利時、芬蘭、法國、德國、希臘、愛爾蘭、義大利、盧森堡、荷蘭、葡萄牙、西班牙、斯洛維尼亞、馬爾他、賽普勒斯和一些歐元地區國家之海外領

土，如法屬圭亞那、留尼旺、聖皮埃爾、馬提尼克以及密克隆群島、摩納哥、梵蒂岡和聖馬力諾等。

此外，加入歐洲聯盟組織但並不採用歐元為官方貨幣之國家有瑞典、英國和丹麥 3 國，瑞典和丹麥在加入歐元區的全民公決中，公民大多數投了反對票。而英國自古以來即為金融大國，認為放棄自行制定利率和貨幣政策不利於英國經濟。

英國財相白高敦 (Gordon Brown) 表示英國不宜加入歐元體系，是基於下列 5 項經濟評估：

1. 英國與歐盟之經濟週期並不一致，英國是以美國和東南亞國家為主要之貿易伙伴，而國內之金融服務業和石油業占經濟之比重較大，所以英國之經濟循環週期不同於歐盟其他國家。所以歐盟採行之金融或財政政策不一定符合英國之現況。

2. 歐元區之勞動市場及財政政策比不上英國靈活，英國擔心歐盟之政策若未能及時調控經濟之過冷或過熱現象，將損害英國之經濟穩定。

3. 由於歐洲大陸地區之語言、文化背景及商業制度與海島經濟之英國有異，加入歐盟後，各國在英國之投資雖無外匯風險，但歐盟成員不太可能因而增加對英國之投資。

4. 英國一向在國際金融方面居於領導地位，英鎊亦為世界性之關鍵貨幣，英國並無加入歐元單一貨幣之必要，因為英國無法享受到統一貨幣和利率所帶來之好處。

5. 英國加入歐元將付出之成本高於收益，也可能受到歐洲央行之金融政策拖累，不利於英國宏觀經濟的穩定和增長。

◕ 歐洲外匯清算系統

早自歐元正式發行以前，各國民眾及政府在歐洲範圍內進行之各項大額交易即已設立了清算系統 (Trans-European Automated-Real-Time Gross Settlement Express Transfer System; TARGET) 以便利資金、商品及勞務交易

之大額交易；至於歐洲境內從事小額交易支付只要是在歐元區之內的轉帳、信用卡支付以及 ATM 提款機取現金之手續費與支票等票據支付行為，均比照國內轉帳或國內交易相同之方式進行。

　　因此凡是在歐元區 EMU 成員國之市場內營運之公司及廠商，將可採用歐元單一貨幣進行交易、編列預算、製作報表及財務調度，使區內交易不再有匯率風險及避險之需求；另一方面，歐元區內之資金流動更簡化更快速並可節省交易成本。

　　歐元之發展，不僅加速了歐元區內資金之自由移動，經濟規模擴大，也使得歐洲各國間之經貿交易成本和匯率風險同時降低，歐盟之內需市場擴大，對外競爭力也大幅提升。加上歐盟本身具有 3 億 7 千萬之人口和廣大之市場，為世界上平均國民所得最高之區域之一，由於臺灣之出口長期仰賴美國，而進口則大量依賴日本，為了分散市場以分散風險之考量，臺灣之出口產業宜善用歐盟之市場結構和工業所需，以拓展美、日以外之經貿市場，改善進、出口結構，在貿易、金融投資及外匯準備方面均應調整、同時開發符合歐盟市場需求之高附加價值之產品，以迎戰享有歐盟最惠國待遇之開發中國家的產品以及歐盟企業在中、東歐國家投資而回銷之產品競爭，朝向「策略聯盟」及「服務貿易」等方向進一步規劃發展，以設法在新世紀之貿易版圖中贏得永續經營之商機。

本章習題

一、選擇題

（　）1.貨幣定義中 M_{1A} 與 M_{1B} 之差別在於 (A)銀行廠商之活期儲蓄存款 (B)支票存款帳戶 (C)通貨淨額。

（　）2.若政府擬增加市面上之貨幣供給時，應採行下列何種措施？ (A)提高法定存款準備率 (B)提高重貼現率 (C)降低法定存款準備率。

（　）3.中央銀行若採行公開市場操作以收縮市面流通資金時會採用以下何種措施？ (A)央行在市場上發售國庫券 (B)央行在市場上買回國庫券 (C)央行在市場上收購商業銀行短期債券。

（　）4.跟單匯票指請求付款時須檢附單據，以下列何種文件符合跟單匯票之要求？ (A)銀行匯票 (B)信用狀 (C)旅行支票。

（　）5.商業銀行對貨幣供給可以掌控之要素為 (A)法定存款準備率 (B)社會大眾手頭保有之流動現金 (C)超額準備金。

二、問答題

1.影響貨幣供給之公式為何？其中由中央銀行、商業銀行或社會大眾所掌控者各為何？

2.歐元區採用歐元為單一貨幣之後，獲得哪些經濟上之績效？

3.英國為歐洲聯盟之成員國，但卻未加入「歐元」體系，其主要經濟評估之考量為何？

Chapter *8*

國際外匯市場

8-1　外匯基本概念

　　國家與國家之間的往來，不僅包括政府之間的政治、軍事、外交的互動，也包含人民之間的旅遊、貿易、勞務及資金之交流；其中旅遊、貿易、勞務和資金在國際間的交易，牽涉到兩國或多國之間不同幣別的兌換，因為時空及資訊之限制，發生各國兌換比率在不同之外匯市場產生不同之價差的問題，進一步引起資本在國際市場上流竄的現象，引起國際金融之波動。具體而言，外匯 (foreign exchange) 是國際交易往來可供兌換之通貨 (convertible currencies)，一般是指用來支付國與國之間國際交易餘額之外國貨幣、可供兌換之通貨或是對外國通貨之請求權，它的形式包括外國貨幣、以外幣標示之支票、匯票以及其他金融資產等，通稱為外匯。「外匯」一詞，若依照我國現行「管理外匯條例」而言，係指外國貨幣 (foreign currency)、票據及有價證券，但必須是可用於國際間結算債權及債務的流動性資產。由於國際間並沒有完全統一的貨幣，通常需要進行兩種幣別之間的兌換，才能發揮使用當地貨幣支付、流通的功能。

　　另外，依照國際貨幣基金組織 (IMF) 對外匯所下定義：外匯是指某一國之貨幣主管機構保有的外幣存款、或由外國政府財政部發行之國庫券以及各種長期和短期政府債券等，在該國之國際收支發生順差或逆差時，可以用來結算及清償國際間債權、債務的流動性資產。換言之，外匯是一國所擁有可作為清償國際收支餘額 (balance of payment) 的可兌換關鍵通貨 (convertible currencies)，或者是任何對外國通貨之請求權。其形式包括外國貨幣、以外幣標示之國庫券、債券、支票、匯票以及其他國際流通之金融資產等，均可稱之為外匯。

　　在資訊透明、交通發達的現代，國家與國家之間或者官方及民間的各項政治、外交、商業、勞務、旅遊及資金之往來，都需要使用國際通用之貨幣作媒介才能順利完成。這些國際通用之貨幣與各國之本國貨幣間的交換功能，有賴於國際各大外匯交易中心配合各國之外匯交易所 (exchange bourse)、中

央銀行、外匯銀行、外國銀行在本地之分行、外匯經紀商 (broker) 以及外匯之自營商 (dealer)、進出口業者和國際投資者來共同完成。所以外匯市場 (foreign exchange market) 為提供國際間不同國家貨幣之交易和互換功能的場所或機制，其目的是為了促進國際間商品、勞務和資金之互相流通。外匯市場本身為國際金融市場的一部分，以外匯買賣為其主要業務。

8–2 外匯資產的功能

一國所擁有外匯資產之多寡，顯示該國在國際間之購買力和國際清算之償債能力，所以外匯資產具有以下各項功能。

一、衡量一國經濟實力之強弱

一國所保有外匯準備 (foreign reserves) 的多寡，既可展現該國出口商品的國際競爭力，又可表現該國產業技術與生產力之強弱。在連年出口強勁的出超國家，必然會累積許多外匯準備。反之，連年入超的國家，必然會產生外匯短缺的現象。

二、作為國際債權、債務之結算工具

外匯可用作國際債權、債務收付的結算工具，透過外匯之結算入帳，可以省去國際間運送現金的成本與風險，又可縮短支付時間，加速資金在國際間之周轉，擴大資金的流通範圍，有益於國際間各項商業交易之進行。

三、調節國際資金的供需不平衡現象

全世界諸多國家之經濟發展的程度不同，對於開發資金的需求也不盡相同，可以透過國際資本移動來進行調節。全球各金融機構運用外匯進行國際長期、短期信用貸款之發放，直接或間接國際投資資本利得收取或支付，或是透過資金往來進行國際資本的移動，可以調節國際間之資金供需，將局部地區有剩餘之資金匯往急需資金的高利率地區，平衡國際間資金之供需。

四、促進企業之國際化

由於外匯是各國普遍接受的國際流動性資產，使用外匯才可能建立跨越國界的「多國籍企業」(multinational company)，因此外匯被世界各國普遍接受，可以促進各項生產活動的國際布局、市場供需的國際均衡和資本流動之國際交流，造就了許多跨國企業。

8-3 外匯管制

外匯既是主要的國際債權、債務之結算工具，許多國家為了穩定國內之貨幣金融、保護本國之經濟發展，常常藉著實施外匯管制以管理和限制國外商品的輸入，並用來實施本國貨幣相對外國貨幣貶值的工具以增加本國出口競爭力或以外匯管制充當反制他國歧視性貿易政策的抵制措施等，所以外匯管制為一種政策手段。

在第一次世界大戰以前，各國都未曾實施外匯管制。但之後由於兩次世界大戰嚴重干擾金融的穩定，各國紛紛開始盡力儲備外匯資產，積極防止資本外流，並力圖彌補戰後經濟疲弱使國際收支發生大量逆差的困境而競相實施外匯管制。此外，有些國家則是因為本身景氣衰退，失業人數劇增，國家經濟發展陷入困難，為了避免貿易赤字，不得不實施外匯管制之措施。但是在第二次世界大戰正式結束後，各國之經濟危機舒緩，為了提高進出口商品之國際競爭能力，許多國家遂逐步解除外匯管制措施。

國民政府遷臺後，為了穩定匯率以及從事各項建設所需而採行外匯管制措施，但自 1979 年成立外匯市場後，也逐步實施金融自由化，放寬外匯管制。首先在 1986 年採取「出進口外匯申報制」。次年旋即實施「無形貿易支出結匯辦法」，大幅放寬外匯管制。後因臺灣當局的外匯準備充足，資金寬裕，所以在 1989 年 11 月 10 日再度放寬民間匯出入款項額度，允許公司每年可向銀行結售購買外匯 500 萬美元，個人可結算出售給銀行外匯 100 萬美元，所以臺灣的外幣交易成為一個以自由市場機制買進賣出的外匯市場，促進了金融

交易的活絡和外匯市場之流動性。

　　由上述各節可見，從一個國家所保有之外匯資產也就是該國在最近一年度之外匯準備（通稱外匯存底）之多寡，可以得悉該國近幾年之經貿實力累積的表現。外匯存底累積越多的國家，愈具有國際償債能力，愈能促進其企業進行國際投資。表 8–1 是 2008 年前半年全球外匯存底最多的排名前 30 名國家。

表 8–1　國家外匯存底排名列表

累積年度：2008 年 8 月　單位：百萬美元

排名	國家名稱	外匯存底	排名	國家名稱	外匯存底
1	中國	1,905,600	16	波蘭	81,599
2	日本	995,800	17	伊朗	81,000
3	俄羅斯	435,400	18	利比亞	79,000
4	臺灣	280,680	19	土耳其	77,600
5	印度	273,886	20	墨西哥	76,571
6	南韓	229,000	21	瑞士	75,031
7	巴西	201,223	22	美國	71,245
8	新加坡	168,802	23	英國	68,980
9	香港	153,200	24	奈及利亞	62,000
10	阿爾及利亞	149,806	25	印尼	56,800
11	德國	137,106	26	挪威	47,646
12	法國	113,058	27	阿根廷	47,090
13	馬來西亞	107,600	28	加拿大	42,594
14	泰國	103,500	29	羅馬尼亞	40,983
15	義大利	97,920	30	委內瑞拉	38,353

資料來源：www.stockq.org

　　由表 8–1 可知目前累積外匯準備最多的國家是中國大陸，已經累積 1 兆 9 千多億美元；其次是日本則累積 9 千多億美元；俄羅斯因近年大量石油和原物料之出口，累積之外匯存底達 4 千多億美元；臺灣則拜發展高科技 3C 產品之出口表現佳，才能名列第四；德國近幾年之出口表現不若往年之出超多，而美國是進口大國，出口表現不若進口需求之強勁，因此外匯存底均屬差強人意之水準。總而言之，外匯準備充裕的國家，通常具有比較優良國際債信和

國際投資能力，在國際市場之經貿舞台上也更具有發展之潛力。

8-4　外匯市場結構及功能

外匯市場之成立除了金融商品外，也必須有買方和賣方的互動。外匯既是各國所擁有用以作為國際收支餘額支付工具的可兌換關鍵通貨，為了支應政府官方國際往來的費用以及民間進行國際商品、勞務的跨國交易所需，因而產生外匯市場，可以說大凡作為國際間不同通貨互相交換之場所，都可稱為外匯市場。也就是外匯市場之交易並不限制於某一定之時間、某一固定之建築物或特定之營業場所，只要是有外匯交易進行的一個地點、一個交易網路 (network) 或一種交易之機能 (mechanism) 都算是外匯市場，而全世界最具規模的外匯市場為紐約外匯市場和倫敦外匯市場，這兩大市場對外匯之報價可以影響全世界其他不同地區的市場外匯之報價。除此之外，日本的東京、法國的巴黎、瑞士之蘇黎世以及德國的法蘭克福也是世界知名之外匯市場。

外匯市場之結構

外匯交易市場若以買賣外匯之對象來區別，通常分為下列 3 種層次。

一、商業銀行與顧客間之外匯交易

商業銀行（通常是外匯指定銀行）依照中央銀行對各國貨幣之買入、賣出之匯率掛牌，提供國際通行之貨幣給各外匯之需求者和供給者使用和買賣。商業銀行所面對之顧客群包括進、出口貿易商、出國旅遊人士、政府派駐海外之官員、本國移民與留學生、來自國外的投資客以及外匯操作人員等，這些人員均須透過商業銀行來買賣外匯。而在臺灣之外匯銀行除了本國國內商業銀行外，亦包括在臺灣之外國銀行分行或代表處，以及中央信託局信託處經辦外匯業務單位等。

二、國內各銀行之間經由外匯經紀人進行之外匯交易

各國國內的各大銀行之間，通常會經由外匯經紀人居間媒介外匯交易，以雙方同意成交之匯價買進或賣出外匯，以維持該行庫外匯供需之大致均衡。

三、國外各銀行與本國銀行間之外匯交易

外匯市場透過各國之商業銀行彼此間之業務往來買進或賣出外匯，使國際間各項外匯交易能順利施行。而各國政府之中央銀行也適時介入各地方性之外匯市場，向外國買進或賣出外匯，以維持該國各地方市場供需之平衡。

由此可見，外匯市場可以提供國際間外匯之收付和清算、國際投資、投機以及匯率避險等功能，分別說明如下所示。

◗ 外匯市場之功能

外匯市場既能提供各商業銀行與顧客間從事外匯買賣的交易，也可以透過外匯經紀人進行大量外匯交易，或從事各個不同銀行間之外匯買賣，其功能可以分為以下各項。

一、使各國貨幣便於交易和兌換

為了促使國與國之間的各項經貿交流活動能順利進行、國際間人民可以互相往來和旅遊、以及協助國際間許多商品及勞務之互通有無，國際外匯市場提供一些機制可以將各國所發行之貨幣進行交易和兌換，使各個國家間的官方及民間經貿活動、投資行為或旅遊觀光得以兌換各自流通之本國貨幣於當地使用，有利於全球化的發展。

雖然其他國家發行之貨幣不一定會在本地銀行掛牌買賣，但各國貨幣均可透過國際上所共同接受之關鍵通貨之兌換採用交叉匯率 (cross rate) 之方法換算成本地貨幣順利完成預先安排的各項經貿活動。

二、作為國際貿易信用之仲介

　　由於國際貿易是在國際間進行商品和勞務之買賣，通常買方（進口商）和賣方（出口商）不一定能完全了解貿易對手之信用是否良好，因此進口商往往擔心付出貨款後所收到之貨品有品質不良、貨樣不符、或賣方不履約交貨等情事；而出口商則擔心貨品運出後無法收到貨款。因此進口商可以依照買賣契約上之交貨條件、委託指定銀行簽發信用狀，以銀行之名義向賣方保證貨款之支付，而這種由信用狀的開狀銀行與賣方透過往來銀行而進行貿易貨款之支付與收取（押匯）之行動，可使買賣雙方分別得以放心地付款及交貨，因此開狀銀行形同國際間商品及勞務交易的信用仲介，本身須有足夠之外匯準備，才能促使國際貿易能順利運作。

三、協助匯率風險之規避

　　各地區外匯交易市場的交割時間及每筆交易性質不盡相同，加上國際貿易由買方下訂單到賣方出貨而結售外匯貨款具有跨期間之特色；若在此一期間內雙方約定之外匯貨款的幣值發生匯率的波動，當事人可以利用金融市場之資訊預先做好遠期外匯之買入或賣出之動作，以協助規避匯率變化的風險。

　　在外匯市場以其交割時間之不同，一般可以分為即期外匯交易、遠期外匯交易、外匯期貨交易以及外匯選擇權交易等。任何廠商或個人如果從事國際貿易、國際投資或國際金融資產之購買，均會持有以外匯計值的資產或負債；當新臺幣對美元有升值之趨勢時，出口商收取之美元兌換新臺幣時，因新臺幣購買力上升及美元貶值後，所以同一筆數目之美元貨款出口商於出貨後只能換得較少之新臺幣入袋，對出口商不利；相反的，在新臺幣升值時，進口商欲購買美元來支付進口貨款時，只需支付較少之新臺幣成本，因此新臺幣升值對進口有利而對出口不利。所以外匯市場之參與者可以事先比較銀行掛牌的即期外匯和遠期外匯間之價差，簽約買賣未來到期之外匯期貨或選擇權等，這些預先與銀行簽訂契約並以約定之價格和到期日售出該筆外匯，如果判斷匯兌之走勢正確時，可以規避一部分匯兌上的風險。

四、賦予投資者獲利機會

　　由於全球各地區之外匯市場有時空上之差異，外匯的供給或需求不同也可能導致同一種外匯在不同市場會發生價格上之差異；投資者泰半利用時間點之不同或所在空間之不同，在低價處買進此一外匯而將其在高價處賣出，以賺取匯率之差價，此亦為外匯市場所形成的附帶功能之一，其套匯、套利方法將於本章後段以「8–7 外匯匯率之報價實例」解說之。

8–5　外匯匯率報價法

　　外匯匯率 (foreign exchange rate) 是指在一特定期間內，一國貨幣與他國貨幣之兌換比率，簡稱為匯率。其表示之方式，通常有下列 3 種。

一、應付報價法 (giving quotation)

　　是以 1 單位外國貨幣應兌換若干單位之本國貨幣交付給對方之方式表達，亦即：

$$應付匯率報價 = \frac{本國貨幣}{外國貨幣}$$

例如：美元 1 元兌換新臺幣之應付匯率報價若為 32，即代表美元 1 元應支付 32 元新臺幣給對方。

二、應收報價法 (receiving quotation)

　　是以 1 單位本國貨幣應收取若干單位之外國貨幣之方式表達，亦即：

$$應收匯率報價 = \frac{外國貨幣}{本國貨幣}$$

例如：新臺幣 1 元兌換美元之應收匯率報價為 0.03125，即代表新臺幣 1 元應收取美元 0.03125 元。

三、美元報價法 (US dollar quotation)

　　國際間所進行之外匯交易和銀行報價大部分都以美元為標準來表示各國貨幣之價格，尤其是世界各大外匯市場之外匯銀行掛牌的外匯匯率，泰半是以美元報價方式來表達，亦即：

$$以美元為基礎之匯率報價 = \frac{本國貨幣}{美元}$$

　　亦即各國均以美元之應付匯率報價時，可以立刻得知彼此間不同幣別之兌換匯率。例如 1 美元兌 32 元新臺幣，或 1 美元兌 128 日圓時，則可立刻得知 1 元新臺幣大約可以兌換 4 日圓，但真正之交易價格仍須採用交叉匯率之方式換算之，詳見第 9 章中有關外匯匯率之應用部分，主要是銀行對該兩種不同之外匯（如美元、日圓），均須考慮銀行本身亦有向國外購入外匯的成本支出，亦應計算在內。

四、雙向報價法

　　大體而言，一般銀行或外匯市場會同時報出「買入匯率」(buying rate 或 bid rate) 與「賣出匯率」(selling rate 或 offer rate)，其**買入匯率**是指銀行向社會大眾購入外匯之價格，而**賣出匯率**是指銀行出售外匯給社會大眾之價格；銀行藉著外匯買入、賣出的匯率不同而賺取其差價。雙向報價法實例如表 8-2 所示，其中各幣別之報價可以針對匯票、支票、有價證券或現金之交易；但若特別標明「現鈔」者則係單純指「現金」之交易。

　　其中表 8-2 可以得知，若 A 君於 2007 年 11 月 1 日因商務需要向台新銀行買歐元 (EUR) 時，必須以新臺幣 47.27 元買 1 歐元現鈔（即銀行之賣出價）；另外假設有 B 君遊歐回臺，手頭尚餘歐元 1 元時，於同一天賣給台新銀行（即由台新銀行買回歐元）時，台新銀行會以買入匯率即新臺幣 46.39 元交付 B 君，此即雙向報價法之用法。

　　以上不論是採用何種報價方法都可看出外匯之匯率，就是本國貨幣以另一國貨幣所表示之價格，因此，如果本國之貨幣貶值 (depreciation) 則表示必

表 8–2　外匯匯率 (foreign exchange rates) 表

台新銀行 2007 年 11 月 1 日

幣別 (currency)	買入匯率 (we buy at)	賣出匯率 (we sell at)
美元 USD	32.32	32.42
美元現鈔 CASH	32.17	32.57
澳幣 AUD	29.94	30.24
澳幣現鈔 CASH	29.54	30.64
紐西蘭幣 NZD	24.79	25.09
紐西蘭幣現鈔 CASH	24.39	25.49
加拿大幣 CAD	34.12	34.32
加拿大幣現鈔 CASH	33.92	34.52
港幣 HKD	4.14	4.21
港幣現鈔 CASH	4.1	4.25
英鎊 GBP	67.05	67.53
新加坡幣 SGD	22.26	22.42
瑞典幣 SEK	5.06	5.12
瑞士法郎 CHF	27.81	27.99
日圓 JP	0.278	0.283
日圓現鈔 CASH	0.2755	0.2855
馬來西亞幣 MYR	9.62	9.8
歐元 EUR	46.57	47.05
歐元現鈔 CASH	46.39	47.27
泰國銖 THB	0.9881	1.0581
南非幣 ZAR	4.92	5.06

資料來源：www.taishinbank.com.tw/money/exchange（非本行牌告，僅供參考）

須以較多之本國貨幣去兌換同一單位之外國貨幣；而本國貨幣之貶值也就是代表著外幣之升值 (appreciation)，反之亦然。例如，原本美元 1 元可以兌換新臺幣 32 元，但現今若在外匯市場 1 美元可以兌換新臺幣 34 元時，則代表美元對新臺幣升值，或稱新臺幣對美元貶值。而在國際貿易市場上外匯匯率對出口報價和進口價格有重大影響；若本國貨幣對美元貶值時，代表本國出口貨品以美元對外之報價比以前為低廉，增加了出口之競爭力，所以一般人認為本國貨幣匯率貶值有助於本國之出口；另一方面若本國貨幣對美元貶值時，進口商向本國外匯銀行申購美元以便向外國購物時，就必須付出較多之新臺

幣去折換相同數量之美元來購買貨品，所以一般人認為本國貨幣貶值對進口商不利，因為貶值增加了商品之進口價格，造成匯兌之損失。但若政府為改善國際收支欲以本國貨幣貶值的政策來增加出口及減少進口的話，通常必須考慮到本國之進口商品和出口商品之價格彈性，因為若本國出口商品為缺乏價格彈性時，如果貶值而降低了本國貨品之售價，反而使總出口值（總收益）下降；另一方面若本國之進口貨品如果缺乏價格彈性，當本國貨幣貶值將使進口貨品的價格大幅上揚，但進口貨品在價格彈性小的狀況下，進口品數量減少有限，反而促使總進口值上升。此外，國際間之交易通常由下訂單到出貨需要一段較長之時間，故匯率政策之採行通常必須顧慮到匯率改變的效果有時間落後 (time lag) 的問題，容後加以討論之。

8-6 外匯匯率制度

依可調整幅度區分的匯率制度

外匯之匯率代表各國之貨幣採用外幣來衡量時之兌換價值，而各國之貨幣制度本身不盡相同，因此各國採行之匯率制度也有差異，茲分別介紹各種不同的匯率制度如下。

一、固定匯率制度 (fixed exchange rate system)

是指一國貨幣兌換另一國貨幣之匯率基本上維持一固定的兌換比值，假若幣值發生匯率之波動時，該項波動的幅度則侷限在一定範圍之內。在金本位制之國家，各國貨幣之含金量多寡決定了各國貨幣兌換之匯率，因此匯率可以根據其含金量的大小而維持在一固定的兌換比值上，只有當該國之國際收支發生鉅幅順差或逆差，到達須動用本國外匯準備的美元輸入點或美元輸出點時，才會發生本國幣值兌換外幣的匯率波動，一般而言，固定匯率制度下匯率波動之幅度會比其他匯率制度為小，但該國需要一些外匯管制之配套措施，才能維持本國匯率趨於長期穩定。

二、釘住匯率制度 (pegged exchange rate system)

非金本位制之國家將匯率釘住於狹小的範圍內，而由中央銀行在外匯市場上按既定匯兌之評價隨時作外匯供、需方面之調整，以穩定匯率。但因外匯市場有其先天性之限制，例如黑市匯率之存在以及外匯投機交易者之操作，使國際匯兌之釘住匯率不易維持。

三、浮動匯率制度 (floating exchange rate system)

是指一國貨幣兌換另一國貨幣之匯率完全依據外匯市場之供給和需求加以自由決定，並無一正式之官定匯率。市場上若外匯之供給超過需求，則外國貨幣（外匯）貶值而本國貨幣升值；若外匯之需求超過供給，則外國貨幣升值而本國貨幣貶值。在浮動匯率制度下，中央銀行不再承擔維持本國幣值兌換外國貨幣時，維持匯率之上下波動在一定界限內的義務。

四、伸縮性匯率制度 (flexible exchange rate system)

伸縮性匯率是由一國之中央銀行對該國貨幣訂定一項基本匯率，通稱為平價匯率 (par value exchange rate)，而另外設立有外匯平準基金 (exchange equilibrium fund) 進場參與外匯之買賣，以調整外匯匯率，而匯率之波動幅度則有彈性可伸縮，端視實際市場狀況作修改和調整，以避免影響國內經濟之穩定為原則。

依不同加權或平減方式調整的匯率制度

不論是固定匯率制度、釘住匯率制度、浮動匯率制度或伸縮性匯率制度，其所決定之匯率均未依照各國實際進出口之貿易量作加權，或者並未排除物價水準之變動所帶來之影響，因此學術及實務界又提出可將匯率依照各國貿易數量作加權，或者以物價指數加以平減，才能得知該國貨幣之匯率是否合理，依照此一看法，若將匯率依照不同之方式加權或平減，又可分為下列 2 類。

一、有效匯率 (effective exchange rate)

有效匯率通常是以一國對各主要貿易國之貿易量除以各主要貿易國本身之貿易總量之比重作權數來計算各國幣值之加權平均匯率；有效匯率本身並未考慮物價變動因素，所以也可稱之為名目有效匯率 (nominal effective exchange rate)。

二、實質有效匯率 (real effective exchange rate)

實質有效匯率是將有效匯率除以物價水準即可，通常實質有效匯率既然剔除了物價水準的影響，以之作為不同年度間匯率走勢之比較是較為合適的。

為了比較匯率在不同年度或期間內之變化，則可以某一年作為計算之基期年 (base year) 而將逐年的匯率與之加以比較，其方法如下：

1. 有效匯率指數 (effective exchange rate index)

是將計算期之有效匯率除以基期年之有效匯率而得，因為並沒有考慮到物價因素，一般亦稱之為名目有效匯率指數。

2. 實質有效匯率指數 (real effective exchange rate index)

是將計算期之實質有效匯率除以基期年之實質有效匯率而得。一般而言，若實質有效匯率指數接近 100%，表示計算期之匯率趨於均衡；若該指數大於 100%，表示與基期年相比，該國該年之幣值有高估之現象，會削弱該國出口之價格競爭力，未來可能會讓該國貨幣面臨貶值之壓力。同理，若該指數值小於 100%，則計算期之該國幣值有低估之現象，而使該國貨幣面臨升值之壓力。

8-7 外匯匯率之報價實例

正如前面各節所述，外匯匯率之報價有應付報價法、應收報價法、美元報價法以及雙向報價法四種，但一般商業銀行多半參考外匯交易中心當日所公告之外匯匯率價格而將外匯匯率表對銀行之顧客作公開展示。一般商業銀行之外匯匯率表多半是以銀行本身的角度，同時報出該銀行對各種不同外幣

之買入匯率及賣出匯率，並以應付報價之方式報出，亦即表上顯示每一單位之外幣應以若干單位之本國貨幣去進行買進或賣出。茲以 2007 年 10 月 12 日彰化銀行所公告之外匯匯率（表 8–3）及同年 11 月 9 日該銀行之外匯匯率（表 8–4）來作說明。

表 8–3　外匯匯率表

彰化銀行 2007 年 10 月 12 日

幣別	買入 (we buy at)	賣出 (we sell at)
美元 USD	32.538	32.638
美元現鈔 CASH	32.388	32.788
歐元 EUR	46.02	46.43
歐元現鈔 CASH	45.73	46.73
港幣 HKD	4.173	4.233
港幣現鈔 CASH	4.143	4.263
日圓 JP	0.276	0.28
日圓現鈔 CASH	0.2761	0.2806
澳幣 AUD	29.18	29.38
加拿大幣 CAD	33.2	33.4
英鎊 GBP	65.94	66.34
新加坡幣 SGD	22.16	22.36
南非幣 ZAR	4.76	4.91
瑞典幣 SEK	5.022	5.122
瑞士法郎 CHF	27.46	27.66
泰幣 THB	1.0218	1.0618
紐西蘭幣 NZD	24.98	25.18

資料來源：www.chb.com.tw/chbib/faces/po/po01009/PO01009_1.jsp

　　由表 8–3 及表 8–4 我們可以看出自 2007 年 10 月 12 日到 11 月 9 日中間，外匯匯率之升降及變動情形。

　　若以彰化銀行掛牌美元兌新臺幣銀行賣出之應付報價來比較，就美元匯票或電匯到國外之交易（非美元現鈔）而言，2007 年 10 月 12 日當天 1 美元應支付新臺幣 32.638 元，而 11 月 9 日當天 1 美元應付新臺幣 32.288 元，代表美元外匯在此期間相對新臺幣貶值，即 1 美元現在只能取得較少的新臺幣；而美元

表 8-4 　外匯匯率表

彰化銀行 2007 年 11 月 9 日

幣別	買入 (we buy at)	賣出 (we sell at)
美元 USD	32.188	32.288
美元現鈔 CASH	32.038	32.438
歐元 EUR	47.25	47.85
歐元現鈔 CASH	48.95	47.95
港幣 HKD	41.16	41.76
港幣現鈔 CASH	40.86	42.86
日圓 JP	0.284	0.288
日圓現鈔 CASH	0.283	0.2885
澳幣 AUD	29.88	30.08
加拿大幣 CAD	34.69	34.89
英鎊 GBP	67.87	68.27
新加坡幣 SGD	22.26	22.46
南非幣 ZAR	4.89	5.04
瑞典幣 SEK	5.083	5.181
瑞士法郎 CHF	28.63	28.83
泰幣 THB	1.0058	1.0498
紐西蘭幣 NZD	25.02	25.22

資料來源：www.chb.com.tw/chbib/faces/po/po01009/PO01009_1.jsp

之貶值亦即為新臺幣之升值，現在只需用較少之新臺幣即可購得美元 1 元。

　　只是我們要注意：各國貨幣現鈔之買賣多半指在銀行等交易櫃枱立即付現之交易，若是匯票或以銀行支票付款者，不依現鈔價交易。就美元現鈔（非指匯票或其他有價證券）之交易而言，當社會大眾在 2007 年 11 月 9 日旅遊回國手頭尚餘若干美元現鈔，想向銀行換回新臺幣時，則銀行買入美元現鈔之匯率為 32.038，即對每 1 元美元現鈔，旅遊者回國可換回新臺幣 32.038 元。

　　由於 2007 年之匯率相較於 2008 年為穩定，所以本章匯率之報價均以 2007 年為範例。

　　2008 年 8 月起發生了全球性的金融海嘯，不僅導致全球性股市之股價指數節節下落，市場出現恐慌性賣壓；在債券市場上許多不良債券被迫退場或

發行債券之部分公司經營不善而倒閉外；外匯市場也受到嚴重的衝擊，這種衝擊導因於歐美遭受到金融海嘯襲擊後，市場需求下降，故亞洲之出口弱化，而為了刺激景氣，各國央行之降息機率大增，使各國貨幣貶值，除了人民幣和日圓逆勢上漲以外，亞洲各國之匯率紛紛創下歷史新低。因為受到大批外資撤離新興市場──包括亞洲、拉丁美洲及東歐地區的外資全部呈現流出的現象，加上套利平倉後大部分流入美元地區使得美元需求增加而強勁升值，至 2008 年 10 月中旬，美元兌換各主要貨幣之升值幅度列如表 8–5 中。

表 8–5　　2008 年金融海嘯影響

2008 年 1 月至 2008 年 10 月 7 日

美元兌各國匯價升貶幅度表	
幣別	升貶幅度
韓元	42.4%
南非幣	28.8%
巴西里拉	22.4%
澳幣	21.7%
紐幣	21.5%
印度盧比	21.3%
泰銖	15.9%
菲律賓披索	15.5%
英鎊	13.7%
加幣	10.3%
墨西哥披索	9.4%
歐元	7.9%
新臺幣	0.0%
人民幣	−6.3%
日圓	−8.8%

資料來源：Bloomberg

　　由表 8–5 中可以得知自從金融海嘯發生以後，外匯市場風雲變色，美元之走勢趨強，截至 2008 年 10 月 7 日為止，除了日圓兌美元升值 8.8%，人民

幣兌美元也升值 6.3%，成為全球最強的貨幣以外，美元兌換全球其他主要貨
幣幾乎全部呈現升值走勢，表示其他各國之貨幣走貶。其中尤以美元兌韓元
升值 42.4%，亦即韓元兌美元貶值達 42.4% 之幅度；南非幣貶值 28.8%，巴西
里拉、澳幣、紐幣、印度盧比均貶值 20% 以上；在股市大跌以及經濟前景不
佳之情況下，市場信心更為低迷，韓元創下自 1997 年亞洲金融風暴以來之最
低匯價。相形之下，新臺幣兌美元之匯率於 2008 年初之升值轉為 10 月中旬
之貶值，兩者相抵消之後，成為 0.0%，表示新臺幣該年度的升值幅度全部貶
光，算是亞洲貨幣中匯率相對穩定之貨幣。

　　為了聯合對抗全球金融海嘯以及因應其他各項會對各國經濟產生負面衝
擊的情況，中國、日本和韓國提議由亞洲各國聯合抗災而建立 800 億美元之
「亞洲外匯基金」，由各國之外匯存底中籌集資金，以針對區域內的外匯市場
未來可能出現之短期流動性危機預作準備，這也是亞洲外匯市場首見之共識，
目前已積極籌組並規劃其相關細節，應能有助於亞洲各國匯率之穩定。

本章習題

一、選擇題

（　） 1. 目前全球外匯存底最多的國家是　(A)日本　(B)中國大陸　(C)臺灣。

（　） 2. 若美元 1 元可以兌換新臺幣 32 元或日圓 96 元時，則新臺幣 1 元兌
　　　　　換日圓之匯率為　(A) 3 日圓　(B) 0.333 日圓　(C) 64 日圓。

（　） 3. 若彰化銀行公告 2007 年 10 月 12 日之英鎊賣出價為新臺幣 66.34
　　　　　元，一個月後之掛牌賣出價為新臺幣 68.27 元，所以新臺幣在此一

期間兌英鎊是　(A)升值　(B)貶值　(C)平價。

（　）4.錢君於 2007 年 11 月 9 日歐遊回臺，將 100 歐元賣給彰化銀行，當時彰銀歐元現鈔掛牌價為買入 $48.95，賣出 $49.85，則錢君可自彰銀換回新臺幣之數額為　(A) 32.00 元　(B) 49.85 元　(C) 48.95 元。

（　）5.港幣之銀行買入價為 41.16 元，賣出價為 41.76 元，則張君欲赴港旅遊時，新臺幣 $12,528，可以換得港幣總共　(A) 1,000 元　(B) 300 元　(C) 304.37 元。

二、問答題

1.解釋什麼是「外匯」? 其形式包括哪些?

2.外匯資產有哪些功能?

3.外匯市場之存在具有哪些作用?

4.外匯匯率制度分為哪四大類?

Chapter 9

外匯匯率理論

國際間各種經貿活動均需運用到外國通貨，而各國貨幣兌換外幣之匯率即為本國貨幣以外幣表達之價格；有關各國貨幣匯率之決定因素，目前有多種不同之外匯匯率決定理論，擇其較重要者加以說明如下。

9–1　國際收支平衡學派

國際收支平衡學派 (Balance of Payment Approach) 又稱國際借貸說 (Theory of International Indebtedness) 是由英國學者哥遜 (G. J. Goschen) 於 1861 年首先提出的，該學派主張均衡匯率之達成通常是在一國國際收支平衡之時；若該國之國際收支發生順差或逆差時都會造成該國均衡匯率之波動。至於該國國際收支失衡之原因，可能是因為該國對國外商品、勞務之出口或進口數量上之差異大，或者是國際投資、資金匯出、匯入的差別大，而導致市場上對外匯之供給和需求的不平衡。

金融小百科

哥遜
英國學者，曾出版《外匯理論》一書，其所代表的經濟、金融觀點被稱為「國際借貸說」。

茲以新臺幣對美元之應付報價匯率（即新臺幣／美元）加以說明，如圖 9–1 所示。

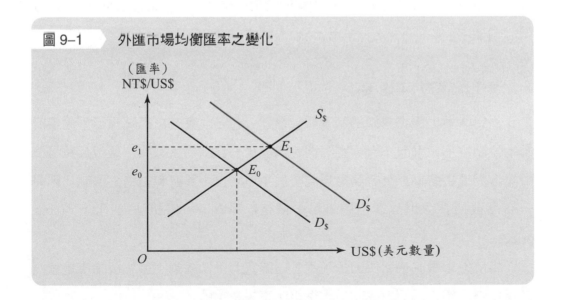

圖 9–1　外匯市場均衡匯率之變化

在圖 9–1 中，縱座標代表新臺幣對美元之匯率，橫座標代表美元外匯之

數量。$S_\$$ 及 $D_\$$ 分別代表外匯市場上美元之供給線和美元之需求線,在 $S_\$$ 及 $D_\$$ 之交點,決定了美元之均衡匯率原為 E_0,現在假設本國經濟成長率高於美國,則國內之消費者將會消費更多之國內、外商品,使得本國進口量增加,而對美元外匯之需求增加,故美元需求線 $D_\$$ 將向右移至 $D'_\$$,使外匯市場之匯率由 E_0 上移至 E_1,表示每一單位之美元,將須支付較多之新臺幣去購買,所以導致新臺幣之貶值,也就是美元之升值;反之亦然。

9–2 購買力平價學說

購買力平價學說 (theory of Purchasing Power Parity; PPP) 主張各國貨幣之兌換匯率是依照其在國外購買同質商品或勞務之購買力而決定的。該學說是 1918 年由瑞典經濟學者卡塞爾 (Gustay Cassel) 提出,並建議第一次大戰戰後各國幣值之交換應以具有相同購買力作為兌換外匯數量之基礎,換言之,即以各國單位貨幣在國內之購買力之強弱來決定匯率的大小。

巴拉薩 (B. Balassa) 則將購買力平價學說區分為:絕對購買力平價學說 (absolute PPP) 及相對購買力平價學說 (relative PPP) 兩種,分別說明如下。

一、絕對購買力平價學說

絕對購買力平價學說的基本假設是建立在各國實行自由貿易及不兌換紙幣本位制度上,並且不考慮國際間之商品及勞務交易之運費、關稅及貿易障礙等,因此,各商品及勞務透過完全競爭市場自由買賣和交換之機制,則同一商品或勞務之世界價格應為單一價格,稱為單一價格法則 (law of one price)。

基於上項單一價格法則的前提下,購買力平價學說主張均衡匯率是按照各國貨幣之絕對購買力或物價水準之比率來決定的。

例如,將本國貨幣兌換外國貨幣以應付匯率報價(即本國貨幣／外國貨

幣）來表示，若 S 代表外匯市場之均衡匯率，P 代表本國國內之物價水準，P^* 代表外國之物價水準，則根據絕對購買力平價學說可得均衡匯率為：

$$S = \frac{P}{P^*} \tag{9.1}$$

此時如果外國之物價水準 (P^*) 不變，而本國貨幣之購買力增加（即本國國內物價 P 下跌時），則均衡匯率 S 之數值將下跌，表示一單位之外幣，只需用較少之本國貨幣數量去兌換，即為本國貨幣之「升值」，也就是外國貨幣之「貶值」；相反的，若外國之物價水準 P^* 不變，而本國之物價 P 上升時（即本國貨幣之購買力減少），則均衡匯率 S 之數值將上升，表示對方每一單位之外幣，本國要用較多之貨幣數量去兌換，因此是本國貨幣之「貶值」，也就是外國貨幣之「升值」。因此，絕對購買力平價學說可以說明兩國間的匯率和物價水準之長期關係。

二、相對購買力平價學說

相對購買力平價學說首先假設在某一特定期間之初期有一存在之均衡匯率 (S_0)；在這同一期間內，若兩國相對物價水準之比值發生改變，則該一均衡匯率亦應依據商品相對價格之改變情況作變化，其公式為：

$$S_t = S_0 \cdot \frac{P_t/P_0}{P_t^*/P_0^*} \tag{9.2}$$

其中，S_t 為本期 (t) 之均衡匯率，S_0 為期初或某基期年之均衡匯率，P_t、P_0 分別代表本國第 t 期及基期年（或本期期初）之物價水準，而 P_t^*、P_0^* 則各自代表外國第 t 期及基期年（或本期期初）之物價水準。$(\frac{P_t}{P_0})$ 及 $(\frac{P_t^*}{P_0^*})$ 分別為本國及外國這段期間之物價變化率，若由一般消費者之角度看來，$(\frac{P_t}{P_0})$ 及 $(\frac{P_t^*}{P_0^*})$ 也可分別代表本國與外國由第 0 期至第 t 期這段期間之通貨膨脹率，因此 (9.2) 式可解釋為：某期間期末（第 t 期）的均衡匯率，應為期初均衡匯率 (S_0)

乘上兩國之通貨膨脹率之比值，若本期間內兩國有相同之通貨膨脹率時，則均衡匯率不受影響，即 $S_t = S_0$；若期間內本國之通貨膨脹率高於外國之通貨膨脹率時，本國貨幣應會貶值；反之，則本國貨幣應升值，此為相對購買力平價學說之精髓所在。

綜上而言，購買力平價學說是以本國貨幣與外國貨幣之購買力作為計算均衡匯率之基準，本來應可反映匯率與物價間之「長期」關係，但因各國物價指數之選擇標準不一定會完全一致，而且各國若在長期中發生顯著干擾的貨幣性問題時（例如惡性通貨膨脹或是 1997 年亞洲突發性之金融風暴等），將會使得購買力平價學說理論之實證結果難以具體預測匯率之走向，必須用計量方法除去該種干擾之影響後，再作分析。

金融小百科

亞洲金融風暴

90 年代之後，日本及其他東亞國家將國內勞力密集產業移往東南亞設廠，各國的投資加上當地政府為營造良好的投資環境不斷對外舉債，使得當地的利率提高，資金大量湧入造成東南亞各國房地產、股市呈現過熱、當地幣值（匯率）被高估的現象，成為投機客（如索羅斯的量子基金）的攻擊目標，首先大量放空泰銖，繼而造成連鎖效應，東南亞各國幣值狂貶，使東南亞各國的金融秩序失序，因而造成金融風暴。

金融小百科

套匯

利用不同外匯市場的價差，分別在不同的地方買進、賣出貨幣，以賺取中間的利潤。視涉及的外匯市場數可分為：兩角套匯、三角套匯及多角套匯。

⊙ 9-3　利率平價理論

利率平價理論 (Interest Rates Parity; IRP) 假設國際之金融投資沒有任何障礙和成本，而且外匯市場為一有效率之競爭市場時，則遠期匯率和即期匯率之差距除以即期匯率之比值相當於兩國間短期利率的差距。

利率平價理論的主要依據是因為人們觀察到如果兩國之間存在有利率差距時，投資者會透過「套利」或「套匯」之方式賺取利率之差價，並持續進行一直到該項差價趨近於零為止，所以主張兩國間短期利率之波動會影響兩國均衡匯率之調整。根據該項理論，可以得到短期利率和均衡匯率之關係如下：

$$R - R^* = \frac{F - S}{S} \tag{9.3}$$

上式中 R 及 R^* 分別代表本國及外國之年利率，F 代表 1 年期之本國貨幣兌換外幣之遠期匯率，S 為本國貨幣兌換外幣之即期匯率，因此 (9.3) 式代表國內和國外年利率之差距若等於遠期匯率與即期匯率差距的比率時，兩國之匯率達到均衡，此時國際金融之投資者或投機客將不會再進行拋補外匯套利之行

為，因為若本國利率上升時，資金會由國外大量流入，以便同時獲取利率與匯差；相反的，若本國利率低於國外利率，資金會由國內流向國外；如此反覆進行，直到國內外利率差距等於遠期匯率和即期匯率之差距為止，此為利率平價理論之重點，換句話說，利率平價理論強調兩國短期利率之變動會影響到均衡匯率之調整。

9-4　貨幣學派之匯率決定理論

　　貨幣學派 (Monetary Approach) 之匯率決定理論試圖由貨幣之供給及需求面來探討各國貨幣兌換之匯率，認為一國貨幣之供給和需求，決定了該國貨幣的價值，所以匯率可以視為「兩國貨幣」之相對價格而不是購買同質之「兩國商品」之相對價格。根據經濟理論中，有關市場價格之波動決定於供給和需求雙方面之作用力之大小而定。假定其他條件不變，當本國之貨幣供給增加時，物價會上漲，表示本國貨幣之購買力下跌，亦即本國貨幣會「貶值」；相反的，假若其他條件不變時，如果本國之所得增加，則將導致消費大眾對貨幣需求之增加，而使本國貨幣「升值」；反之亦然；茲以圖 9-2 和圖 9-3 配合說明之。

　　在圖 9-2 中，縱座標為利率水準 (R)，橫座標為實質貨幣數量 $(\frac{M}{P})$，M_0 為均衡時之名目貨幣供給量，P_0 為物價水準，而 M^s 代表本國貨幣之供給線，由於政府在某一時間點之貨幣供給量為一固定之數目，所以貨幣供給線為一條垂直於數量軸之直線；M^d 代表本國人民對貨幣之需求線。一般而言，人們對貨幣之需求有三大動機：交易動機（如購物）之貨幣需求、預防動機（如儲蓄）之貨幣需求和投機動機（如購買股票）之貨幣需求，各該需求和利率之升降有反方向之變動關係，所以貨幣需求線 M^d 為由左而右向下傾斜的線條。假設市場之貨幣供給線 M^s 和需求線 M^d 之交點，決定了原始之利率水準為 R_0，此時實質貨幣供給量為 $\frac{M_0}{P_0}$。

　　在圖 9-3 中，縱軸代表總支出 (AD)，橫軸代表國民總產出 (Y)，而總支

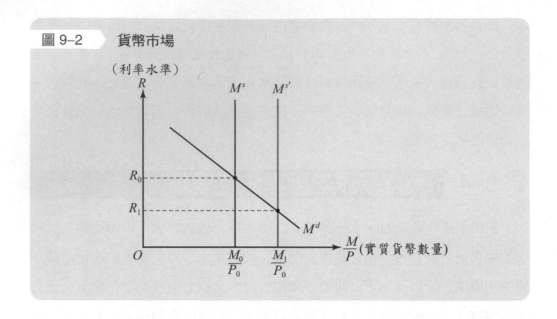

圖 9-2　貨幣市場

出之計算是由消費 (C)、投資 (I)、政府支出 (G)、以及出口值 (X) 之和減去進口值 (M) 而得，其中消費及投資為利率之函數，進口則受國民總產出 (Y) 的影響。在政府未採行貨幣政策前，貨幣市場之利率為 R_0，對應於財貨和勞務市場總支出 AD 和 45° 線之交點 E_0 點而達到均衡，故原均衡時之利率水準為 R_0。此時所對應之國民總產出為 Y_0。

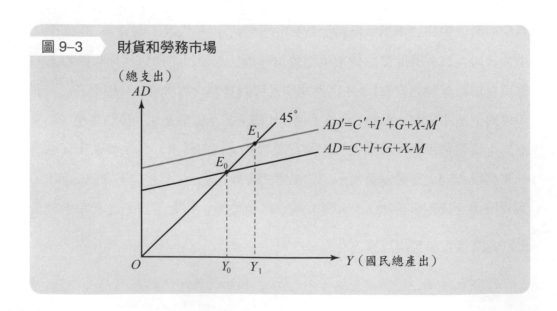

圖 9-3　財貨和勞務市場

今假設政府採行貨幣政策增加了貨幣之供給量為 M_1，使 M^s 向右移動到 $M^{s'}$，將使貨幣市場上之利率向下降低，由原來之 R_0 下降到 R_1 之水準。利率下降至 R_1 後，刺激了消費和投資，導致消費 (C) 和投資 (I) 之增加，分別增加到 C' 及 I' 之水準，因此圖 9–3 中之總合需求曲線 AD 將上移到 AD' 之水準，使均衡點由 E_0 移動到 E_1，而對應之國民總產出由 Y_0 增加到 Y_1 的水準。

當國民總產出 Y 增加時，因進口受國民總產出之影響而增加，導致外匯市場上對美元或其他外匯需求之增加，而發生如圖 9–1 中新臺幣對美元之應付報價匯率（即新臺幣／美元）之上揚，表示每一單位之美元必須支付較多之新臺幣去兌換，所以是本國貨幣之貶值；因此，由於本國貨幣供給量 (M^s) 之增加，降低了本國貨幣市場之利率 (R)，提高了本國市場之消費 (C) 和投資 (I)，使得國民總產出 (Y) 之增加而刺激了進口 (M) 之增加，最後導致本國貨幣之貶值；反之，政府若減少貨幣之供給，將導致本國貨幣之升值，此即為貨幣學派之匯率決定理論之重點所在。因此我們可以看出貨幣學派之匯率決定理論主張在一個自由浮動匯率制度下，任何匯率之改變均起源於貨幣市場上本國貨幣之供給或需求的變化所致，在本國貨幣供給等於貨幣需求時，才能使外匯市場上本國貨幣兌換外幣之價值達到均衡匯率。

9–5　資產組合均衡學派

資產組合均衡學派 (Portfolio Equilibrium Approach) 認為短期匯率之波動是由於投資人為了追求較高之預期報酬率或規避匯兌風險而購買或拋售國際不同之貨幣、本國證券、外國證券、債券和股票等金融資產時，引起外匯之需求和供給之變化而影響到外匯之匯率。

所以資產組合均衡學派將國際通用之貨幣視為國際投資金融資產組合之一種，可以說是貨幣學派匯率決定理論之延伸。

9-6 匯兌心理理論

匯兌心理理論 (Psychological Theory of Exchange) 為法國學者阿夫德倫 (A. Aftalion) 於 1927 年由心理學之角度探討匯率之決定因素，認為人們對外匯之需要，除了要購買外國商品外，也是為了要用來作外匯之投機、金融商品之投資和規避資本風險等用途；所以人們對外匯在心理上之主觀評價透過邊際效用之大小而決定了外匯之匯率。當外匯之供給少、邊際效用高、外匯匯率就會升高，代表外幣之升值；反之，若外匯之供給多、邊際效用低、外匯匯率就會降低，也就是外幣之貶值。另由外匯之需求面來看，當外匯之需求增加，邊際效用高，外幣匯率則將升值；反之，外匯需求減少時，其邊際效用低、外幣匯率將貶值。由此可見，匯兌心理理論是以人們心理上對外匯之主觀評價，經由效用的觀念而作為貨幣價值的判斷，只是一般人對外匯之主觀評價的影響因素甚多，並非單純只由外幣之供需數量之多寡來決定，此為匯兌心理理論較為不足之處。但是此一學說將主觀評價之心理因素結合客觀事實的變動來驗證匯率之變動，在特殊時期（如戰爭時期、或政治、經濟上之危機發生時期）引發資本逃避現象時，或有其適用之處。

此外，人們對未來經濟情況之預期心理也會影響匯率之走向。例如：若有 A、B 兩國，一般人預期(1) A 國之經濟成長速度小於 B 國；(2) A 國之通貨膨脹率遠比 B 國高；(3) A 國比 B 國利率低；或(4) A 國之貨幣供給額增加速度比 B 國快，則 A 國之貨幣對 B 國之貨幣之匯率可能會出現貶值之現象；反之則會有升值之現象。因為外匯市場對任何正、負面消息或特殊政治、經濟變化十分敏感，因此人們對未來之預期心理自然也可能會反映到對外幣之需求和供給上面，而進一步影響到外匯之匯率。

9-7 外匯匯率之應用

雖然各國貨幣在國際市場之交換比率有上述各種不同之匯率理論來加以解釋，各有其獨到之處，但外幣買賣必須有市場機制來運作。國際間外匯買

賣、交換並不限定於某一場所，而是由諸多國家的大規模商業銀行以及外匯經紀商所構成，為了便利位於倫敦、巴黎、芝加哥、紐約、東京、法蘭克福等不同國家的金融市場的各項外匯交換和買賣，國際銀行外匯交易市場 (International Foreign Exchange Market) 乃應運而生。1977 年坐落於歐、亞、美洲十七個國家境內的大規模商業銀行與外匯經紀商組成了國際銀行外匯交易市場，其性質為透過國際間的電話、電報與衛星傳訊系統而組成國際間一種 電 腦 通 訊 系 統 —— the Society for Worldwide International Financial Telecommunications，簡稱 SWIFT，並分別於美國、荷蘭與比利時共設立三個資訊集中中心，聯結一百多家相關會員的電話、電報及電腦，經由 SWIFT 之傳送交換功能，可迅速完成國際各銀行間的外匯交易和轉帳記錄，取代了以往銀行間採用匯票或銀行支票的交易方式，並可將最新的國際金融、商品資訊以及位於世界各金融中心的外匯匯率行情作快速傳達，可減少因資訊不對稱而造成的匯率差價，提高外匯市場的交易效率。

有關外匯匯率之應用，分別說明如下。

基本匯率與交叉匯率之換算

通常一個國家會以其擁有最多的外匯準備即「關鍵貨幣」來決定其與本國貨幣的匯率，可將此稱之為**「基本匯率」**(basic rate)，而其他不是本國主要經貿往來的幣別，則利用該國與關鍵貨幣間（如與美元）的國際市場匯率來折算，稱為**「交叉匯率」**(cross rate)，或稱「套算匯率」，如例一所示。

範 例

●例一：交叉匯率之計算

假設 2007 年 3 月 1 日新臺幣、港幣與美元之匯率分別為

	（銀行）買入匯率	（銀行）賣出匯率
新臺幣	33.10	33.65
港幣	7.70	7.82

以上均為兌換 1 美元（關鍵貨幣）時新臺幣和港幣所報出之基本匯率。現若欲求得每 1 元港幣套算成新臺幣之買入、賣出匯率，其方法為

	（銀行）買入匯率	（銀行）賣出匯率
新臺幣	33.10	33.65
港幣	7.70	7.82

$$\frac{33.10}{7.82}=4.2327 \qquad \frac{33.65}{7.70}=4.3701$$

以上交叉套算可得每 1 元港幣兌換新臺幣之銀行買入及賣出匯率分別為

（銀行）買入匯率	（銀行）賣出匯率
4.2327	4.3701

此即為交叉匯率，亦稱為套算匯率。

即期匯率與遠期匯率之意義與應用

由前述各節可以得知在銀行或任何外匯交易場所之報價方式大同小異，但銀行為營利機構，所以對於外幣現鈔 (cash)、或其他銀行匯票 (bank drafts)、私人支票 (personal check)、以及外幣旅行支票 (traveler's check)，因其伴隨不同之風險，故存有手續費或匯率上之溢價空間。大多數銀行普遍以較低之價格買入外幣，稱為買價 (bid price)，而以較高之價格賣出外幣，稱為賣價 (offer price 或 ask price)，其買賣價差 (bid-ask-spread) 用以涵蓋利潤及外匯交易之潛在風險與成本。

一般而言，若外幣之買賣、支付或交換若在二個營業日 (business days)

以內完成者，稱之為**即期外匯交易**。但若外匯交易需在成交後二個以上的營業日才能交割完成者，則稱為**遠期外匯交易，**其相關之匯率定義如以下所述。

一、即期匯率 (spot rate)

外匯交易後，其「交割日」(value date 或 settlement date) 在兩個「營業日」或以內交割的外匯匯率，稱為「即期匯率」。其中「現貨交易市場」(cash market)，指「當日交割」(value today 或 same day value)，如銀行與顧客間之小額結匯交易。而「次日交割」(value tomorrow 或 next day value) 是指在第二個營業日交割稱之。外匯市場上，通常也涉及兩個不同國家，所以交割日必須在兩國同是營業日時進行，此營業日在外匯市場上稱「合格交割日」(eligible value date)。

二、遠期匯率 (forward rate)

係指交割日在成交日後兩個營業日以上之「外匯匯率」。通常「遠期外匯契約」(forward exchange contract) 由雙方約定將來某一特定時日，如 10 天、30 天、60 天、90 天、120 天或 180 天後，以特定匯率作交割之契約。

三、換匯匯率 (swap rate)

遠期匯率與即期匯率的差距稱為「換匯匯率」(swap rate)，若外幣之遠期匯率高於即期匯率則稱之**「升水」**(premium)，表示外國貨幣在此期間有升值現象，故兌換時可賺取差價；反之，若外幣之遠期匯率低於即期匯率則表外幣貶值，持有外幣遭受匯兌損失稱為**「貼水」**(discount)；若兩者相同，稱之為「平價」(at par 或 flat)。

四、點數匯率 (point rate)

「點數匯率」之「點數」或「點」(Point; PT) 係指外匯匯率之報價之最小的一位，習慣上外幣匯率標示以五位數表示，點數匯率會有至小數點以下

四位或兩位之可能，例如（2007年2月10日）紐約匯率牌價如下：

　　1 £ = 1.9699 (US$)

　　1 AUD = 0.7785 (US$)

　　1 US$ = 0.9472(CAD)

　　1 US$ = 120.65 (JP)

　　1 US$ = 7.83 (HKD)

其中點數匯率之一點 (1 PT) 即萬分之一 (0.0001) 或百分之一 (0.01) 視報價之方式而定。上例中，英鎊 (£)、澳幣 (AUD)、加幣 (CAD)、港幣 (HKD) 之一點為 0.0001，但日圓 (JP) 之一點為 0.01。一般而言，換匯匯率是以點數匯率代表外幣之即期匯率和遠期匯率之差距，並且其表達方式亦為先列買入一後列賣出，而且當我們以「點數」表示「換匯匯率」時，前面買入數字小，後面賣出數字大（即前小後大），表示升水，例如 59－67，升水時可將即期匯率「加上」換匯匯率，即為遠期匯率。有關即期匯率與遠期匯率之應用，詳如下列例二、例三所示。

範　例

●例二：即期匯率與遠期匯率之報價

假設外幣之遠期匯率高於即期匯率（銀行預期外幣升水）之遠期匯率掛牌價如下：

	歐元即期匯率	一個月換匯匯率（前小後大表升水）
US$/EUR	1.5038–1.5209（買入）（賣出）	66–75（買入）（賣出）

　　即一個月期歐元遠期匯率為：1.5104－1.5284，其計算方法為：

　　買入匯率　　1.5038 + 0.0066 = 1.5104

　　賣出匯率　　1.5209 + 0.0075 = 1.5284

範 例

●例三：即期外匯匯率與遠期外匯匯率之報價

假設外幣之遠期匯率低於即期匯率，表示銀行預期外幣貼水之遠期匯率掛牌價如下：

若換匯匯率前面買入之數字大，後面賣出小，例如 65－51，表示「貼水」，則用即期匯率「減去」換匯匯率，即為遠期匯率。

	英鎊兌美元即期匯率	一個月換匯匯率（前大後小表貼水）
US$/£	2.0016–2.0218（買入）（賣出）	65–51（買入）（賣出）

即一個月英鎊兌美元遠期匯率為：1.9951－2.0167，其計算方法為：

買入匯率 2.0016－0.0065 ＝ 1.9951

賣出匯率 2.0218－0.0051 ＝ 2.0167

換匯交易之內涵

「**換匯交易**」(swap transaction) 係指外匯交易買進時，同時賣出相同幣別，但交割日不同之行為，反之亦然。一般換匯交易依其交割日不同通常涉及「即期交易」(spot transaction) 與「遠期交易」(forward transaction)。即期交易通常是指在「即期市場」(spot market) 之外匯交易，其所涉及者僅係不同市場、不同幣別間匯率之價差，較無存款利率多寡之考量；但遠期交易是指在交易後兩個營業日以後才交割之交易，故此交易價格含有利率和匯率兩種不同之價差。因此，「換匯匯率」可表示為兩種幣別間原有利率的差距轉換而成的匯率差距的計算值，其計算公式如下：

> **金融小百科**
>
> 即期市場
> 亦即「即期外匯市場」，在這裡所完成的外匯交易，會在兩個營業日內完成交割手續。

1. 換匯匯率 $= \dfrac{\text{即期匯率} \times \text{利差} \times \text{遠期月數}}{12}$

   $= \dfrac{\text{即期中心匯率} \times \text{利差} \times \text{遠期月數}}{12}$

2. 遠期匯率 $=$ 即期匯率 $+$ 換匯匯率

其中利差採用相同遠期月數之兩種不同幣別之「年利率」(per annum; p.a.) 來計算，以百分比表示之。若計算美元對新臺幣匯率時，以新臺幣存款之年利率減去美元存款之年利率即為利差。利差之利率為正數時，換匯匯率亦是正數，表示美元兌換新臺幣之遠期匯率屬「升水」。

範 例

●例四：換匯交易之計算

2007 年 3 月 1 日商業銀行掛牌之遠期匯率、新臺幣、美元 90 天之定期存款利率分別如下所示：

新臺幣兌美元即期匯率	中心匯率
33.45–33.55 （買進）（賣出）	33.50

90 天之遠期匯率	中心匯率
33.65–33.90 或 (20–35)	33.866

三個月定存利率 （新臺幣）	三個月定存利率 （美元）
7.25% (p.a.)	2.875% (p.a.)

若依掛牌，則 90 天換匯匯率點數為 (20 – 35) 是否合理，可依上述公式，以中心匯率計算如下：

兩幣別利率差異轉成匯率差異：

$$\text{換匯匯率} = \frac{33.50 \times (7.25\% - 2.875\%) \times 3}{12} = 0.366$$

即換匯點數 (swap point) 為正數，表示美元對新臺幣升水，故 90 天期遠

期美元外匯應為：33.50 + 0.366 = 33.866，現在銀行 90 天期遠期美元外匯掛牌之中心匯率為 33.866；而依照換匯交易計算出之利率差距轉換成匯率差距之 90 天期美元外匯應為 33.866，正與銀行現在掛牌之遠期匯率 33.866 相同，故投資者無套利機會。其原因如下：

貨幣市場上，原美元 1 元之中心匯率相當於新臺幣 33.50 元，若存入美元 1 元之外幣存款，則三個月後其美元存款 US\$1 之本利和為：

$$P_{US} = 本金 \times (1 + i\% \times \frac{3}{12})$$

$$= \$1 \times (1 + 2.875\% \times \frac{3}{12})$$

$$= 1.0072$$

而若期初以新臺幣存款，而美元 1 元的等值新臺幣為 NT\$33.50 元，新臺幣存款之本利和為：

$$P_{NT} = 本金 \times (1 + i\% \times \frac{3}{12})$$

$$= 33.50 \times (1 + 7.25\% \times \frac{3}{12})$$

$$= 34.11$$

當銀行掛牌價三個月之遠期匯率為 33.866 時，現將上述本利和 $P_{NT} = 34.11$ 兌換為美元時，可得 $\frac{34.11}{33.866} = 1.0072$ 與美元 1 元存三個月之後之本利和 1.0072 完全相同，故無套利機會。

但若銀行掛牌三個月之遠期匯率為 33 時，現將上述新臺幣存款本利和 $P_{NT} = 34.11$ 兌換為美元時，可得 $\frac{34.11}{33} = 1.0336$ 之美元。此時 1.0336 > 1.0072，即 $\frac{P_{NT}}{33} > P_{US}$。

此時，可將美元存款先移轉為新臺幣，再預購三個月之遠期美元（依現在掛牌之 33 牌價），可以避免美元升值之壓力並保住存款所套之利益，此為套利之作法。

但若銀行掛牌三個月之遠期匯率為 34.45 時，將上述 $P_{NT} = 34.11$ 兌換為

美元時，可得 $\dfrac{34.11}{34.45} = 0.9901$ 只得較少之美元。此時 $0.9901 < 1.0072$，

即 $\dfrac{P_{NT}}{34.45} < P_{US}$。

此時，可將存款期初即以美元存入，並依掛牌價預售三個月期之美元本利和 1.0072 折換為新臺幣金額，亦即 $1.0072 \times 34.45 = 34.698$ 可保住利益，此為套利之操作方式。

套匯交易

由於全世界有一百五十多個國家分布在不同的外匯市場進行外匯之交易，一般外匯之需求者必須以較高之價格（銀行賣出價）向銀行購入外幣；或公司在本身擁有外幣之頭寸多時，須以較低之價格（銀行買入價）出售給銀行；這種銀行之賣價高於買價之買賣匯差即為外匯之需求者——如公司客戶交易的成本之一；此外，銀行或外匯經紀商亦會針對外匯之買賣收取交易之佣金；因此，外匯交易總成本包括外匯買賣之價差及外匯交易佣金二大項目。

在不考慮外匯交易佣金之情況下，許多外匯之需求者，會利用不同之外匯市場匯率報價上些微之差異，從事外幣資產之轉換幣別而賺取匯率上之差價，而此種套匯方式若利用兩個不同之市場之匯率差價進行者，稱為「直接套匯」(direct arbitrage) 或兩點套匯 (two-point arbitrage)。若套匯是利用三個市場之匯率失衡而套取利潤者，稱為「間接套匯」(indirect arbitrage) 或三點套匯 (three-point arbitrage)，詳如下列例五、例六所示。

範 例

●例五：兩點套匯

是指投資者在兩個不同之外匯市場同時買進和賣出兩種通貨的行為。

	歐元兌美元
東京市場	US$1.52：1EUR
臺北市場	US$1.50：1EUR

若不考慮交易費用之情況下，因歐元之價格在臺北市場較低，而在東京市場較高，投資者可以同一時間在臺北市場賣出美元而買入歐元，在東京市場賣出歐元而買入美元，以獲得 US$0.02：1 EUR 之利潤，此為兩點套匯之例。

範 例

●例六：三點套匯

是指投資者於某一時點在三個不同之外匯市場，同時進行不同通貨的交易行為。

臺北市場 US$1 = NT$33

東京市場 US$1 = 130 (JP)

香港市場 NT$1 = 3.8 (JP)

根據上述資料，在臺北市場新臺幣兌美元的匯率為 US$1 = NT$33。但是在東京與香港市場新臺幣兌美元的交叉匯率為 US$1 = NT$34.21（即 $\frac{130}{3.8}$）。因此，投資者可以在臺北市場賣出 NT$33，買進 1 美元；然後在東京市場賣出 US$1，買進 130 日圓；最後在香港市場賣出 130 日圓，買進 NT$34.21。

假如不考慮其他手續費等交易成本，則該投資者可因此賺取 NT$1.21（即 NT$34.21 − NT$33）。

範例

●例七：時間套利

是利用國際上不同幣別存款利率之差額和遠期外匯價格變動率之間的關係，透過比值上之差異而賺取利差。

根據利率平價理論，在不考慮手續費等交易成本的情況下，若兩國貨幣之利率差額等於遠期外匯溢價或折價的變動率時，資金在國際間將達到均衡。換言之，兩國之間短期利率的差距會等於遠期匯率和即期匯率之差距除以即期匯率之比值，故短期利率和均衡匯率之關係如下：

$$R - R^* = \frac{F - S}{S}$$

其中 R 及 R^* 分別代表本國及外國貨幣存款之年利率，F 代表 1 年期之本國貨幣兌換外幣之遠期匯率，S 為本國貨幣兌換外幣之即期匯率。

若兩國間上項利率之差距和遠期－即期匯率差距之比率相等時，則資金會暫時停止在國際間之流動；但若本國利率上升時資金會由國外大量流入，以便同時獲取利差與匯差；反之若本國利率低於國外利率時，資金會由國內流向國外，直到利率評價之達成為止。

假設某君在國際市場上獲得下列資料：

英鎊年利率	6%
美元年利率	3%
即期匯率 (US\$/£)	US\$2.11
90 天期遠期匯率 (US\$/£)	US\$2.06

若不考慮交易手續費等成本時，請問該君是否會進行時間套利？

由上項資料可以看出英鎊三個月（90 天）期利率高於美元三個月期利率 0.75%，亦即：

$$(6\% \times \frac{3}{12} - 3\% \times \frac{3}{12}) = 0.75\%$$

而由三個月期的英鎊兌美元匯率折價為 2.37%，即：

$$\frac{(2.06 - 2.11)}{2.11} = -2.37\%$$

因 0.75% ≠ 2.37%，此時表示利率評價不成立，所以投資人會進行時間套利，以賺取利潤。此時持有美元之實質報酬率比較高，所以該君可投資美元。

當該君手中有 1 英鎊（£）時，應該利用時間套利，在即期外匯市場賣出英鎊得 US$2.11 後，將美元存入銀行三個月。同時，在遠期外匯市場賣出遠期美元，買進遠期英鎊，其三個月賺取之利潤為£0.017，亦即：

$$US\$2.11 \times (1 + 0.03 \times \frac{3}{12}) \div US\$2.06 - £1 \times (1 + 0.06 \times \frac{3}{12})$$

$$= £1.032 - £1.015$$

$$= £0.017$$

本章習題

一、選擇題

（　）1. 若一把傘在臺灣之價格為 NT$100，在美國之價格為 US$3，則根據購買力評價說，1 美元之新臺幣匯價為　(A) NT$100　(B) NT$33.33　(C) NT$300。

（　）2. 若某銀行英鎊兌美元即期匯率為：

　　　　US$/£　　2.0018—2.0098
　　　　　　　　（買入）　（賣出）

一個月的換匯匯率為 62—50，則該銀行一個月英鎊兌美元之匯率為　(A) 2.0080—2.0148　(B) 2.0080—2.0048　(C) 1.9956—2.0048。

（　）3.若某銀行外匯匯率報價為:

JP/US$　110.25—118.30
　　　　（買入）　（賣出）

一個月換匯匯率為 70—90，則該銀行一個月美元兌日圓之匯率為 (A) 110.95—119.8　(B) 110.95—118.30　(C) 110.25—119.8。

（　）4.若美元之在本國本土之存款利率為7%，新臺幣之存款利率為2%，一年期之美元匯率為 NT$33.80，即期匯率為 US$32.50，則根據利率評價理論，資金會由　(A)臺灣流向美國　(B)美國流向臺灣　(C)國際資金不會流動。

（　）5.下列為銀行匯率之美元報價表:

幣別　匯率	銀行買入匯率	銀行賣出匯率
歐　元	46.50	48.20
港　幣	4.10	4.21

則 1 歐元兌換港幣之交叉匯率為　(A) 11.3414—11.2114　(B) 42.4—42.99　(C) 11.0451—11.5121。

二、問答題

1.解釋「絕對購買力平價說」及「相對購買力平價說」之意義。

2.何謂利率平價理論? 其公式為何?

3.國際收支平衡學派認為均衡匯率是如何決定的?

Chapter ***10***

國際黃金市場

　　古往今來世代遞嬗，黃金一直是人們喜愛珍藏的保值商品，不僅可以打造各種式樣的藝術品和首飾，來裝點節慶氣息和華貴氣質，也是一種社會地位的象徵；早期西方王公貴族們喜歡以黃金打造國王及皇后之頭冠、權杖等物件，而東方民族則採用黃金製作項鍊、戒指來突顯王室的尊貴氣質；在 16 世紀到 18 世紀期間，由於新航路和新大陸的發現，更引起西班牙、葡萄牙、英國、荷蘭等海洋民族對海外殖民地的豐饒物產及資源之競逐而發動許多資源爭奪戰，再加上當時重商主義興起，認為一個國家是否富強端視其國家所擁有之黃金、白銀等貴金屬之數量多寡而定，更導致對外貿易政策採取爭奪黃金、白銀等資源的各種特殊競爭手段，造成只准黃金和白銀等貴金屬之進口，而限制其出口的保護主義盛行。自 19 世紀初至 20 世紀末葉，民族主義興起，以至於爭取民族獨立的戰爭此起彼落，再加上 20 世紀中先後發生兩次世界大戰之動亂，物資缺乏，使得許多國家之法償紙幣的幣值不穩，為逃避戰亂，黃金成了民眾爭相搶購而在戰時保值的最佳物資，可用以交換糧食、衣物、或用作購買逃難之船票、車資等最重要的交易媒介，黃金保值之用途可見一斑。

　　在國際匯兌方面，黃金也一直被採用作為國際間債權、債務之清算工具，而各國政府亦多有大量儲備黃金條塊以作為發行通貨之依據；例如國民政府在 1949 年退守臺灣時所攜帶之黃金、外幣，日後也成為政府用來購買國外進口之原料以及大宗物資、機械設備等建設臺灣實行經濟建設之重要國際交易所需貨款清償的媒介。

　　在戰後承平時期，黃金也成為許多投資者之投資標的，一方面是因為黃金之數量稀少且開發不易，供給量一直不敷市場之需求；另一方面又因外匯市場上近幾年美國之經濟走弱而美元持續貶值，使得黃金價格有上漲的趨勢，因此黃金也可作為國際清算及避險的工具之一，有他在人類經濟歷史上之價值和地位，本章擬以深入淺出之方法，對黃金之四大交易市場和交易類型等作說明。

10-1 黃金之屬性

　　黃金是延展性強之金屬，本身以游離狀態存在於自然界，無法用人工合成來製造；根據英國劍橋大學 2002 年之研究結果指出，數億年前星球相撞後，由銀河系中之氫、氧及氦，經過核融合反應而生成黃金；因其生產數量稀少，色澤澄黃亮麗，珍貴自不在話下。黃金之主要屬性及用途如下。

一、黃金是最佳保值性貴金屬

　　黃金熔點高，既耐高溫又活性小，在工業上可用作電極或用作半導體之內部引線。而鍍金本身可防止氧化；又因其柔軟硬度低，故易於打造成各種裝飾品及藝術品；而其最大之特色為本身產量稀少，每當物價上升，貨幣之購買力減低時，現金資產相對貶值，投資人會轉而購買黃金以求保值，所以黃金會因市場商品價格上揚而不斷增值。

二、黃金之條、塊買賣沒有稅賦問題

　　投資者大部分的投資獲利都會有交易所得稅之負擔，但黃金之金條、金塊或金幣買賣均不需記名或交稅，節省了投資成本。

三、黃金久置亦不損其外觀

　　有些資產隨著時間之久遠成為中古貨色而減損其價值，但黃金久置其成色不變亦不會有減損價值之顧慮。

四、黃金可以世界通用

　　黃金為全球人類所共同接受之商品，只要是真金，其地位相當於關鍵通貨，可以在世界各地通用。

五、黃金是避險資產

每當國際發生衝突，引起局勢緊張甚至爆發戰爭時，美元會應聲貶值，但黃金價格卻會上揚，為了避免外匯匯率之波動及外匯資產之縮水，許多資金就會轉而購置保本、保值的黃金，所以黃金是最好的避險資產。又因黃金礦脈蘊藏量有限，開採不易，供不應求，所以價格長期走揚而不會有崩盤的問題。

10-2 世界主要產金國

目前全世界共有 80 餘國生產黃金，全球黃金已探得之資源總量約為 8.9 萬公噸，其中以南非為最大產金國，其產量占全球的 50%，其次依序為澳大利亞、美國和中國等，詳如表 10-1 所列。

表 10-1　全球前 20 名產金國家

單位：公噸

國家	年產量						排名
	2000	2001	2002	2003	2004	2005	2005
南非	428	394	395	376	342.7	296.3	1
澳大利亞	296	285	264	283	258.1	262.9	2
美國	355	335	299	281	260.3	261.7	3
中國	162	193	202	206	217.3	224.1	4
秘魯	133	134	157	172	173.2	207.8	5
俄羅斯	155	165	181	182	181.6	175.5	6
印度尼西亞	139	183	158	164	114.2	166.6	7
加拿大	155	157	148	141	128.5	118.5	8
烏茲別克斯坦	86	85	87	80	83.7	79.3	9
巴布亞新幾內亞	76	68	65	69	74.5	68.8	10
加納	74	72	70	69	57.8	62.8	11
坦桑尼亞	–	34	39	45	47.9	48.9	12
馬里	30	45	56	47	39.6	45.9	13
巴西	53	51	46	43	42.9	44.9	14
智利	50	40	35	38	40.0	39.6	15
菲律賓	35	32	33	34	31.7	31.6	16
墨西哥	27	26	23	22	21.8	30.6	17
阿根廷	26	31	33	30	27.7	27.9	18

哥倫比亞	21	20	20	25	23.6	24.8	19
委內瑞拉	–	–	–	–	21.0	23.0	20
其他國家	257	275	260	268	281.7	277.8	
合計	2,584	2,623	2,590	2,593	2,469.8	2,519.2	

資料來源：摘自 2006 年《GFMS 黃金年鑑》

10–3　黃金之報價方法

國際黃金之報價均以美元為主，而國內黃金報價多半採用新臺幣報價，但市場上亦有業者直接採用國際金價掛牌的價格報價，使一般投資者可以隨時了解國際金價之行情，惟真正進行交易時仍需換算當日之新臺幣匯價來交易。

黃金之成色

黃金礦脈之產生，是地底下含金之熱泉或氣體透過地殼龜裂的岩層裂縫噴出地表而接近地面時，隨著溫度和壓力之減少而逐漸熔解並沉澱礦物，在裂縫中形成礦脈。由於黃金礦脈中並非只有黃金之成分，其他尚有銀、石英、方解石等其他物質，所以必須加以提煉。通常良好之黃金礦脈每開採 45 公噸之金礦才能提煉出 1 盎司（即 1 英兩）之黃金，而且全世界之黃金礦藏量非常稀少；世界黃金總量大約為 15 萬公噸左右，數量稀少而愈顯其珍貴。

由於黃金礦脈之提煉必須去除銀、石英、方解石及其他雜質，因此黃金品質之好壞和價格之高下取決於其含金量之多寡，品質愈精純，則含金量愈高；市場上採用黃金的成色 (fineness) 作為黃金品質單位，也就是黃金含純金的指標。

國際上通行之黃金成色的計算方式是將純金之成色以 1000 為目標作為品質之極限，但因提煉黃金不可能達到這種黃金成色，所以純金成色 999 即為最高等級，幾乎完全不含銀的成分。成色愈高之黃金除了色澤比較金黃之外，其相對比重也較大；反之亦然。黃金成色之表達如下式所示。

$$黃金成色 = \frac{自然金內含純金的重量}{自然金內金和銀的重量} \times 1,000$$

一般黃金成色在 995 以上或 99.5% 以上就可稱為純金；若黃金標示成色為 999 的話，就是以 1000 為單位之表示方法；若標示為 9999 的話，就是以 99.99% 之百分比代表其成色，成色愈高者，黃金之品質及精純度愈高。

市面上流行之黃金成色表示法，除了上述之百分比或以 1,000 為單位的表示法外，亦有採用 24K 為純金之表示法的，詳如表 10–2 所示。

表 10–2　3 種黃金成色的換算		
百分比 （以 100 為單位）	成色 （以 100 為單位）	K 金 （以 24 為單位）
100%	999FIN	24K
91.7%	917FIN	22K
83.3%	833FIN	20K
75.0%	750FIN	18K
58.5%	585FIN	14K
41.6%	416FIN	10K

資料來源：香港淘金網
註：不同表示黃金成色換算成 K 金成色的標準，有些 995 或 99.5 以上就代表 24K，所以在各地比較換算上也會有些小小的差距，上表的數字是一個較通用的參考數值。

國際黃金條塊之報價通常是指 100% 之純金價格，其成色以 999FIN、24K 或 100% 表示均為純金之意。至於國際流通之金幣之成色則各視其品質標示之成分而定了。

● 黃金之報價單位

國際上黃金通用之報價單位是「金衡盎司」(Troy ounce)，其中 1 盎司 = $\frac{1}{2}$ 磅 = 31.1035 公克。而所謂 1 盎司即為 1 英兩之意。

臺灣常用以下 3 種交易單位進行交易：

金融小百科

金衡盎司
為專用於金、銀、鉑等貴金屬的交易計算單位，與歐美日常使用的常衡盎司有所區別，金衡盎司 1 磅等於 12 盎司，而常衡盎司 1 磅為 16 盎司。

1. 公制單位：如公克、公斤、公噸等，為法定之重量單位，國內金幣以及黃金條塊之交易單位最多可用公斤為計價單位；但國際黃金現貨市場因交易量大，至少以 10 公斤、20 公斤計價，量大時則以公噸計價。

2. 臺制單位：臺錢、臺兩、臺斤。

3. 英制單位：盎司或英兩。

除了臺灣以外，世界各地在實際交易黃金時，有時也會因商品類型、地區或市場之不同而使用不同之交易單位來交易，例如：香港之港兩、港錢，大陸之市斤、市兩均不同於臺制單位；其較常見之重量換算單位如下：

1 公斤 = 32.15 英兩 = 26.67 臺兩 = 26.7173 港兩

1 臺兩 = 37.50 公克 = 1.2057 英兩 = 1.0019 港兩

1 英兩 = 31.1035 公克 = 0.8310 港兩 = 0.8294 臺兩

1 港兩 = 37.4290 公克 = 1.2034 英兩 = 0.9981 臺兩

黃金之報價實例

如前所述，國際上黃金行情之報價採用的是金衡盎司 (Troy ounce)，例如 2008 年 8 月 15 日黃金「每盎司 830 美元」，而 1 盎司即為 1 英兩之意，為英制重量單位，若用在一般物品之常衡盎司是 1 盎司等於 $\frac{1}{16}$ 磅或公制之 28.35 公克。但用在計算黃金重量之金衡盎司，則 1 盎司等於 $\frac{1}{12}$ 磅或公制之 31.1035 公克。一般工匠若將 1 盎司黃金壓成大約 0.5 公分厚度之薄片時，可以打造成一般名片之大小的尺寸。

國際上除了國際黃金報價採用盎司（英兩）外，來自歐洲地區及大英屬地之金幣交易重量規格亦是採用盎司（英兩）來報價。報價例如表 10–3 所示。

由於金價反映市場之需求，所以其國際金市之報價有波動性，例如表 10–4 顯示 2008 年 6 月 27 日至 8 月 12 日國際金價之變化。

表 10-3　國際現貨金價報價

2008 年 8 月 11 日　單位：美元／盎司

地點	開盤價	下午價
紐約	819.25	820.10
倫敦	853.10	855.50
蘇黎世	851.35	853.85
香港	859.50	870.25
雪梨	858.85	867.85

資料來源：http://www.bot.com.tw/default.htm

表 10-4　國際黃金現貨價格之比較

2008 年 6 月 27 日～8 月 12 日

	6/27 開盤	最高 (7/15)	最低 (8/12)	8/12 收盤	最高最低價差	
單位	US$/oz	US$/oz	US$/oz	US$/oz	US$	%
國際金條	916.10	987.75	801.90	814.5	185.85	18.8%

資料來源：http://www.bot.com.tw/default.htm

　　臺灣除了採用上述英制單位買賣金幣外，一般民間婚嫁及消費買賣黃金使用之計量單位通常是使用臺制，亦即採用臺錢、臺兩、臺斤等小單位作為買賣黃金條塊和一般飾金之重量計算。其中 1 臺兩 = 10 臺錢 = 1.2057 盎司 = 37.50 公克。而一般銀樓之小額飾金買賣則有幾錢（臺錢）、幾分（$\frac{1}{10}$ 臺錢）之規格。

　　臺灣除了民間通用以臺兩、臺錢等臺制單位作為黃金小額交易之重量單位外，對於黃金條塊和國內金幣之大量交易則採用世界通行之公制重量單位，例如公克、公斤等，其中黃金條塊之最大交易單位為 1 公斤。至於國際黃金現貨市場之交易量大，一般則採用 10 公斤、20 公斤甚至公噸作交易單位。其中 1 公斤 = 26.67 臺兩 = 266.7 臺錢，因此可據以將公斤換算成銀樓小額飾

金交易之臺兩、臺錢等黃金買賣之報價。

　　臺灣銀行之黃金之掛牌之報價，通常採用美元報價，所以會附帶有美元和新臺幣之匯率表。如果只採用新臺幣掛牌之報價，則會有銀行買進和賣出兩種不同之對外報價。列如表 10–5 所示。

◀◀◀ 表 10–5　臺灣銀行 (Bank of Taiwan) 黃金牌價表 ▶▶▶

掛牌時間：2008/08/22/13:55　單位：新臺幣元

品名／規格		1 公斤	500 公克	250 公克	100 公克	5 臺兩	1 臺兩	1 公克
黃金	賣出	–	–	–	–	–	–	848
存摺	買進							839
黃金	賣出	850,753	425,797	213,236	85,568	159,941	32,181	–
條塊	買進	839,029	419,515	209,757	83,903	157,322	31,465	–

單位：新臺幣元

品名／規格		1 臺兩	1 英兩	20 公克	$\frac{1}{2}$ 英兩	$\frac{1}{4}$ 英兩	5 公克	10 公克	$\frac{1}{10}$ 英兩	2.5 公克	2 公克	1 公克
幻彩	賣出	32,301	26,828	17,548	13,942	7,324	4,822	9,245	3,168	2,615	2,150	1,220
條塊	買入	31,601	26,228	16,998	13,442	6,924	4,483	8,795	2,868	2,345	1,910	1,070

請注意：　1. 本資料僅供參考，不代表實際交易價格。
　　　　　2. 網路銀行實際交易價格以交易時顯示之價格為準。
　　　　　3. 臨櫃實際交易價格以交易時本行價格為準。
　　　　　4. 本行買進黃金條塊及金幣之相關規定，請詳閱本行網站首頁「黃金業務」項下「黃金條塊」及流通式金銀幣之簡介。
資料來源：http://www.bot.com.tw/default.htm

　　上述臺灣銀行黃金業務之報價，除了黃金牌價以外，尚包括各種流通式金銀幣之報價，其種類計有鴻運金幣、楓葉金幣、鷹揚金幣、富格林金幣、皇家金幣、愛樂金幣、無尾熊白金幣等之報價，其規格有 $\frac{1}{20}$ 英兩、$\frac{1}{10}$ 英兩、$\frac{1}{4}$ 英兩、$\frac{1}{2}$ 英兩及 1 英兩等 5 種規格；另有鴻運大金幣則有 2 英兩及 10 英兩 2 種規格之報價。而銀幣部分，則有笑鳾鳥銀幣、澳洲生肖銀幣及無尾熊銀幣之流通買賣。

　　至於民間黃金飾品或條塊的小額交易，多半在銀樓或貴金屬公司進行交易，這種黃金報價是統一採用臺制報價，而以臺錢作為報價單位。亦有銀樓

用臺兩報價，將其除以 10 可得每一臺錢之黃金報價。如表 10-6 所示。

▶▶▶ 表 10-6　國內金價報價 ◀◀◀

2008 年 8 月 8 日　單位：新臺幣元

金商	單位	買進	賣出	臺兩賣出
臺灣銀行	1 公斤	880,118	891,854	33,739
高雄王鼎貴金屬	1 公斤	843,579	851,179	31,920
臺北市一般銀樓	1 臺兩	31,875	31,970	31,970
高雄市一般銀樓	1 臺兩	31,850	32,100	32,100

資料來源：http://wdpm.myweb.hinet.net/right.htm

10-4　全球四大黃金交易市場

倫敦黃金市場

第一次世界大戰（1914～1918 年）之前，英國倫敦是全球惟一之國際黃金市場，為國際之金幣、金條之兌換和交易中心，迄今已有 300 多年之黃金交易歷史，為全世界最重要的黃金現貨交易市場，其買賣數量大，少則以 10 公斤、20 公斤計量，多則成公噸計量來進行交易。但英國之倫敦金市本身並無實際的黃金交易所來進行交易之媒合，而是由交易商先向倫敦金銀市場協會 (London Bullion Marketing Association; LBMA) 申請認可，並須在倫敦設立辦公室，以黃金交易商之名義申請為 LBMA 之會員，該協會再依據會員黃金買賣之報價作為黃金市場報價之參考。之後逐漸演變為以倫敦當地之黃金取得統一定價作為世界黃金現貨市場之定盤價，通常本地倫敦金 (Loco London) 每天在上午、下午總共定盤兩次，並以之作為全球生產廠商、消費大眾以及各國中央銀行黃金買賣的重要參考價格。

目前倫敦金定盤交易價已改由德意志銀行、匯豐銀行（密特蘭銀行）、洛西爾銀行、瑞士信貸第一波斯銀行、加拿大楓葉銀行等五個銀行代表來定價，

> **金融小百科**
>
> **倫敦金銀市場協會**
> 1987 年成立，為採取會員制的非政府機構，其宗旨為維護倫敦金銀市場的世界地位和長遠發展，並且維持市場秩序。其制定的相關標準包括：本地倫敦金的標準、黃金出借利率、掉期利率。

每天定盤開始時，由主席宣布一個開盤價後，由各銀行向世界各地報價，再由各銀行客戶回報之買賣價格提供平均之單一報價，分別在倫敦時間上午 10 點半以及下午 3 點發布定盤價，供作全世界黃金買賣之參考價格，所以倫敦市是全球最重要之黃金市場。

紐約黃金市場

1933 年美國成立商品交易所 (COMEX) 本來是以從事金屬現貨的買賣交易為主，但自 1975 年開始，該交易所正式加入黃金期貨和現貨交易的業務。兩年後為了避免美金之貶值和資產分散及保值之目的，美國人民及財團法人也積極投入黃金期貨之交易，使得紐約之 COMEX 的黃金期貨和黃金期貨選擇權之成交量成為世界最大宗而躍居為世界最大之黃金期貨交易所。紐約當地時間自上午 8 點 20 分至下午 2 點 30 分可至商品交易所 COMEX 交易黃金；其他時段為自下午 3 點 15 分至第二天上午 8 點則可以利用電子盤進行交易，市場供需靈活。由於黃金期貨和黃金期貨選擇權交易之目的可用來套利、保值和避免美金貶值之匯兌風險，所以有許多商人加入使紐約黃金期貨市場業務蓬勃發展。

香港黃金市場

香港之「金銀貿易場」為一固定之黃金交易所，多年前該貿易場原以黃金及白銀之交易為主，但因近來白銀交易的數量很少，最後演變成僅從事黃金現貨之買賣；金銀貿易場每日以當時黃金之市價定出上午公價和下午公價，並分別在上午 11 點及下午 3 點定價。由於有大量來自外商之本地倫敦金在該貿易場進行交易，故成為世界第三大黃金市場，交易並以中國之「兩」作為買賣黃金之計價單位。由於倫敦金之報價單位和香港黃金之報價單位不同，一般人將本地倫敦金之報價化為香港當地黃金報價方式，也就是將倫敦金換成用港兩 (Tael) 之計價方式，換算方法為：

$$Loco \times 1.19136 \times TT = 1(Tael)$$

亦即以本地倫敦金價格乘以 1.19136 後，再乘上即時美元電匯之外匯報價，即為一兩 (Tael) 港金之價位了。其中美元最新報價採用電匯報出即為 Telegrem Tranrfen，簡稱 TT。

蘇黎世黃金市場

1968 年蘇黎世成為全球性之黃金自由交易中心，主要是交由瑞士銀行、瑞士信貸和瑞士聯合銀行代客戶進行黃金之交易買賣並負責清算結帳。蘇黎世黃金市場是以市場之供需來議定當日黃金交易之官價，並以之作為基礎而在市場上依照實際供需而作價格上下之波動。由於蘇黎世市場擁有南非黃金 $\frac{4}{5}$ 以上的供應來源，故成為世界第四大的黃金市場。

10-5 黃金交易之商品類型

黃金一直是人們喜愛的投資保值標的物，其黃金商品之交易種類有下列 9 種。

一、黃金條塊

大宗黃金商品包括有金磚、金塊、金條、金錠和金鎖片等形式。

二、金幣

用黃金作成之流通式金幣如澳洲鴻運金幣、加拿大楓葉金幣及美國鷹揚金幣等均為投資型金幣。

另在市面上為了某一特定之事件或目的亦有發行具紀念性質之金幣，如 2008 年北京奧運紀念金幣以及臺灣發行之 520 總統就職紀念金幣，均有保值之性質。

三、金飾

以黃金打造之首飾、項鍊、戒指、手鐲、徽章等，具保值之功能。

四、黃金存摺

臺灣銀行發行定期定額或單筆申購之黃金存摺，於贖回時可領回黃金實物或依照市價折算現款。

五、黃金基金

黃金基金之投資是以購買黃金礦脈公司之股票或礦業公司股票為主。目前臺灣本土並未發行黃金基金，而市面上僅有海外黃金基金之流通。

六、黃金礦脈公司股票、黃金認股權證

黃金商品亦包括黃金礦產開採公司之股票，或者擁有黃金礦脈之公司所發行的股票等商品形式，其權利和義務如同一般股票上市的公司一樣。這些礦脈公司也可能發行認股權證標的。

七、黃金證券

2003 年 3 月 "Gold Bullion Ltd." 在澳洲股票交易所正式掛牌，該公司所發行之證券就屬於黃金證券，這家公司發行的股票，每股代表 $\frac{1}{10}$ 盎司的黃金，也就是該上市證券是以黃金做擔保，即由持有人之股份可知其所擁有的黃金重量，而每單位代表股份的黃金均存放在倫敦，以確保買進股權之持有者確實擁有黃金現貨，而不只是擁有行使黃金現貨的權利。2003 年 12 月世界黃金協會也在倫敦股票交易所推出黃金證券。此外，香港首富李嘉誠在同一年以私人名義成立港金有限公司，其性質與黃金股票公司發行黃金證券相似。

八、黃金債券

黃金債券是由金礦公司所發行的債券，通常以一定數量和成色的黃金作為債券發行的擔保品，支付利息的條件不論是以黃金或現金支付，均會和金價有正向的關聯，即黃金價格上漲時，黃金債券之利息亦上漲；當黃金價格下跌時，黃金債券之利息亦下跌。

九、黃金期貨、黃金選擇權

為衍生性的金融商品，主要是以黃金市場作為連結標的，適合專業的投資人經手。由於衍生性金融商品的投資風險很大，投資人不僅要有專業能力和足夠的資金財力，並且要洞悉黃金市場的脈動，即時作出反應，否則行情一旦發生變化，將措手不及、損失慘重。

10-6　黃金價格之決定因素

黃金市場之供給和需求結構可以決定黃金價格之長期走勢。自 1994 年至 2007 年之間，國際黃金之年供給量穩定維持於 3,000 公噸到 4,000 公噸之間，但自 2007 年以後，黃金之總需求量增為 4,022 公噸，而總供給量約為 3,700 公噸，形成「供不應求」的局面，雖然國際貨幣基金會 (IMF) 計畫於未來數年出脫共計 403.30 公噸之黃金儲備，仍然不能立即彌補市場供需之缺口，短期內黃金之價格仍然無法回穩。此外，除了市場因素外，總體經濟、金融和政治層面亦可能影響黃金之價格，分別說明如下。

市場供需之變化

一、黃金之供給

全球黃金之供給有三大主要來源：礦產金、官方售金與再生金。每年礦產金之產量約占總供給之 64%，官方售金占 12%，而再生金之部分約占 24% 左

金融小百科

華盛頓協議
此協議的簽訂，主要目的
在於規避黃金貨幣儲備化
對於黃金市場的衝擊。簽
署的國家或組織的黃金出
售量必須符合該協議的規
定，因此華盛頓協議有助
於黃金市場價格的穩定。

右，所以每年礦產金之產量對市場的供給影響最大。

在礦產金方面，由於金礦之開採為長期投資，從勘探礦脈到開採、冶煉到黃金上市一般需要 5 至 6 年之時間，所以開採週期很長，市場新供給者不易增加，長期維持在每年生產約為 2,500 公噸的礦產金產量。

在官方售金方面，1999 年 9 月歐洲中央銀行與 14 國中央銀行簽訂了華盛頓協議，約定 5 年內官方拋售黃金以 2,000 公噸為限，使官方售金之活動趨緩。

市場上再生金之供應量決定於國際金價是否有利可圖，如果黃金之價格上揚，舊金換新金或現金之活動就會更加頻繁，使再生金之供給增加。

二、黃金之需求

黃金之需求方面是以民間首飾之打造為最大宗，金飾加工在世界各國均為最重要且穩定之需求，約占黃金總需求之 75% 左右；另外，黃金為最具延展性之金屬，易於傳熱和導電，不易變質，所以黃金或合金都可以廣泛使用在牙醫業、電子產品或半導體工業方面之製造所需。

黃金之第二大需求，是源自於投資或國際儲備之需求。為了促使貨幣數量之供應穩定而不造成通貨膨脹，各國早期在金本位制度時係採用黃金作為貨幣供給之兌換保證；但在法償紙幣時期，為防幣值波動及貶值，黃金則成為保值的工具或商品。各國之中央銀行為了儲備外匯存款，多半會買進一部分黃金庫存，表 10–7 為全球主要中央銀行之黃金儲備量最多之前 10 大排名國家。

由表 10–7 可以看出美國之黃金儲備量占全球央行之 $\frac{1}{4}$ 以上，而德國及國際貨幣基金會則各占 $\frac{1}{10}$ 左右，均為黃金需求之一。

表 10-7　全球主要央行黃金儲備量前 10 大排名國家

排名	國家	黃金儲備量（單位：公噸）	占全球央行黃金儲備量比率
1	美國	8,133.5	27.15%
2	德國	3,417.4	11.41%
3	國際貨幣基金會 (IMF)	3,217.3	10.74%
4	法國	2,622.3	8.75%
5	義大利	2,451.8	8.18%
6	瑞士	1,166.3	3.89%
7	日本	765.2	2.55%
8	荷蘭	624.5	2.08%
9	歐盟央行 (ECB)	604.7	2.02%
10	中國大陸	600	2.00%
	全球央行合計	29,955	

　　黃金亦有民間投資為目的之需求，一些銀行、資產公司、企業或民間富戶常以分散風險為目的而買進黃金之金條、金塊等，亦有購買可流通之金幣、金章作為收藏品之小單位民間需求。

　　黃金之首飾打造需求最大的國家是印度、中國大陸、土耳其、沙烏地阿拉伯和俄羅斯等國，除了民間喜愛以黃金裝點節慶喜宴及首飾以外，由於最近幾年美元貶值、通貨膨脹，更突顯了黃金保值之避險功能。

　　綜合而言，黃金市場之供給（礦產金、官方售金和再生金）和需求（首飾打造、工業製造、央行儲備及民間投資）二方面之數量多寡，直接影響到黃金之市場價格，當黃金供不應求時，則市場搶購而造成金價上揚；但在黃金需求量超過供給量之市場淡季時，金價亦隨之下跌。

美元之匯率

　　美元為全球通用之關鍵通貨，美元匯率之走勢是影響黃金價格之重要因素之一。在黃金市場上美元之價值和黃金之價格呈反方向之變動：美元匯率升值時則金價下跌；美元匯率貶值時則金價上揚。因為美元貶值往往與通貨膨脹

及股市低迷有連動關係，故美元貶值時會突顯黃金之保值功能，刺激黃金之投機性需求上升；相反的，美元匯率升值時，民間會轉而投資可以孳息的債券、股票等金融商品，使黃金之需求減緩。

利率及貨幣政策

當利率降低時，資金會流向黃金以求保值，使金價上揚；相反的，當利率提高時，黃金價格則會下跌。當美國聯邦準備理事會降低利率時，不但會刺激股市活絡，也會使黃金價格上揚。

至於市場利率水準之高下，決定於政府之政策以及貨幣供給和需求，如圖 10–1 所示。

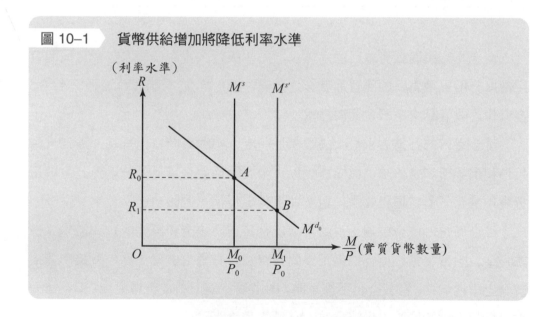

圖 10–1 　貨幣供給增加將降低利率水準

在圖 10–1 中，設期初之物價水準為 P_0，貨幣供給量為 M^s，而除去物價水準 P_0 後，實質貨幣數量為 $\dfrac{M_0}{P_0}$，故 $M^s = \dfrac{M_0}{P_0}$，貨幣需求為 M^{d_0} 線條。設期初貨幣供給 M^s 與貨幣需求 M^{d_0} 相交於均衡點 A 點，所對應之利率水準為 R_0。

今若政府增加貨幣之供給，由 M^s 增至 $M^{s'}$，若物價水準不變，則 $M^{s'} =$

$\frac{M_1}{P_0}$，此時新貨幣供給 $M^{s'}$ 與貨幣需求 M^{d_0} 相交於新均衡點 B，使市場之利率水準由期初之 R_0 下降至 R_1。當利率下降時，市場之資金會流向黃金或股票，促使金價上揚、股市活絡。

國際原物料行情

國際重要之原物料如石油、玉米、大豆、黃豆、小麥之價格與美元呈反向之走勢；當石油等原物料價格上漲時，使得許多以石油為原料之生產成本上升，從而引發不同程度之通貨膨脹；因此投資者為了保值之故，紛紛買入黃金，使得金價上揚。反之，若國際原物料之市場價格下跌時，黃金之需求減少，黃金之價格也會跟著下跌。所以黃金價格與國際原物料之美元價格有著連動的關係。

股市行情與景氣變化

當經濟景氣時，投資大眾會將資金大量投入股市，以追求高風險下之高報酬，因為投資者對經濟發展有良好之預期，所以股市投資熱烈時，黃金需求減少，金價也跟著下跌。反之，當景氣低迷時，投資者對經濟前景看淡，股市低迷，則有保本性質之黃金需求增加，金價也跟著上漲。

國際政經局勢

當國際發生重大之政治動亂或軍事衝突時，政府為了維持國內經濟之平穩或支付政治、軍事之費用，加上民間保命保值之投資需求，市場上黃金之需求將大幅增加，使金價急速上揚。

此外，一國之政治局勢或金融情勢之穩定與否，對人民之安定性有絕對之影響。當國家之政治或金融局勢不穩，引起人心不安時，人民急於避險、資金大量外移，並會購置保值之黃金，則黃金之需求上升而推動金價之往上飆漲。

10–7 黃金投資之計算釋例

由本章前述各節，可以洞悉黃金投資不僅需了解黃金之報價和計量單位外，也需要注意匯率、利率、市場供需、經濟金融和政治局勢等因素，才能有正確之投資策略。本節擬介紹一些黃金投資之案例作為計算盈虧之方法。

將國際金價換算為新臺幣黃金報價

國際現貨黃金之報價通常是採用每 1 盎司（即 1 英兩）黃金之美元價格（如表 10–3 所示），也就是用美元去購買 1 盎司之倫敦現貨黃金或紐約黃金之價格；理論上如果採用新臺幣去支付時，也就是將新臺幣兌換美元之匯率乘以國際金價即可。但在國內黃金之報價通常並非以盎司作報價單位，而是以 1 公斤、500 公克、250 公克、100 公克、5 臺兩、1 臺兩、1 公克等規格作報價單位，詳如表 10–5 所示，因此新臺幣之黃金報價不等於匯率乘以國際金價的原因之一是由於報價單位之不同，必須先將 1 公斤換算成國際報價之「盎司」為單位。

此外，在臺灣即使購買同樣 1 公斤之黃金條塊，其國內報價通常比國際報價來得高，這是由於國際金價是採用 400 盎司的大金磚作買賣標的，並以之換算成 1 盎司之重量單位報價，而大量購買之單位成本較低；但是臺灣黃金業者買進之條塊是將大金磚予以熔煉後再分割鑄造之小條塊，再販售給黃金業者，不僅需加上鑄造熔煉費用，而且買進之成色和成本也可能有所差異，因此實務上之國內黃金牌價通常與國際報價不同，但是理論上可先將 1 公斤換成「盎司」為單位後再乘以匯率，可得到未加熔煉鑄造成本等之國外現貨之新臺幣報價。如下例所示。

●例一： 國際金價換算為新臺幣報價

2008 年 8 月 12 日國際黃金現貨報價為每盎司 814.5 美元，若當天之匯率為每一美元兌換 31.5 元新臺幣，如果依照國際報價換算為 1 公斤之新臺幣報價，則 1 公斤（約 32.15 盎司）的黃金現貨之新臺幣報價計算如下：

$$NT\$31.5 \times 814.5/盎司 \times 32.15 盎司 = NT\$824,865$$

即國際黃金之新臺幣報價為每公斤 82 萬 4,865 元。

通常黃金投資主要在購入價與售出價之間賺取差價，而黃金買賣本身幾乎沒有稅賦；而與黃金相關之其他商品，如黃金基金負擔手續費，而黃金期貨負擔交易保證金和手續稅外，其他黃金商品如條塊、金幣等只需將賣出總價減去買進總價和手續費成本之後，就可以計算出盈虧了。舉例如下。

●例二： 匯率不變下買賣黃金的投資收益

張君以 US\$850/盎司的價位買進 1 公斤之黃金條塊，交易當日之匯率為新臺幣 31 元兌換 1 美元。買進一個月之後，黃金價格下跌為 US\$830/盎司，設新臺幣匯率未變，則張君若出售該黃金條塊時新臺幣盈虧之計算如下。

$$投資收益 = NT\$31 \times (830 - 850) \times 32.15$$
$$= -NT\$19,933$$

由於 1 公斤 = 32.15 盎司，所以張君此次黃金投資虧損共計新臺幣 1 萬 9,933 元。

由上例可知，當買進、賣出日之美金匯價不變時，盈虧之計算公式為：

投資收益＝匯價×(黃金賣價－黃金買價)×數量

但若黃金買進和賣出日之匯價變動時，則黃金交易之投資收益需以下式計算：

投資收益＝(賣出時的匯價×黃金賣價－買入時匯價×黃金買價)×數量

範例

●例三：　匯率變動下買賣黃金的投資益

張君年初以每盎司 810 美元之價格買進黃金 1 公斤，當天匯價為 30 元，之後黃金價格上漲至每盎司 820 美元，張君即脫手出售，而出售日之新臺幣匯價貶值為 31.5 元兌換 1 美元，則張君出售當日不僅賺到黃金之價差，並且賺到新臺幣之匯率價差，其投資收益如下所示：

投資收益 = (NT$31.5×820 – NT$30×810)×32.15

= (NT$25,830 – NT$24,300)×32.15

= NT$49,189.5

因此張君此次投資黃金獲得之投資收益為新臺幣 4 萬 9,189.5 元。

由上例可知，購買國際性商品如黃金、基金、股票、期貨或其他衍生性商品時，由於使用外幣（美元、歐元、日圓、英鎊或其他外匯）支付貨款，通常投資收益不僅要注意商品本身價格之盈虧，尚需注意買進日及賣出日之匯率價差，所以有匯兌風險之存在。

●10–8　黃金與避險功能

2008 年 9 月至 10 月之間，發生了本世紀以來最嚴重的金融風暴，市場上變化多端，原本在 9 月中旬出現金融海嘯後，股市開始跌跌不休，投資風險升高，許多股市資金轉而進入債券及黃金市場，使黃金在 9 月下旬立即站

上每盎司 930 美元之高價，成為不景氣及股市下跌時最夯的避險資產。

　　2008 年 10 月初歐美各國分別挹注大筆資金進入金融市場紓困；外資也紛紛由亞洲、拉丁美洲撤出，兌換美元而匯回歐美本國紓困；一時之間市場上美元突然成為搶手之貨幣，美元兌換各國的匯率，除了人民幣和日圓以外，美元升值幅度走強，加上各國通貨膨脹已下降，黃金之需求減緩，避險之功能大減，所以金價回穩下跌，跌破每盎司 700 美元的關卡，臺灣銀行也因應市場供需之實況，而調整黃金牌價如表 10–8 所示。

表 10–8　臺灣銀行 (Bank of Taiwan) 黃金牌價表

掛牌時間：2008/10/31/09:30　單位：新臺幣元

品名／規格		1 公斤	500 公克	250 公克	100 公克	5 臺兩	1 臺兩	1 公克
黃金 存摺	賣出	–	–	–	–	–	–	781
	買進	–	–	–	–	–	–	773
黃金 條塊	賣出	785,042	392,909	196,756	78,972	147,420	29,694	–
	買進	772,760	386,380	193,190	77,281	144,896	28,980	–

單位：新臺幣元

品名／規格		1 臺兩	1 英兩	20 公克	$\frac{1}{2}$ 英兩	$\frac{1}{4}$ 英兩	5 公克	10 公克	$\frac{1}{10}$ 英兩	2.5 公克	2 公克	1 公克
幻彩 條塊	賣出	29,882	24,829	16,271	12,962	6,921	4,602	8,634	3,097	2,588	2,159	1,303
	買入	29,182	24,229	15,721	12,462	6,521	4,252	8,184	2,797	2,318	1,919	1,153

資料來源：http://www.bot.com.tw/default.htm

　　若將 2008 年金融海嘯發生前及發生後即表 10–5 與表 10–8 之黃金牌價相比，可以看出黃金價格在短短二個月的期間內，業已波動降價 7.8% 左右，創下 1 年以來之新低，其主要原因有以下 3 種：

一、金價與美元走勢有反方向之變動關係

　　當美元貶值時，黃金及國際其他原物料之價格就會相對走高。當 2008 年 9 月中旬發生金融海嘯時，各項投資之風險升高，所以黃金之需求上升，而金價上揚。當美國財政部長鮑爾森 (Paulson) 提出紓困政策時，市場原本一致

認為美元將貶值；卻未料到外資紛紛自世界其他地區撤資而兌換美元以便匯回，導致美元匯價大漲，升值超過 10%；所以強勢美元拖累了金價的表現。

二、世界各地之通貨膨脹減緩

當市場上之油價、商品和原物料價格大幅滑落時，全球的通貨膨脹率也逐漸下降，使具有高保值特性之黃金，又少了一個對抗通貨膨脹之需求。

三、黃金之供需失衡

不僅有投資人開始出售黃金求現，而且瑞士、瑞典等歐洲央行之黃金釋出量也增大，使市場上短期黃金之供給增加。

另外，在黃金之需求方面，新興國家如印度、俄羅斯等均受到金融海嘯之影響，各該國之貨幣貶值，使黃金之進口價格較以往上漲，市場之需求也跟著下降，黃金供給大於需求的情況下金價也隨之下降。

由此可見，以黃金作為避險和保值之資產有他一定的現實必備的條件，在需求大於供給，美元（計價貨幣）貶值和通貨膨脹率高的情況下，黃金才有升值避險的空間。

本章習題

一、選擇題

（　　）1. 目前全球最大之產金國為　(A)美國　(B)澳大利亞　(C)南非。

（　　）2. 平均 1 盎司（即 1 英兩）之黃金約須採多少公噸之金礦才能取得？

(A) 45 公噸　(B) 1 公噸　(C) 20 公噸。

(　) 3. 全球最重要的黃金現貨交易市場是位於　(A)香港　(B)臺灣　(C)倫敦。

(　) 4. 全球最大之「黃金期貨」交易所為　(A)紐約黃金市場　(B)香港黃金市場　(C)蘇黎世黃金市場。

(　) 5. 當美元之匯率上升時,則黃金之價格會　(A)上升　(B)不變　(C)下降。

二、問答題

1. 黃金之主要屬性及用途有哪些?

2. 全球有哪四大黃金交易市場? 其中哪一市場之定價為世界黃金現貨市場之定盤價?

3. 全球主要央行之黃金儲備量占前 5 名的為哪些國家或機構之央行?

Chapter *11*

國際資本市場

11-1　國際資本市場之性質

　　國際資本市場主要以提供長期資金之借貸為主，通常所謂「長期」是指金融商品期限在 1 年以上者；其中證券化的信用工具有「債務憑證」和「股權憑證」兩類；債務憑證可據以作為債務請求權；而股權憑證則為所有權的形式。此外，非證券化之信用籌措方式主要是以「聯合貸款」(syndicated loan) 或「銀行團貸款」(consortium loan) 等長期資金之借貸為主。

　　一般資本市場的長期放款主要是以國家重大建設、企業廠房投資或經濟結構之調整為目的，所以其性質為大型的投資市場；而第七章所述貨幣市場的性質則是調整短期資金之流動性的市場，二者之屬性有所差別。而國際長期資金之借貸對象必須是具有良好信譽之政府機構、跨國公司、金融機構或大型企業才能進入市場。全球較為重要的債券市場分布於紐約、倫敦、東京、法蘭克福和蘇黎世等金融中心；一般可將其區分為「外國債券市場」(foreign bond market)、「歐洲債券市場」(eurobond market)、及「國際債券市場」(international bond market)等類型。其中「**外國債券**」是由國外之資金需求者在本國市場上發行以本國貨幣計價之債券。而「**歐洲債券**」則是由發行債券者與主辦銀行 (managing bank) 或其他主辦承銷商以不同之幣別發行於數個國家之債券市場上。至於歐美以外其他國家所發行之國際債券和歐洲債券一樣，也可以採用不同國家之幣別發行。

　　雖然債券之發行名稱或幣別不同，但大部分債券之發行均有其長期投資的目的，例如各國政府以發行債券之方式來籌措資金從事大型公共建設、發展經濟計畫，或調整該國國際收支的短期失衡情形；一般跨國企業或國際機構和銀行則以發行債券達到集資之目的。

　　股權憑證之發行主要也是以公司集資為目的，但其形式為公司股份的所有權之有價證券，既有投資之性質，也具有市場上市商品買賣之投機性質，

其商業色彩較為濃厚。

🔵11-2 集資發行程序及要件

在資本市場集資發行之「債權憑證」或「股權憑證」的發行程序概述如下。

國際資本市場之初級市場由發起人在公司成立前，或發行公司於發行憑證之前，先對不特定之對象作公開招募或私下募集股份、有價證券等，在募集之後對投資人交付有價證券，包括股票、公司債、可轉讓存單、外國政府公債或歐洲債券等。

其中股票之公開發行，可委託選擇合適之金融機構收取股款、匯集資金。而債券之發行，則需選擇代理機構，以便長期支付利息並償還本金。

國際資本市場公開發行的有價證券，通常會在各交易所掛牌上市。股票除了在各證券交易所「上市」外，亦有在店頭市場「上櫃」的，例如歐洲債券經過發行地當地之「證券管理單位」(Security Exchange Committee; SEC) 審查通過後，會在盧森堡等上市規費較低之國家上市後，在各主要金融中心進行交易。一般店頭市場須以電話或傳真方式進行交易，而債券之清算多半在盧森堡之證券結算公司 (Cedel) 結清，而該公司於 2000 年 1 月與德國之 Deutsche Borse clearing 合併；或比利時摩根銀行之 Euro clear 系統完成清算、交割。而股票等有價證券則由證券交易所或店頭市場進行清算。

在集資發行時雖因發行之標的物、國別不同而各需不同之文件，但其必備之文件包括下列各項。

1. 公開說明書 (prospectus)

主要將發行者之背景，例如發行者的財務狀況、營運狀況、資金用途、會計查核以及承銷商等資料作公開的說明。

2. 「承銷合約」(underwriting agreements)

主要確定發行者與承銷集團間之權利義務。

金融小百科

上市

公司設立登記後已屆滿三年以上，申請上市時的實收資本額達到新臺幣六億元以上（科技類三億元以上），最近一會計年度無累積虧損且符合其他相關資格限制，同時取得中央主管機關同意函，即可向證券交易所申請上市，進入股票集中交易市場公開發行股票，以籌措企業經營所需的資金。

上櫃

公司設立滿兩個完整的會計年度，其實收資本額在五千萬以上且符合其他相關資格限制，其資格限制較「上市」寬鬆，即可向櫃檯買賣中心申請上櫃，進入櫃檯買賣中心公開發行股票，以籌措企業經營所需的資金。

3. 「財務代理與信託合約」(financial agency & trustdeed agreements)

用來規範投資者如何支付債券本息。而信託合約則規範有關發行公司與債券持有人間的各項權益。

4. 「成交證件」(closing certificate)

為投資人可用以換取有價證券的法律憑證。

11–3　國際資本市場的主要信用工具

國際資本市場既為針對信譽良好之政府或廠商提供長期資金的投資市場，相關交易之信用工具亦得完備、具體才能符合市場需求。茲將其主要信用工具分析如下。

一、股權憑證

股權憑證 (equity) 通常稱為股票 (share 或 stock)，一般可分成下列各類：

1. 普通股 (common stock)

代表公司之股東對公司淨值之所有權之持份，可據持份之比例參與股利之分配和股東大會之表決權利。

2. 優先股 (preferred stock)

亦即特別股，通常有一定之股息，若公司本年度盈餘不足以分配股息時，可將其股息累積到下一年度。若公司在清算時，優先股可優先分配受償，各依其公司章程訂定之優先事項而有別。

3. 可轉換公司債 (convertible bond)

當持有之「公司債」在一定轉換期間內，依照所訂之轉換價格，可將其轉換成「發行公司之股票」者為可轉換公司債；但若可轉換成「其他公司之股票者」則為可折換公司債 (exchangeable bond)，但必須在轉換期間為之，否則仍為公司債。

4. 認股權證 (warrant)

由於認股權證通常是隨著公司債而發行，當投資者購買了發行公司之「附

認股權債券」時，可以依照其上所載條款，於一定期間依照其上所載明的價格，認購一定數量之股票。

二、政府公債

為政府發行之債券 (government bonds)，根據公債發行之層級，有中央政府公債和地方政府公債之別，亦為各級政府籌措財源的一種工具。依發行期間作區分，若公債到期日在 10 年以下者為「國庫本票」(treasury notes)；若到期日超過 10 年者，稱「國庫債券」(Treasury Bonds，簡稱 T-Bond)。

公債之計息方式依照其發行時利率之約定不同而分為固定利率公債 (fixed rate bonds)、浮動利率公債 (floating rate bonds) 和指數連動公債 (index-linked bonds) 三大類別，說明如下。

1. 固定利率公債 (fixed rate bonds)

自公債發行日至到期日為止,其公債上載明之利率是固定的;但其發行時所載明之利率與公債成交日市場上通行之利率若有差異時，則公債實際銷售價格將與公債票面之「面值」(par value) 有所不同，通常用百分比表示之。

若公債之面值以 P 代表，公債票面所載之固定利率（即收益率）為 $R\%$，但市場通行之利率為 $i\%$ 時，則公債之銷售價格為：

$$P = \frac{R}{i}$$

當票載收益率 (R) 與市場通行利率 (i) 相同時，則公債價格為 $P = \frac{R}{i} = 1 = 100\%$，即以 100% 之面值出售。

但若市場利率 (i) 在發行日已下降時，使得 $i < R$，則公債用「溢價」(at premium) 方式出售，其公債價格為 $P = \frac{R}{i} > 100\%$。假若 $R = 6\%$，而市場利率降為 $i = 5\%$ 時,則公債價格為 $P = \frac{6}{5} = 120\%$，即以公債面值之 120% 出售。

相反的，若市場利率 (i) 在發行日上升時，使 $i > R$，則公債採折價 (at discount) 方式出售，其公債價格為 $P = \frac{R}{i} < 100\%$。假若 $R = 6\%$，而市場利率

上升為 $i = 8\%$ 時，則公債價格為 $P = \dfrac{6}{8} = 75\%$，即以公債面值之 75% 出售。

2. 浮動利率公債 (floating rate bonds)

　　浮動利率公債通常在一定期間內調整利率 1 次，例如歐洲通貨債券市場於一定期間（或 1 年、2 年……）將利率依照市場通行之利率調整。

3. 指數連動公債 (index-linked bonds)

　　其利率在一定期間依照物價指數水準作調整，當物價上揚時期，則指數連動公債之利息也隨著物價上漲之幅度向上調升；而在物價下降時期，其利率也相對向下調整；因此，在通貨膨脹時期，指數連動公債不失為一種良好的抵抗通膨之投資標的。

三、公司債

　　公司債為可對發行公司請求定期支付利息以及到期時償還本金的一種中長期債務請求權；一般可分為「可轉換公司債」、「不可轉換公司債」和「附認股權憑證債券」等，在國際上發行者為國際債券。

四、浮動利率本票

　　浮動利率本票 (floating rate notes) 為以公司名義上市的有價證券，其發行期間平均長達 5 年以上，與貨幣市場上由銀行發行之定期存單 (time deposit) 不同。

五、可轉讓定期存單

　　此處指由銀行發行而期間在 1 年以上之可轉讓定期存單，可以採取固定利率或浮動利率計息，平均期限長達 3 年以上或 7 年以下。

六、票據發行便利

　　為了方便資金需求者籌措資金，銀行有時會採取擔保信用狀 (stand-by letter of credit) 來保證資金需求者票據發行便利 (note insurance facility)；抑或

由銀行代為包銷資金需求者之本票，在次級市場吸引投資之資金。這種情形是以銀行之信用來支持資金需求者之信用使其所發行之票據能順利為投資大眾所接受而獲得足夠之資金。

11–4　匯率和利率的關係

在浮動匯率制度下，外匯市場對某一外幣當日後之供給和需求的多寡，可以左右某匯率之升值和貶值。

為了得悉美元兌換新臺幣當日之主要走勢，我們假設單純採用臺灣、美國間商品的出口和進口產生對美元之供給和需求來進行分析的話，則臺灣對美國之出口賺得外匯構成美元之供給，而臺灣進口商品，需要美元來買貨品構成對美元之需求，造成臺灣外匯市場上美元之匯率將如圖 11–1 所示。

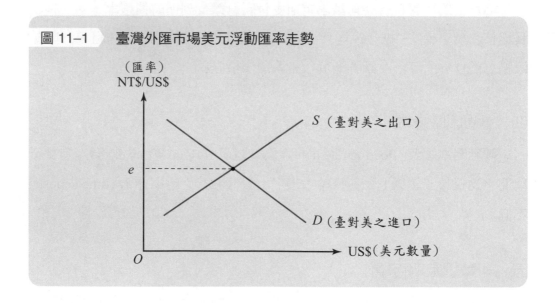

圖 11–1　臺灣外匯市場美元浮動匯率走勢

在圖 11–1 中臺灣外匯市場對美元之需求 D 主要來自對美貨品、勞務及金融資產之進口商或購買者；美元之供給者則包括對美國從事商品貿易及勞務之出口商或出售美元的人。由當日匯市上，對美元之供給和需求，決定了美元在市場上之匯率為 e。

匯率之水準自然會影響到國際資本市場上對國際債券之真實利率和投資

績效。一般而言，在國際資本市場 (international bond market) 上，投資者會比較本國市場之利率水準和國外利率水準之高低，以進行套利行為。

11–5　可貸資金說理論

至於利率之決定通常有兩種不同的理論做解釋：一為可貸資金說理論 (Loanable Funds Theory)，一為流動性偏好理論 (Liquidity Preference Theory)。

可貸資金說是由古典學派經濟學者皮古 (Pigou) 及馬歇爾 (Marshall) 提出，強調實質利率是由儲蓄者 (S) 之時間偏好與投資者生產用之資本 (I) 之邊際生產力共同決定的，也就是由債券之需求和債券之供給之均衡達到市場之利率。

但有學者認為儲蓄者之時間的偏好 (即忍慾的代價) 之外，利率之存在還可能出自於人們放棄流動性應給予補償的代價，所以凱因斯提出流動性對人們的重要性，而推展出解釋利率的流動性偏好理論——認為貨幣最具流動性，而利率水準是經由貨幣之需求和貨幣之供給均衡後達成。本節先介紹可貸資金說的看法。

假設 i = 本國利率水準

i^* = 外國利率水準

則在本國期初投資 1 元，至年尾時之收益為 $\$1(1 + i)$；若期初將 1 元投資於外國，國外利率為 i^*，則年尾時總收益為 $\dfrac{\$1(1 + i^*)}{e}$，該值亦已化為本國貨幣報價。

通常年尾時投資收益亦需考慮去除通貨膨脹率 (π) 的影響，必須扣除通貨膨脹率後，就可得到真實利率 $R = i - \pi$。

若某一永久債券之投資，每年年底收到之面值均為 1 元時，則該債券之價格 (price of bond; P_B) 應為真實利率 (R) 之倒數，亦即 $P_B = \dfrac{1}{R}$，表示債券價格和利率呈反方向關係。

金融小百科

皮古

阿瑟·賽斯爾·皮古 (Arthur Cecil Pigou)，英國經濟學家，是劍橋學派的創始人，作品涵蓋許多經濟領域，尤其在福利經濟學方面，被譽為福利經濟學之父。

金融小百科

凱因斯

約翰·梅納德·凱因斯 (John Maynard Keynes)，英國的經濟學，也是二十世紀經濟學界的重要人物。他主張價格機能並不能有效的解決失業問題，政府應該適時的干涉經濟解決失衡的問題。他曾提出不少重要的經濟學說，包括流動性偏好理論，《就業、利息和一般的貨幣理論》為其最著名的著作，被譽為資本主義的「救星」，從事過英國財政經濟顧問委員會的工作，並擔任國際貨幣基金組織和國際復興開發銀行的董事。

債券之需求

我們可以將債券市場之供給 (BS) 和需求 (BD) 與債券價格 (P_B) 之關係，列如圖 11–2 所示，首先介紹債券之需求。

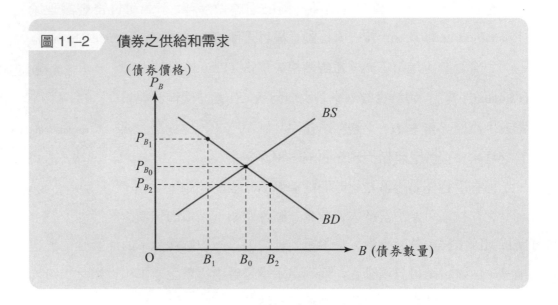

圖 11–2　債券之供給和需求

期初均衡時債券之價格為 P_{B_0}，需求價格為 $P_B = \dfrac{1}{R}$，所以債券之需求 (BD) 由左而右向下傾斜之線條，表示債券價格高時，如 P_{B_1}，需求量減少（由 B_0 減少到 B_1）；但若債券價格由 P_{B_0} 下降至 P_{B_2} 時，則債券之需求量增加，由 B_0 增加到 B_2。

在債券之供給方面，除了公司債券之發行外，另外尚有股票、認股權證和政府公債等都是國際資本市場的主要信用工具。而通常政府或大型企業所發行之債券，可以在市場上流通，所以他們均為債券之供給者；另一方面，民間或儲蓄大眾通常使用儲蓄的部分金額來投資債券或購買股票，所以算是債券之需求者，買賣雙方供需圖形列於圖 11–3 中。

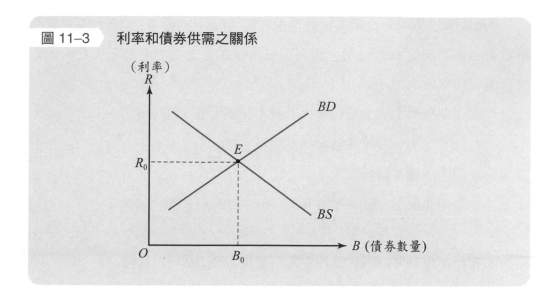

圖 11–3　利率和債券供需之關係

由於債券利率和價格為反方向關係，即 $P_B = \dfrac{1}{R}$，所以圖 11–2 中之 BD 和圖 11–3 中之 BD 之斜率正負方向互換，這是因為 $P_B = \dfrac{1}{R}$，所以 $R = \dfrac{1}{P_B}$ 之故。

影響債券需求之因素

影響債券需求通常有四大外生因素，亦即購買者之財富、預期債券的報酬、債券之流動性以及債券之風險，說明如下。

一、購買者之財富

人們所能掌握的經濟資源包括現金、債券、股票和房地產及汽車等資產；當人們擁有的財富愈多時，才能增加對金融資產的購買，使債券需求線 BD 整條線增加而向右移動，反之，則向左移動。

二、預期債券的報酬

當人們選擇各種不同之金融資產時，都會優先選取能提供較多預期報酬之資產，預期報酬之計算是一種平均值的觀念，它與未來可能發生的各種狀況之機率有關。

例如，某公司發行之債券或股票未來有 70% 上漲機率，而對應漲價之報酬率為 20%，另有 10% 之機率價格不變，有 20% 之機率價格下跌 15% 時，其預期報酬率為：

$$預期報酬率 = 上漲值 \times 上漲機率 + 不變值 \times 不變機率 +$$
$$下跌值 \times 下跌機率$$

故本例之預期報酬率為：

$$預期報酬率 = (20\%) \times (70\%) + 0 \times 10\% + (-15\%) \times 20\%$$
$$= 11\%$$

當預期報酬率愈高時，則對該債券需求增加，使 BD 向右移動。

三、債券之流動性

流動性即資產變現的能力。一般股票相對於房地產之變現能力——亦即流動性較佳；債券因有短期和長期之分，平日收取利息，而到期日才能依照票面價值變現換回現金，所以相對而言，流動性大資產較易刺激人們對他之需求；流動性增加時，人們對債券需求也會增加。

四、債券之風險

人們對金融資產的需求也會受到風險大小的影響，在其他條件相同之情況下，人們會選擇相對風險較低的資產。

通常衡量風險之統計方法是計算該筆投資之標準差 (standard error) σ，列如表 11–1 分別計算其金融商品之標準差如後。

表 11–1　虛擬之金融股報酬與機率

股價報酬	台新金控	彰化銀行
上升	20%（機率 = 0.7）	30%（機率 = 0.65）
不變	0%（機率 = 0.1）	0%（機率 = 0.05）
下跌	−15%（機率 = 0.2）	−25%（機率 = 0.3）
平均報酬	11%	12%

依上表計算台新金控股票之預期報酬率為:

$$0.2 \times 0.7 + 0 \times 0.1 + (-0.15 \times 0.2) = 0.11 = 11\%$$

計算彰銀之股票之預期報酬率為:

$$0.30 \times 0.65 + 0 \times 0.05 + (-0.25 \times 0.3) = 0.12 = 12\%$$

計算各自風險—標準差之公式為:

$$\sigma = \{[\text{上升機率} \times (\text{上升報酬} - \text{平均報酬})^2 +$$

$$\text{不變機率} \times (\text{不變報酬} - \text{平均報酬})^2 +$$

$$\text{下降機率} \times (\text{下降報酬} - \text{平均報酬})^2]\}^{\frac{1}{2}}$$

依照上述公式可得台新金控股價之風險為:

$$\sigma = \{[0.7 \times (20\% - 11\%)^2 + 0.1 \times (0 - 11\%)^2 +$$

$$0.2 \times (-15\% - 11\%)^2]\}^{\frac{1}{2}}$$

$$= \{[0.7 \times 0.0081 + 0.1 \times 0.0121 + 0.2 \times 0.0676]\}^{\frac{1}{2}}$$

$$= (0.00567 + 0.00121 + 0.01352)^{\frac{1}{2}}$$

$$= \sqrt{0.0204}$$

$$= 0.14$$

彰化銀行股價之風險為:

$$\sigma = [0.65 \times (30\% - 12\%)^2 + 0.05 \times (0 - 12\%)^2 +$$

$$0.3 \times (-25\% - 12\%)^2]^{\frac{1}{2}}$$

$$= (0.65 \times 0.0324 + 0.05 \times 0.0144 + 0.3 \times 0.1369)^{\frac{1}{2}}$$

$$= \sqrt{0.06285}$$

$$= 0.25$$

若單純地就此例虛擬之報酬率比較的話, 則彰化銀行的 12% 優於台新之 11%, 但若進一步比較風險值的話, 因台新虛擬股價報酬之標準差為 0.14, 比彰銀虛擬股價報酬之標準差 0.25 為低, 故台新之報酬風險低於彰銀之報酬風險。一般而言, 若其他條件相同之情況下, 任何金融商品之風險值愈小時,

投資人購買之意願也愈高，債券需求也是如此。

當某一發行之債券風險增加時，則債券需求減少，使 *BD* 線向左移動。綜上所述，當財富增加，預期債券的報酬將增加或者債券之流動性增加時，均會使債券之需求增加，故使得債券需求 *BD* 線向右移動至 *BD'*，促使市場利率往下降；反之，若債券風險增加時，減少對債券之購買，故債券需求減少，而使債券需求線 *BD* 向左移至 *BD"*，市場利率則會隨之上揚。

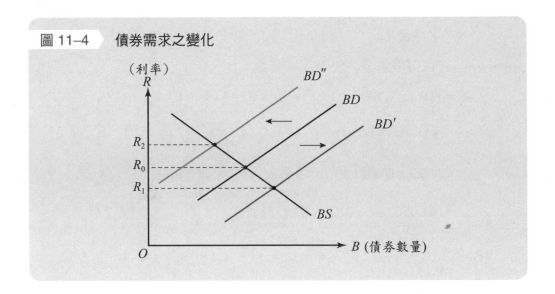

圖 11–4　債券需求之變化

債券之供給

以上所介紹者為國際資本市場上之債券之需求情形。另一方面，在國際資本市場上有債券之供給 (*BS*) 部分，分析如下。

國際資本市場之債券供給主要在於各國之政府發行公債、跨國公司、金融機構或大型企業發行之股權憑證如股票、公司債、認股權證、浮動利率本票、可轉讓定存單或票據發行便利等金融商品。一般而言，這些債券發行供給者的主要目的是為了從事大型建設、增加營運資本、或調節市場貨幣供需而籌資發行的，所以債券之價格高時，表示發行機構可籌到的資金較多，其發行債券之意願較高；反之，若債券之價格低時，表示發行機構可籌得的資金

較少，其發行債券之意願較低，故債券之供給線為一與價格同方向之線條，如圖 11-5 所示之 BS 線。

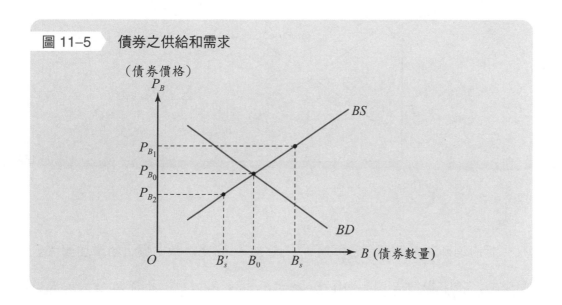

圖 11-5　債券之供給和需求

在圖 11-5 中縱座標為債券之價格 ($P_B = \dfrac{1}{R}$)，期初均衡時之債券價格為 P_{B_0}，供應量為 B_0，此假設債券之價格上升至 P_{B_1} 時，債券之供給量會由 B_0 增加到 B_s；反之，若市場上債券之價格下跌，由 P_{B_0} 下降至 P_{R_2} 時，則市場上債券供給量會由 B_0 減少到 B_s'，這表示債券價格高時供給意願增加，而債券價格低時，供給意願也下降。

相同之圖形意義也可以用圖 11-6 表示之。只是圖 11-6 之縱座標為真實利率 R，而利率和債券價格為反方向之關係，即 $P_B = \dfrac{1}{R}$，所以 BS 之方向自然和圖 11-5 方向相反。

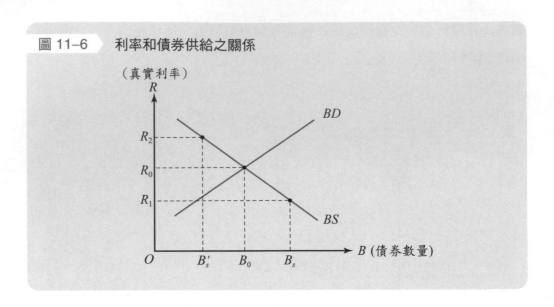

圖 11-6　利率和債券供給之關係

期初均衡時，債券之利率為 R_0，而 R_1 小於 R_0，故市場供給增加到 B_s。

相反的，若市場價格下降，由 P_{B_0} 降至 P_{B_2} 時，$P_{B_2} = \dfrac{1}{R_2}$；此時 R_2 會大於 R_0，

使 $\dfrac{1}{R_2} < \dfrac{1}{R_0}$，亦即 $P_{B_2} < P_{B_0}$ 之意，故利率由 R_0 上升至 R_2 之水準。當然除債券

本身之價格，利率等內生變數以外，尚有其他外生變數會使整條債券供給線

BS 發生移動。

影響債券供給之因素

影響債券供給 (BS) 的外生變數主要包括投資之預期利潤、通貨膨脹、和政府支出三大項目，分別說明如下。

一、投資之預期利潤

當人們預期所發行標的物的預期利潤會增加時，就會增加對市場上之債券或其他金融商品之供給，使 BS 供給線向右移動。

二、通貨膨脹

在物價上漲時期，為了應付高額的成本上升，企業或大型金融機構欲籌

措營運資金，會發行債券或增資股票，使債券之供給增加；故物價上漲時，*BS* 會向右移動。

三、政府支出

政府支出勢必需要使用資金，當政府支出增加時通常採用稅收之增加來支應，如果稅收仍然不敷政府支出所需資金時，就會由財政部來發行政府公債以支應所需。政府債券之發行，使債券之供給增加，導致 *BS* 線向右移動。

一般而言，政府支出的增加，會對民間投資產生以下 4 種不同之效果，先以圖 11–7 加以說明債券供給之變化。

當債券之發行機構預期投資之利潤會增加時，或者預期物價上漲以及政府支出增加時，則債券供給增加使 *BS* 向右移動至 *BS'*。

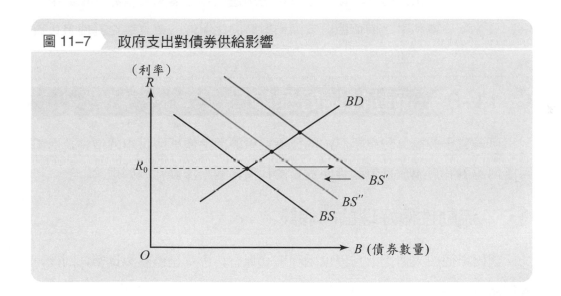

圖 11–7   政府支出對債券供給影響

1. 其中若政府支出增加而民間投資仍維持原先要進行之水準時，則債券供給右移到 *BS'* 之後，不會再移回，表示政府支出沒有排擠效果 (no crowding out effect)。

2. 若政府支出之增加使民間資金不足且利率上漲又導致民間投資減少,而民間投資減少之幅度與政府發行之公債數目相等,

金融小百科

排擠效果
當政府實施擴張性財政政策時,造成利率上升,反而使民間的投資成本增加,導致民間投資減少,此即排擠效果。

則右移之 BS' 又會向左移回到 BS 之水準，但債券發行之總量不變，只是發行之內容乃由公司債之減少，變為政府公債增加，形成完全排擠效果 (completely crowding out)。

3. 若民間投資減少比政府支出來得少，則右移之 BS' 左移回來往 BS 移動，但不會回到原來之 BS 水準，只回到 BS''，稱之為部分排擠效果 (partially crowding out)。

4. 政府支出增加，改善了交通、道路、橋樑和路燈等基礎公共建設，並未排擠民間投資，反而吸引更多廠商進行投資，使 BS' 又再度右移的話，稱為擠進效果 (crowding in)。

因此，可見政府為大型公共建設發行公債如果運用資金得當，建設符合地方發展所需，當能進一步藉著擠進效果，增加國家之福祉。以上之分析是透過債券之需求和債券之供給來解釋利率之價值源自於人們對時間之偏好，故立論之基礎為可貸資金說理論。

> **金融小百科**
>
> **擠進效果**
> 最早是由加拿大的經濟學家麥克爾‧帕金所提出，他認為當政府實施擴張性財政政策時，能夠誘導民間消費，並使投資增加，進而帶動總產出及總就業量的增加。

🔵 11–6 流動性偏好理論

可貸資金說認為利息是忍慾的代價或對時間之偏好所付出的價格，而凱因斯則認為利息為放棄流動性而支付的代價，提出流動性偏好理論。

◐ 流動性偏好理論的假設

凱因斯假設人們之財富僅以兩種形式保有，也就是債券和貨幣，因此，人們之財富需求可以列如下式：

$$W_d = B_d + M_d \tag{11.1}$$

其中 W_d 為財富之需求；

B_d 為債券之需求；

M_d 為貨幣之需求。

另一方面，人們對財富之供給可以列為：

$$W_s = B_s + M_s \qquad\qquad (11.2)$$

其中 W_s 為財富之供給;

B_s 為債券之供給;

M_s 為貨幣之供給。

在均衡時 $W_d = W_s$,表示:

$$B_d + M_d = B_s + M_s \qquad\qquad (11.3)$$

移項可得:

$$B_d - B_s = M_s - M_d \qquad\qquad (11.4)$$

(11.4) 式代表當債券市場達到均衡時 $B_d = B_s$,在貨幣市場也會達到均衡 $M_s = M_d$;此時,債券市場之均衡利率和貨幣市場之均衡利率會達相同一致的水準。

貨幣需求與貨幣供給之外生因素

貨幣之需求來自交易動機、投機動機與儲蓄動機,形成貨幣需求 (M_d),而影響貨幣需求能使整條貨幣需求線向左或向右移動之外生因素則包括所得和物價水準。

當人們之所得增加時,購物所需交易動機之貨幣需求增加,投資動機之需求也增加,使圖 11-8 中之貨幣需求線 M^d 向右移動至 $M^{d'}$,反之則向左移動。

同理,當物價水準上升時,人們必須增加手中購物所需之貨幣,使貨幣需求也向右移動。

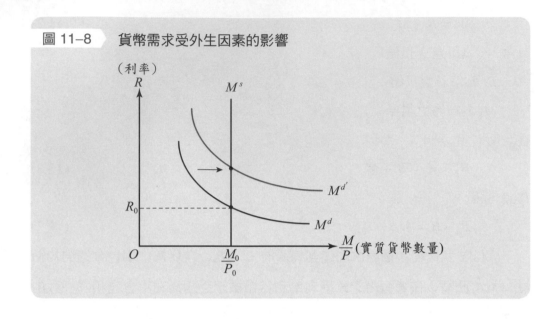

圖 11-8　貨幣需求受外生因素的影響

至於貨幣供給則由中央銀行控制，當中央銀行增加貨幣供給量時，這種擴張性之貨幣政策，會使 M^s 向右移動至 $M^{s'}$，如圖 11-9 所示。

基本上，當市面上期初由貨幣之供給 M^s 與貨幣之需求 M^d 相交於均衡點 E_0 時，所對應之均衡利率為 R_0，但當貨幣供給增加到 $M^{s'}$ 時，$M^{s'}$ 與 M^d 之交點 E_1 為新均衡點，導致對應之均衡利率由原來之 R_0 下降至 R_1 水準。通常貨幣供給之增加，將導致商品需求、貨幣需求和債券需求之全面上揚，相關之分析，詳見本書第 3 章。

流動性偏好理論假設財富僅以債券及貨幣方式保留，而在實際生活中，財富仍可能以房屋、股票、汽車、黃金、珠寶……等方式保留，其相關之流動性各不相同，自然是以貨幣（現金）最具流動性，這些商品型式之財富可以採取數理方式加入分析，以擴充流動性偏好理論之實用性。

在國際資本市場上債權憑證和股權憑證均為主要信用工具，本章所論述者集中在債權憑證，因此有關股權憑證之交易等相關事宜將於下一章介紹說明之。

圖 11-9　貨幣供給由央行主導

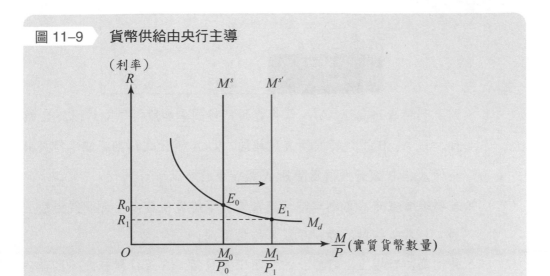

本章習題

一、選擇題

（　）1.政府公債若到期日在 10 年期以下者為　(A)國庫債券 T-bond　(B)國庫本票 treasury notes　(C)公司債。

（　）2.若某一股票股價上升 25% 之機率為 50%；維持原價之機率為 10%；股價下跌 15% 之機率為 40%，則其預期之報酬率為　(A) 10%　(B) 20%　(C) 6.5%。

（　）3.若虛擬二金融股之預期報酬率和標準差如下表：

屬性 \ 銀行	A 銀行	B 銀行
預期報酬率	12.5%	12.3%
標準差 α	0.32	0.12

則下列何者為真？ (A)A 銀行之預期報酬率和股價風險均優於 B 銀行 (B)A、B 兩銀行股價表現相同 (C)A 銀行之預期報酬率優於 B 銀行，但 B 銀行股價風險比 A 銀行來得小。

( ) 4.若聯準會宣布降低利率時，正常情況下將促使股市 (A)股價指數上揚 (B)股價指數不變 (C)股價指數下跌。

( ) 5.長期資本市場上，證券化的信用工具包括 (A)銀行團貸款 (B)聯合貸款 (C)債權憑證和股權憑證。

二、問答題

1.國際資本市場之定義為何？

2.國際資本市場之主要信用工具有哪些？

3.可貸資金說 (Loanable Funds Theory) 和流動性偏好理論 (Liquidity Preference Theory) 各自認為「利息」之本質為何？

4.影響債券供給之因素有哪三大項目？

Chapter *12*

世界主要股市
概況

　　「股票」是國際資本市場最重要之信用工具之一；在國際金融商品上扮演著相當重要的角色；目前世界主要的股市是美國、日本、英國三大股市。

　　日本股市在 1980～1990 年代之間曾經是全球最大的股市，若以股市之市場資本化總價值 (market capitalization) 來評估，日本當時之市場價值為美國股市市值之 1.5 倍；它的市場價值也大於歐洲所有股市價值之總和。可是 1990 年之後日本遭受到房地產及金融泡沫化之衝擊，股市市值才漸漸降溫。

　　在 1991 年之後，美國股市蓬勃發展，吸收了許多國際資本之投入，而逐漸成為全球最大規模的投資市場，其上市上櫃之家數多達 1 萬多支個股，總市值約為 20 兆美元，其資金與標的堪稱世界最多，美國股市每日開盤之漲、跌走勢極為全球投資人所矚目，是國際金融的大本營，在當前金融市場上具有執牛耳的地位。

　　英國股市法規之規範在金融史上一直是許多國家金融法規制定的標準依據，而且英鎊一直是關鍵通貨，幣值穩定；故股市之市值和英鎊匯率之價差成為投資者追逐獲利之標的。所以英國股市在全球股市中有其一定的影響力。

12-1　美國股市現況及股價指數

　　美國政府設有證券管理委員會 (Security Exchange Commission) 監督股市，其境內證券交易所之數量既多，各證交所經營之業務也不盡相同，臺灣投資人較為熟悉者有紐約證券交易所 (New York Stock Exchanges; NYSE) 以及那斯達克交易所 (National Association of Securities Dealers Automated Quotation; NASDAQ) 二個最具特色之交易所，分別將其特色說明如下。

美國著名的證券交易所

一、紐約證券交易所 (NYSE)

　　紐約證券交易所創立至今已有 206 年左右，其所上市之股票約有 2,900 支，其中包括許多成立較久之財星五百大企業 (Fortune 500)，其上市條件十

分嚴格，必須是特別績優股才能在 NYSE 上市，其上市股票至少必須符合下列五個條件：

1. 最少有 1,100,000 股的股數在市面上為投資大眾所擁有。

2. 股票的市價總價值最少在美元 18,000,000 元以上。

3. 公司最少要有 2,000 名股東（每位股東必須擁有 100 股以上）。

4. 近六個月以來平均成交量最少要有 100,000 股。

5. 上個會計年度最低獲得美元 2,500,000 元的稅前所得。

二、那斯達克交易所 (NASDAQ)

那斯達克交易所成立只有 28 年的歷史，上市股票是以高科技公司為主，並以所採用之「全國證券商自動報價系統」(NASDAQ) 為名，目前約有 5,500 支股票上市，其中不乏小型股本的科技或網路公司。

一般人視 NASDAQ 為美國之「店頭市場」(over-the-counter)，由於美國微軟公司 (Microsoft)、思科 (Cisco)、英代爾 (Intel) 及雅虎 (Yahoo) 等高科技或網際網路公司陸續進入該市場上市，股價指數上漲快速。在 NASDAQ 分兩種股票上市規定，其應具備之條件如下：

1. 小額資本市場 (small capital market)

　⑴資產淨值在 400 萬美元以上。

　⑵市值在 5,000 萬美元以上。

　⑶前年獲利在 500 萬美元以上。

　⑷最低每股股價 4 美元。

2. 國家證券市場 (national market)

　⑴淨值在 7,500 萬美元以上。

　⑵市值在 7,500 萬美元以上。

　⑶營收在 7,500 萬美元以上。

　⑷最低每股股價 5 美元。

（要在以上兩種市場上市時，符合任一條件即可申請。）

美國證券市場的主要股價指數

美國股票市場上有些通用之稱號，其中藍籌股是指在股票市場上實力雄厚、績優活躍之股票。

美國證券市場的主要股價指數有下列 3 種。

一、道瓊工業平均指數 (Dow Jones Industrial Average; DJIA)

道瓊工業指數 (DJIA) 是根據 30 支藍籌股而編製的股價加權平均指數；而該 30 支股票通常為美國各產業的代表股。

> **金融小百科**
>
> **藍籌股**
> 此一名詞之由來，導因於美國人在打牌下賭注時，藍色籌碼優於紅色及白色籌碼，藍籌股即由此意涵而衍生泛指股價表現績優的股票。

二、標準普爾 500 指數（Standard & Poor's 500 Index; S&P 500）

標準普爾 500 指數 (S&P 500) 為根據美國前 500 大上市股票所編製的股價加權平均指數。由於該指數的成分股囊括所有美國主要產業，我們可利用市值總變動來衡量其國內的整體經濟表現。

三、那斯達克綜合指數 (NASDAQ)

那斯達克綜合指數 (NASDAQ) 為依據那斯達克全國市場 (national market) 及小型資本市場 (smallcap) 之所有股票所編製的市值加權平均指數。NASDAQ 基期為 100，自 1971 年 2 月 5 日起開始交易計算。

12–2　日本股市現況及股價指數

日本財務部為監督股市之證券管理機構。東京交易所 (Tokyo Stock Exchange) 為日本最大之股市，其次為大阪交易所 (Osaka Stock Exchange) 及名古屋交易所 (Nagoya Stock Exchange)。

日本證券之交易均透過日本證券商協會之會員以「喊價拍賣」方式先決定開盤價格後，再公開喊價拍賣股票，在交易完成後由日本證券公司 (Japan

Security Company) 於第四個營業日負責結算交割。

日本證券市場的主要股價指數有下列 4 種：

一、東京股市第一指數 (TSE 1 Index)

為日本所有大型股票交易（約占市值之 96%）之市價加權的股票指數。

二、日經／道瓊 500 股票指數 (Nikkei/Dow Jones 500 Index)

由東京股市 500 種大型股票組合成之平均價格指數。

三、東京股價指數 (TOPIX)

東京股市內 1,000 種股票之股價指數。

四、東京產業股價指數 (TSE Sector Index)

為東京股市中二十八個產業之大型股票股價指數。

12-3 英國股市現況及股價指數

英國之證券管理機構為商業部 (Department of Trade)，而境內最大之股市是位於倫敦的國際股票交易所 (International Stock Exchange)，其交易之股票包括英國與愛爾蘭公司發行之股票，以及許多外國公司股票，因而取名為國際股票交易所。

除了掛牌上市之股票買賣外，國際交易所亦從事未掛牌上市股市 (The Unlisted Securities Market)，讓尚未達到掛牌上市條件的小型公司也可以籌資。

英國股市交易都必須透過股票交易所之成員，以電話、電腦進行交易，所採用之電腦交易系統為 The Stock Exchange Automated Quotations System，簡稱 SEAQ，可與美國股市採用之 NASDAQ 系統以及新加坡交易系統連線。英國股票交易完成後，由國際交易所之結算交割中心 (taliman) 人員負責於 3

星期內完成交割。

　　英國證券交易之主要股價指數有下列 3 種。

一、金融時報證券指數 (Financial Times Stock Exchange)

　　金融時報證券指數是依據 1,000 種股票之股價而編製之加權平均數。

二、金融時報指數 (Financial Times All Shares; FTAS)

　　金融時報指數係包括 750 種股票之股價來編製。

三、金融時報普通指數 (Financial Times Ordinary)

　　金融時報普通指數之編製是以 30 種股票之市值來計算股價指數。

12-4　國際新興股市

　　在 1980 年以後，許多新興亞洲、新興拉丁美洲和新興東歐股市竄起，在這些新興股市中有不少股票成為諸多國際投資客競逐的標的。這些新興股市在 1980 年代股市績效表現亮眼的國家包括：亞洲地區之南韓、新加坡、香港、臺灣；拉丁美洲之墨西哥、巴西、阿根廷與哥倫比亞；新興歐洲包括自由化共產國家的股市，如俄羅斯、匈牙利、波蘭和捷克等國之證券市場興起，吸引了龐大的國際資金參與交易，使得股市國際化時代已全面來臨。

　　1990 年代新興市場另有許多國家在證券交易領域上成為後起之秀，這些國家包括：新興亞洲之中國、泰國、馬來西亞、印度、印尼、巴基斯坦和菲律賓；中東地區之土耳其、約旦、希臘、阿爾及利亞；歐洲地區之西班牙、葡萄牙。

　　這些國際新興市場之股市各具特色，我們可以將其歸納為以下各項。

一、新興市場具有高度經濟成長之潛力

　　由於新興市場各國與工業化國家比較起來普遍有著相對低廉的人工成

本，促使諸多傳統產業或勞力密集型產業紛紛至該國設廠以降低生產成本，提高產品之國際競爭優勢。

此外，這些地區泰半屬於開發中的國家，因此設廠所需的廠房土地成本也相對較為低廉。

二、部分新興國家擁有豐富之原料資源

新興股市中，巴西 (Brazil)、俄羅斯 (Russia)、印度 (India) 和中國 (China)，因為擁有廣大之土地、豐沛的原物料、眾多的人口，頗具投資吸引力，其中印度培養優質之數理人才，俄羅斯更擁有中亞油田，所以被視為最具發展潛力的國家。世人將原物料豐富極具發展潛力之 4 國各取其英文之頭一個字母，合稱為「金磚 4 國」(BRIC)。

三、亞洲四小龍擅長於產品之創新、設計行銷

亞洲四小龍由於行銷經驗豐富、具有優秀之產品設計和創新人才，並能積極配合市場之變化和消費者之需求，成為許多消費產品系列 (product mix) 設計之大本營。

四、與工業國跨國公司之策略聯盟

新興市場各國均能積極爭取國際知名廠商來當地投資設廠、進行合資生產行銷之策略聯盟，提振了當地之經濟發展。

五、經濟高度成長使人民之所得及儲蓄增加

由於新興市場各國經濟發展導致國民所得增加，購買力及儲蓄之增進也進一步促使股市交易熱絡，股票市值也逐漸反映其「基本盤」之規模。

12-5　香港股市現況及股價指數

香港雖於 1891 年即成立第一家證券交易所，但其最大之證交所為 1980年組成，1986 年 4 月正式開業之「香港聯合交易所」(The Stock Exchange of Hong Kong)，至 2000 年該交易所已成為全球第十一大交易所，在亞洲區之交易量僅次於日本東京交易所。「香港聯合交易所」主要提供香港及中國大陸公司之上市集資及股票投資的交易買賣。上市之股票除了香港「藍籌股」為歷史悠久而市值規模大之績優股以外，尚包括有在中國內地註冊而在香港上市之中資企業而且多屬規模大之基礎產業，通稱為「國企股」或「H 股」；由於H 股在證券法規上必須遵守中國證券監管機關之監管，亦須符合港股國際證券法之規範，對投資大眾之資金具有雙重保障，頗受外資之青睞。此外，另有一些中國內地機構持有較大股數之「紅籌股」，其性質為母公司在香港註冊並接受香港法律約束之中資企業，所以其最大控股權屬於中國內地相關部門或企業；舉凡上述在香港聯合交易所上市之股票，不論是藍籌股、國企股或紅籌股均係採用港幣進行股票買賣交易。

新興亞洲市場之股價指數相當多，其中最為有名的是「香港恆生指數」(Han Seng Stock Index)。香港恆生指數是以香港證交所占港股總市值70% 之33 檔上市股票編製而成的市值加權平均指數，自 1964 年 7 月 31 日起以基值100 開始計算迄今。

12-6　中國股市現況及股價指數

中國大陸自 1978 年開始實行改革開放路線之後，逐步採用市場經濟體制，不少企業藉由發行股票來募集資金。為了便於管理規範市場上股票之發行，1990 年 11 月 26 日中國人民銀行批准成立「上海證券交易所」，並於同年 12 月 19 日正式開始對外營業，為中國第一家證券交易所。

當時深圳地區也充斥著未上市股票之交易，為了維護投資大眾之權益，深圳證券交易所在 1990 年 12 月 1 日起先試行營業，而於 1991 年 7 月 3 日

經由中國人民銀行批准而正式營業。

在中國任何想要掛牌上市之公司均須先行向中國證監會申請統一分發至上海、深圳掛牌。而證交所為非營利性法人機構，申請入會之會員分為專業經紀商、專業自營商及證券商 3 種，入會會員申請繳納席位費之後即可取得交易席次而進行媒合股票買賣之業務。

大陸股市公司發行之股票種類分為 A 股和 B 股。其中 A 股之交易對象為中國大陸境內之機構、組織或個人，但不包括臺灣、香港及澳門，A 股是以傳統、生化、高科技及網路股為主，且以人民幣報價及結算，此一限制主要是為了避免外資對市場之衝擊。但為了解決國內企業取得外匯之需要，加上人民幣不能自由兌換之限制，中國另再設立專門由境外投資者採用外幣進行交易之 B 股市場，其在上海交易是以美元報價及結算；但若在深圳交易則以港幣報價及結算。所以 B 股為專供境外投資者採用外匯進行買賣之股票，主要掛牌上市者是以傳統產業股為主。

中國發行之股價指數有上海證券指數與深圳證券指數，分別稱為上海 A 股股價指數、上海 B 股股價指數、深圳 A 股股價指數及深圳 B 股股價指數。

亞洲地區除了日本、香港和中國大陸之股市外，尚有泰國、新加坡、臺灣之股市規模較大，因此泰國的曼谷證券指數、新加坡的海峽時報指數以及臺灣的臺灣證券交易所發行量加權股價 (TAIEX) 指數也頗具知名度，這些新興國家之公司以往均以向銀行貸款之方式籌資，但在資本市場日漸發達之後，許多企業轉變了籌資方式，改由發行股票與債券之方式向社會大眾籌資，股市資本化總額占 GDP 之比率平均上升到 35% 左右，不僅新股上市數目增加，連以往已發行之股票之股數也增加相當多的數目，助長了股市的活絡，也使得這些亞洲新興國家之經濟持續成長。

12-7 國際股市主要股價指數釋例

　　由本章前述各節可以得悉一部分國際股市之重要股價指數，為了使讀者能夠進一步了解相關訊息，表 12-1 列出 2008 年 8 月 1 日國際股市主要股價指數之表現。

表 12-1　國際股市主要股價指數

2008 年 8 月 1 日

國際股市	8 月 1 日收盤	漲跌	漲跌幅
道瓊工業	11,583.69	186.13	1.61%
那斯達克	2,329.72	10.10	0.43%
S & P500	1,284.26	21.06	1.64%
費城半導體	341.91	2.79	0.82%
英國 FTSE	5,420.70	101.50	1.87%
德國 DAX	6,460.12	61.32	0.95%
法國 CAC	4,400.55	80.06	1.82%
新加坡海峽	2,925.50	38.94	1.33%
日經 225	13,367.79	208.34	1.56%
日本東證	1,302.99	21.35	1.64%
韓國綜合	1,577.70	10.50	0.67%
香港恆生	22,690.60	432.60	1.91%
上海 A 股	2,975.74	−14.29	−0.48%
上海 B 股	212.37	−1.35	−0.63%
深圳 A 股	894.40	−3.43	−0.38%
深圳 B 股	459.67	−3.10	−0.67%

資料來源：日盛集團投資晨訊

　　由表 12-1 所列出之各國際股市之股價指數表現可以看出加入證券市場上市之股價指數是以當日之收盤價來計值的，而 2008 年 8 月 1 日之股市表現，除了中國大陸外，其他各地均有小漲作收的局面。基本上股市投資具有高報酬伴隨高風險之特質，除了市場基本面以外，各國總體經濟之政策如利率、匯價、商品行情、產業前景、政府措施以及金融穩定、政局變化，甚至小道消息都有可能對股票市值有些影響，投資大眾對於所欲投資之股票若有

專業之分析能力，較能降低投資之風險。

🔵 12–8　證券市場邁向國際化

各國證券交易在 1980 年代以前多屬國內買賣和投資，而 1980 年以後，由於證券市場趨向國際化、自由化，使得許多國際投資者或共同基金經理人均可以到國外股市去買賣外國之證券；例如在倫敦國際證券市場 (London's International Stock Exchange)，有許多國際知名公司的股票在該市場掛牌上市進行交易；除了美國櫃檯交易之電腦系統 NASDAQ 與倫敦之交易系統 SEAQ 及新加坡交易系統連線外，常有各國之知名公司在其他國家之國外股市掛牌上市 (dual listing) 或向多國之股市掛牌上市 (multiple listing)，這種情形一方面可以提高公司之國際聲譽和品牌形象，一方面也可以向國際取得融資的管道，只是各國之會計制度或有差異，必須符合外國當地之證券交易法規以及調整公司的會計制度，以符合國外證券市場之監督要求，等於增加了一些掛牌上市之作業成本。

> **金融小百科**
>
> **股票存託憑證**
> 由國外之公司將其股票存託於本地某些上市銀行之「海外分行」作保管，而由本地銀行就該股票之價值發行出售「存託憑證」給本地投資人，流通於市面，雖然本地投資人擁有國外公司之股票，但該股票係由發售存託憑證銀行之海外分行代為保管，將所收取國外之股息分配給股東，並記錄投資股東之股票股利、股票分割、代為扣繳股息所得稅等，以便利本地投資人對海外股票作投資。

除了直接在國外股市掛牌上市之外，公司欲向國外融資之另一種管道就是利用「股票存託憑證」(depository receipts) 的方法向海外募款。例如美國、英國、荷蘭及臺灣均各自發行其美國股票存託憑證 (American Depository Receipts; ADR)、英國股票存託憑證 (British Depository Receipts; BDR)、荷蘭股票存託憑證 (Netherlands Depository Receipts; NDR) 及臺灣股票存託憑證 (Taiwan Depository Receipts; TDR) 等，可提供海外之外國公司在本地取得融資的正常管道。

證券市場之國際化除了上述直接在國外掛牌上市、或者購買代理海外股票發行之銀行的存託憑證外，亦有公司透過國際銀行團在世界各地發行「離岸」股票以取得國際融資。這種在本國境內劃出一部分地區當做境外交易之行為，雖不受本國及其他國家證券法之約束，但仍須接受國際證券經紀商協

會 (The International Securities Dealers Association) 之相關交易法規之束縛。

　　表 12–2 及表 12–3 分別為 2008 年 8 月 20 日及 8 月 21 日歐美及亞洲主要股市之行情表。

　　如果對照表 12–2、表 12–3，可以看出 2008 年 8 月 20 日歐美股市中除了米蘭、蘇黎世及布魯塞爾等股市小跌作收以外，歐美其他國家之股市均開出紅盤。同時，亞洲及紐澳股市卻只有雅加達、紐西蘭小紅作收，其他地區卻普遍下挫。國際資本之流動使得外資亦可至世界各地投資，歐美、亞洲各國之股票價格之波動，就處於外資、國內法人機構及投資大眾多方競逐之局面，其連動性和競爭性更加深了全球股市都受到外資買超或賣超的龐大資金之動向影響，必須密切注意外資之動向才能得到正確的投資分析。

表 12–2　歐美主要股市行情表

2008 年 8 月 20 日

股市	8 月 20 日收盤	漲跌
紐約道瓊工業指數	11,417.43	+68.88
倫敦金融時報百種指數	5,371.80	+51.40
巴黎證商公會 40 種指數	4,365.87	+33.08
法蘭克福 DAX–30 指數	6,317.80	+35.37
多倫多 300 綜合指數	13,350.14	+286.29
米蘭 MIBTel 30 指數	21,659.00	−71.00
蘇黎世 SMI 指數	7,100.01	−15.17
布魯塞爾 20 種指數	3,000.52	−1.88
阿姆斯特丹 AEX 指數	402.59	+3.84
布拉格 PX 指數	1,440.00	+8.50
墨西哥 IPC 指數	26,865.04	+132.93
巴西 BOVESPA 指數	55,377.15	+1738.46
智利 IPSA 指數	2,824.68	+7.22
阿根廷 MERVAL 指數	1,740.26	+12.48

資料來源：《工商時報》金融行情看板

表 12–3　亞洲及紐澳主要股市行情表

2008 年 8 月 21 日

股市	8 月 21 日收盤	漲跌
東京日經指數	12,752.21	−99.48
香港恆生指數	17,039.06	−539.20
曼谷交易所指數	676.53	−13.52
新加坡海峽時報指數	2,713.47	−38.28
雅加達證交所指數	2,088.25	+18.55
吉隆坡證交所指數	1,071.43	−1.78
馬尼拉綜合指數	2,656.92	−24.74
首爾綜合指數	1,512.59	−28.12
孟買 30 種指數	14,243.73	−434.50
澳洲普通股指數	4,949.60	−47.90
紐西蘭 50 種指數	2,932.06	+0.03

資料來源:《工商時報》金融行情看板

12–9　金融海嘯衝擊股市

　　2008 年 7 月傳出美國兩大房屋貸款公司——房地美和房利美發生了經營上之困難; 9 月 15 日金融市場又傳來擁有 158 年歷史之美國第四大投資銀行雷曼兄弟 (Lehman Brothers) 因為身陷財務危機而宣布聲請破產保護,引發金融海嘯,之後美國最大之保險公司 AIG (American International Group) 也需美國政府出面紓困營救,使得全球股市開始普遍下跌。截至 2008 年 11 月 10 日歐美及亞洲的主要股市之行情列如表 12–4 及表 12–5 所示。而表 12–6 及表 12–7 則將各該國歷經 2008 年金融海嘯後之股價指數漲跌之百分比分別列出。

　　由表 12–6 及表 12–7 可以看出 2008 年 8 月到 10 月所發生之金融海嘯對各國股市普遍造成負面影響,只是影響之程度各不相同,但是不難了解全球化的金融市場相互間的衝擊互動是在所難免的。如何從市場之基本面去強化各國之經濟體質,提振經濟和促進產業發展,該是各國財經當局最迫切要達成的目標了。

表 12-4　歐美主要股市行情表

2008 年 11 月 5 日

股市	11 月 5 日收盤	漲跌
紐約道瓊工業指數	9,139.27	−486.01
倫敦金融時報百種指數	4,530.73	−108.77
巴黎證商公會 40 種指數	3,618.11	−72.98
法蘭克福 DAX−30 指數	5,166.87	−111.17
多倫多 300 種綜合指數	9,887.20	−229.38
米蘭 MIBTel 30 指數	17,536.00	−214.00
蘇黎世 SMI 指數	6,177.15	−222.83
布魯塞爾 20 種指數	2,199.43	−34.23
阿姆斯特丹 AEX 指數	279.44	−11.69
布拉格 PX 指數	904.00	−31.40
墨西哥 IPC 指數	20,446.77	−1,088.50
巴西 BOVESPA 指數	37,785.66	−2,469.14
智利 IPSA 指數	2,596.18	−30.97
阿根廷 MERVAL 指數	1,135.79	+12.68

資料來源:《工商時報》金融行情看板

表 12-5　亞洲主要股市行情表

2008 年 11 月 10 日

股市	11 月 10 日收盤	漲跌
東京日經指數	9,081.43	+498.43
香港恆生指數	14,744.63	+501.20
曼谷交易所指數	456.44	+7.37
新加坡海峽時報指數	1,883.01	+19.52
雅加達證交所指數	1,332.82	−5.54
吉隆坡證交所指數	904.53	+10.58
馬尼拉綜合指數	1,938.97	+17.63
首爾綜合指數	1,152.46	+17.97
孟買 30 種指數	10,536.16	+571.87
澳洲普通股指數	4,060.00	+53.40
紐西蘭 50 種指數	2,837.85	+46.20

資料來源:《工商時報》金融行情看板

表 12-6　歐美主要股市歷經 2008 年金融海嘯之指數對照

股市	8 月 20 日收盤	11 月 15 日收盤	漲跌幅
紐約道瓊工業指數	11,417.43	9,139.27	−20%
倫敦金融時報百種指數	5,371.80	4,530.73	−16%
巴黎證商公會 40 種指數	4,365.87	3,618.11	−17%
法蘭克福 DAX–30 指數	6,317.80	5,166.87	−18%
多倫多 300 種綜合指數	13,350.14	9,887.20	−26%
米蘭 MIBTel 30 指數	21,659.00	17,536.00	−19%
蘇黎世 SMI 指數	7,100.01	6,177.15	−13%
布魯塞爾 20 種指數	3,000.52	2,199.43	−27%
阿姆斯特丹 AEX 指數	402.59	279.44	−31%
布拉格 PX 指數	1,440.00	904.00	−37%
墨西哥 IPC 指數	26,865.04	20,446.77	−24%
巴西 BOVESPA 指數	55,377.15	37,785.66	−32%
智利 IPSA 指數	2,824.68	2,596.18	−8%
阿根廷 MERVAL 指數	1,740.26	1,135.79	−35%

資料來源：《工商時報》金融行情看板

表 12-7　亞洲主要股市歷經 2008 年金融海嘯之指數對照

股市	8 月 21 日收盤	11 月 10 日收盤	漲跌幅
東京日經指數	12,752.21	9,081.43	−29%
香港恆生指數	17,039.06	14,744.63	−14%
曼谷交易所指數	676.53	456.44	−33%
新加坡海峽時報指數	2,713.47	1,883.01	−31%
雅加達證交所指數	2,088.25	1,332.82	−36%
吉隆坡證交所指數	1,071.43	904.53	−16%
馬尼拉綜合指數	2,656.92	1,938.97	−27%
首爾綜合指數	1,512.59	1,152.46	−24%
孟買 30 種指數	14,243.73	10,536.16	−26%
澳洲普通股指數	4,949.60	4,060.00	−18%
紐西蘭 50 股指數	2,932.06	2,837.85	−3%

資料來源：《工商時報》金融行情看板

本章習題

一、選擇題

（　）1. 道瓊工業指數 (Dow Jones Industrial Average) 之計算是依據　(A)美國各紅籌股之股價加權平均而來　(B)美國 30 支產業藍籌股之股價加權平均而來　(C)美國 30 支優先股之股價加權平均而來。

（　）2. 英國金融時報證券指數是依據　(A) 1,000 種　(B) 30 種　(C) 750 種股票之股價編製之加權平均數。

（　）3. 香港恆生指數所計值之 33 檔股票之總值占市值之　(A) 30%　(B) 50%　(C) 70%　以上。

（　）4. 中國大陸之 B 股是以美元或港幣報價及結算，其內涵為　(A)以傳統、生化、高科技及網路股為主　(B)以傳統產業股為主，專供外國人從事股票交易　(C)以高科技股為主，專供本國人從事交易。

（　）5. 2008 年 8 月起發生金融海嘯使全球主要股市之股價下跌，主要原因為　(A)股市投機者過多　(B)全球景氣衰退，股市泡沫　(C)結構性風險大。

二、問答題

1. 美國之標準普爾 500 指數 (Standard & Poors 500 Index) 為何可以作為衡量美國整體經濟表現之股價指數？

2. 亞洲新興市場之特色為何？

3. 中國大陸之股票市場主要分為哪二大種類？兩者有何不同之特色或限制？

4. 解釋「股票存託憑證」(depository receipts) 之意義和作法。

Chapter **13**

國際基金市場

13-1　共同基金之意義

　　共同基金是一種由參與投資者匯集資金並交由專業資產管理機構（如投信公司）代為操作投資和管理資產的業務形式，其投資之收益及風險均由投資人共同分擔，通常適合作為小額投資人之理財工具。世界上最早出現之第一支基金為荷蘭國王威廉一世在 1822 年所創立的私人基金，邀集其皇親國戚及大臣共同投資。之後，在 1868 年，英國政府首先設立「倫敦國外及殖民政府信託基金」，創立了第一個證券投資信託公司，其基金主要用來投資國外及海外殖民地之政府公債。1942 年美國麻州的麻薩諸塞公司設立了第一支麻薩諸塞投資信託基金，成為由公司開創共同基金之先例；為了健全基金發行及管理的運作，美國更於 1940 年訂定了「投資公司法」，進一步成為日後各國仿效之共同基金法理基礎。依據 1990 年諾貝爾經濟學獎得主威廉・夏普 (William F. Sharpe) 之看法，共同基金可算是一個最能分散風險並且降低成本之投資工具；對一般投資大眾而言，基金若依照其發行架構作分類，可以分為公司型 (corporate type) 基金與契約型 (contractual type) 基金兩大類型。分別說明如下。

> **金融小百科**
>
> **威廉・夏普**
> 為 1990 年諾貝爾獎得主之一，其所提出的資本資產模型 (CAPM) 對證券價格理論作出了重要的貢獻。CAPM 說明了分散投資組合只能消除非系統性風險而無法消除系統風險，所以購買金融證券皆必須承擔系統風險。

公募基金

一、公司型基金

　　公司型基金首先是由公司發行股份而由投資人購買其股票後成為公司之股東，股東依照公司法可以行使各項權利。當募集之基金達相當之規模後，公司可與基金公司簽約，委由基金公司來管理及操作此一匯集之基金。許多歐美之證券投資信託公司均具有公司型基金的業務性質，其中最明顯之範例為股神巴菲特的波克夏海瑟威 (Berkshire Hathaway) 控股公司之公募基金。

二、契約型基金

契約型基金通常是由投資者，保管銀行及基金公司共同簽訂信託契約，一方面由基金公司發行受益憑證給投資人，並由基金公司之專業人員負責操盤及善加管理基金；另一方面，由保管銀行負責保管投資人所投資之基金資產，而投資所產生之利潤則歸於投資人所有，臺灣境內之基金泰半屬於契約型基金。

不論如何，以上兩種基金均屬於公募基金，可以在市面上作公開之發行，為一般民眾可以透過保管銀行在市場上公開投資及招募之基金。

私募基金

此外，另有一種私募基金 (Private Equity; PE) 是由投資信託公司在國內向銀行業、票券業、保險業、自然人等特定對象進行招募，目前法規限制該種私募資金每檔之特定對象總數以 35 人為限，既不得公開對大眾作宣傳，亦不會揭露基金之內容，僅對外公布其總規模和基金之支數。此一私募基金係依據 1949 年美國哥倫比亞大學亞佛・瓊斯 (Alfred Winslow Jones) 教授提出之投資基金概念，由投資信託公司向特定對象募集基金而成立，其投資之標的物主要包括股票、基金、債券和各種有價證券等，但因私募基金不作公開之發行，其銷售及贖回皆為基金管理人透過與投資人協商之方式完成，所以並非本書涵蓋之範圍。

金融小百科

亞佛・瓊斯
被尊稱為「避險基金之父」，1949 年創立「瓊斯避險基金」。其基金操作方式強調選股的能力，對於優於市場表現的股票利用融資買進，而低於市場表現的股票則放空股票，如此利用槓桿與放空的操作方式，不論在多頭或空頭市場皆有獲利的機會。

13–2 臺灣基金市場

臺灣自 1983 年 7 月開始，吸取日本及韓國之經驗，而成立了第一所「國際證券信託投資公司」，除了引進僑外投資資金外，更鼓勵機構投資者之加入，是為境內第一所基金管理公司；該公司不僅在海外募集掛牌，並將其資金投資於臺灣股市，充分發揮引進外資之功能。

兩年後，政府又核准光華、建弘及中華三家投信公司加入臺灣基金市場；

復於 1992 年再度核准怡富、富邦、寶來、中信、萬國、元富、統一、元大、永昌、臺灣、京華等 11 家投信公司進入市場營運，其基金係以法人機構為主要銷售對象，並自 1996 年 9 月起核准投信公司可以投資海外市場之基金，使得臺灣基金市場更加蓬勃發展，先後陸續有群益、友邦等本土投信公司踴躍加入，又有外籍投信公司包括花旗、慶豐、得盛等投信公司亦紛紛至臺灣發展，使臺灣基金市場出現競爭激烈之局面，投資人有了更多的選擇空間，而各檔基金投資之主要標的包括股票、債券和各種有價證券等，形成多角崢嶸的局面。

臺灣為了配合證券投資基金業之發展，先後頒布之法源依據包括「證券投資信託事業管理規則」、「華僑及外國人投資證券及其結匯辦法」以及「證券投資信託基金管理辦法」，而全臺第一家「國際證券投資信託股份有限公司」在歐洲發行之「臺灣基金」是臺灣第一檔共同基金，開臺灣基金市場迎向國際化之先河。隨著臺灣高科技產業之發展，投資人增加對共同基金投資之意願，尤其自 1996 年以後，臺灣投信公司之家數以及共同基金之淨資產總額日益增加；截至 2007 年底臺灣已有 43 家投信公司，總共發行超過 500 檔之共同基金，淨資產總額已逾新臺幣 2.02 兆元以上，發展得極為迅速。我們可以依據其基金主要投資標的物而簡單將其歸類為股票型基金、債券型基金、股票債券平衡型基金、貨幣市場基金、跨國投資組合型基金以及資產證券化型基金等，種類極多；而近年由於環保意識抬頭，加上地球可用資源及能源之日益匱乏，最新的綠色能源開發成為歐美大國之競逐目標，因此又出現所謂貴金屬基金、特殊產業基金等等，五花八門，我們可以分別簡介如下。

13-3　共同基金之類型

依照基金投資之標的區分的基金

一、股票型基金

股票型基金主要將匯集之資金投入股票市場上各種類型股票之買賣，其

流動性高、報酬高，但相對地具有較大的投資風險，而其主要目的為賺取資本利得。

二、債券型基金

主要投資於各種債券，賺取利息；因其流動性高，獲許多追求穩定收益之投資人所青睞，而較高於市場之債券利息水準為其主要獲利來源。

三、貨幣市場資金

是以投資貨幣市場之金融工具如歐元、英鎊、美元、日圓等外匯為標的的基金，其流動性靈活，獲利普遍高於銀行之活期儲蓄存款，加上投資之風險低，一般可作為短期性之投資，亦可作為基金轉換或避險時之投資工具。

四、保本型基金

保本型基金將投資人之本金投資於債券，另將其所孳生之利息再投資於高風險、高報酬之投資工具上；倘若不幸高風險之投資失敗，最起碼可以領回接近本金之資金數額；但若投資結果良好，則能取回高於本金之收益；所以稱為保本型基金。

五、指數型基金

指數型基金是依照股價指數中各股所占之比例作為選股之準則，導致該基金之績效與大盤之股價指數具有一致性之震盪及漲跌，對於一般投資人會看大盤卻不易選股者而言是較佳的投資標的。

六、貴金屬基金

在全球貴金屬資源儲存量有限而使用量與日俱增之情況下，貴金屬基金之投資經理人會將 $\frac{1}{5}$ 以上之資金投資於貴金屬或其相關之有價證券上，以獲取穩定之收益。

七、全球資源基金

主要基金投資之標的物是以全球資源——例如石油、礦業及農產品等為主要投資標的，目的是針對全球資源之稀少性以及其未來價格上漲之預期作為投資之判斷。

八、全球綠能基金

針對全球性日益普遍的環保訴求以及綠色能源——如太陽能、風力、生質柴油等相關產業之證券化商品作投資，係著眼於該綠色能源產業之前瞻性和未來性作為理財之依據。

九、特殊產業基金

主要投資於特定領域——例如國際精品產業、不動產證券化產業作基金之投入，其投資之範圍愈小時則風險愈高，但利潤高低之變化隨著全球景氣之趨勢連動性亦愈大。

綜上所述，共同基金是匯集許多小額投資人之小錢而湊成大額金錢後，將之交給專業經理人或專業機構操作管理以賺取利潤的一種集資式的投資工具；而主要投資之標的除了股票、債券、期貨和短期票券等有價證券之外，亦有黃金或其他貴金屬、能源、農產品期貨、選擇權和房地產等，內容豐富。

依照投資區域區分的基金

一、單一市場基金

單一市場基金通常是以投資某單一國家之金融工具而設立，其投資之風險高，但若基金投資之單一國經濟景氣興旺時，其所獲得之利潤亦相對較高。相反的，若該單一市場股市或經濟波動時，由於單一市場無法分散系統風險，一旦該市場之股市發生震盪，該單一市場基金之跌幅就相當可觀了。

二、區域型經濟

當基金之投資標的分散於某些特定地區——如歐洲、新興亞洲或拉丁美洲等區域時，稱為區域型基金，其投資報酬及風險較單一市場基金分散，基金淨值之波動相對亦較低。

三、全球型基金

基金投資之標的分散於全球各國之金融工具上，因此其投資標的十分廣泛，可達到分散風險之目標，淨值波動之幅度亦相對最低，普遍為追求穩定之低風險投資者所接納。

依照基金之銀行發行方式區分的基金

一、封閉型基金

封閉型基金對外發行之總規模為固定數值，當發行量達到總規模後，就不再接受投資人買進或賣出；此時若仍有投資人想要買賣基金，必須在證券交易市場內買賣，類似股票交易之方式，所以又稱之為交易共同基金。因此，封閉型基金的價格取決於市場之供需而定，與實際操作基金之單位績效淨值不一定完全相等。

二、開放型基金

開放型基金對投資大眾隨時開放；當社會大眾向基金公司購買基金時，會使基金之規模擴大；反之，若社會大眾出售基金時，將使基金之規模縮小，但以主管機關核定之規模為上限。所以基金之買賣價格是以績效之單位淨值為準。而市面上出售者大多是屬於開放型基金。

依照基金投資標的所承擔之風險高低區分的基金

一、積極成長型

有些基金投資之特性是追求最大的資本利得，所以通常投資於高科技股票、新公司股票以及認股權證等風險甚大的標的，藉以賺取最高的利潤，因此具有高風險、高報酬的特性，舉凡認股權證基金、小型股基金和特殊產業基金等，都屬於積極成長型基金。

二、成長型

金融市場上大多數基金具有之特性是追求長期穩定的成長，所以基金多投資於大型績優股或有潛力的股票上，具有增值與保值的雙重效果，而此種基金有中高風險和中高報酬的特性，以股票型基金為其代表。

三、平衡型

凡基金之名稱上註明有「平衡」字眼者，其投資的主要目的是在追求資金的成長和穩定的收益，故大多將資金投資於獲利穩定股票及有固定收益的債券上，屬中風險、中報酬的基金，故以平衡型代表其投資之特性，即在基金投資之獲利及風險上取得其平衡。

四、收益型

有些基金之特性為追求定期的收益，因此基金經理人將資金多半投資於有固定收益的債券、票券及定期存款，偶爾也購買少部分的股票，主要以債券型基金為主，故可獲得定期之收益。

五、固定收益型

當投資者不願冒太大之風險，卻想追求穩定的收益時，其基金多投資於有固定收益的債券、票券、本票及定存等，風險及利潤均較上述之收益型基

金為小，此種固定收益型可以貨幣型基金為典型。

⚫13–4　共同基金投資流程

　　由以上各節可知共同基金是證券投資信託公司以發行受益憑證的方式，在證券暨期貨管理委員會之監督下，募集大眾投資人的資金、委由專業之投資信託機構之基金經理人操盤並投資多樣不同種類的證券、債券或貨幣以達風險分散之效果；投資人可隨時將其所購買之基金份額贖回，以取得投資之收益。相關之投資流程如圖 13–1 所示。

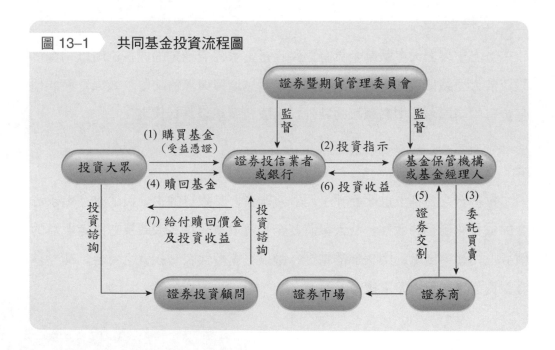

圖 13–1　共同基金投資流程圖

　　由圖 13–1 可知共同基金投資流程之大綱，至於基金之申購及贖回，也有其標準的作業方式，茲將其細節說明如下。

　　一般人申請基金時主要有兩種方式：單筆申購或定期定額。分別說明如下。

單筆申購

採用單筆申購之投資人，可以選擇在適當之買進時點上，將相對大額之款項對某一共同基金進行單筆之投資。

投資人單筆申購共同基金時，通常須攜帶身分證影本、印章、申購總金額、填寫申購書及印鑑卡親至證券投資信託公司或代辦銀行之櫃檯辦理申購手續，經投信公司核印開戶後完成申購。之後若再申購該投信旗下之其他基金，就只須憑印鑑卡來辦理，當天即能進行基金之買賣。大部分投信公司或銀行對已經開戶之客戶亦可提供網路或電話購買基金之服務。

定期定額

一般投資大眾若無鉅額或大筆資金作投資之行為時，亦可以採用定期定額方式每個月固定投入數千元之少量資金作定期定額之基金投資。這種定期定額之投資主要是採用「平均成本」之概念作理財工具。因為在股價上揚，市場呈現多頭走勢時，由於每單位基金之淨值相對較高，買進之受益憑證單位數較少；但若市場為股價下跌的空頭走勢時，基金之淨值也下跌，所以每個月自投資人的銀行或郵局帳戶中自動扣款之資金可以買到較多單位的受益憑證；因此長期而言其平均成本比較低。

範　例

●例一： 定期定額計算──多頭走勢

例如當市場為股價上揚之多頭走勢時，某一投資人定期定額每月投資 NT$6,000 時，長期而言，其平均買進基金之單位成本仍可較單筆大額申購者為低，例如下表 13-1 所示。

表 13-1　多頭市場之基金走勢

	每月定期投資金額	基金淨值（新臺幣）	買進單位數
1 月	NT$6,000	$10	600.0
2 月	NT$6,000	$12	500.0
3 月	NT$6,000	$15	400.0
4 月	NT$6,000	$20	300.0
總計	NT$24,000		1,800.0

由上表可知，該投資人目前：

總投資金額：NT$24,000；

買進總單位數：1,800 單位；

平均每單位買進成本：NT$13.33（即 NT$\frac{$24,000}{1,800}$）。

該投資人若於第四個月將基金賣出（即贖回）時，可以淨賺 NT$12,000，因第四個月基金淨值為新臺幣 20 元，所以：

$$NT\$20 \times 1,800 - NT\$24,000 = NT\$12,000$$

由上表可以看出定期定額之購入基金，在多頭走勢時可以降低每單位基金之買進成本 (NT$13.33 < NT$20)。

範 例

●例二：定期定額計算——空頭走勢

同樣在股價下跌，市場為空頭走勢時，定期定額申購基金，不但可以使平均買進成本降低，亦可買入較多之基金單位，如表 13-2 所示。

表 13-2　空頭市場之基金走勢

	每月定期投資基金	基金淨值(新臺幣)	買進單位數
1 月	NT$6,000	$18	333.3
2 月	NT$6,000	$15	400.0
3 月	NT$6,000	$12	500.0
4 月	NT$6,000	$10	600.0
總計	NT$24,000		1,833.3

由表 13–2 知該投資人目前：

　　總投資金額：NT\$24,000；

　　買進總單位數：1,833.3 單位；

　　平均每單位買進成本：NT\$13.09，（即 $\dfrac{\$NT24,000}{1,833.3}$）。

該投資人若於第四個月將基金贖回，即在空頭市場贖回，虧損 5,667 元（即 NT\$10 × 1,833.3 − NT\$24,000 ＝ −NT\$5,667），此時可以先行暫停每月之扣款，或持續扣款攤平每單位買進成本，等待基金淨值日後升值時再賣出也不遲。

　　由表 13–2 可以看出採用定期定額來購買基金，在空頭市場時，可以買到較多之基金單位數，使每單位基金之買進成本更形降低。一般而言，基金適合長期投資，短期市場之波動對基金之風險影響較小，投資者多半須注意基金之贖回時必須要在基金淨值較高點賣出，即可獲利。

13–5 各類共同基金之介紹

　　由以上各節可知共同基金之種類繁多，不易窺其堂奧，為了進一步了解國際基金市場之實際狀況，我們可以將一些範例加以解釋如後。

各類共同基金之簡介

一、新興亞洲基金

　　新興亞洲基金是以日本除外之亞洲其他新興經濟體為投資之區域，其基金所涵蓋之投資範圍包括中國、印度、臺灣、南韓、香港以及東南亞國協的10 國——菲律賓、越南、泰國、新加坡、馬來西亞、印尼、緬甸、汶萊、柬埔寨、寮國等，更有基金經理人亦將澳洲及紐西蘭納入者。此一基金係屬於區域型基金，並以該新興亞洲地區之股票作為投資之標的，所以是股票型基金之類型。

　　1997 年新興亞洲地區因金融風暴使經濟發展受到一些阻礙之後，重新採行多種振興經濟之措施，挾著該地區廣大之人力資源、較低之生產成本而得以再度出發，成為世界主要之工廠生產基地，以至於出口暢旺，經濟高度成長，相對而言其國民所得、股市指數普遍較世界之其他區域升幅為高，全球諸多財經投資專家均普遍看好新興亞洲地區之成長契機，使該地區成為諸多全球布局投資組合中不可或缺之一環。此為區域型及股票型基金之一例。

二、JF 東協基金

　　JF 東協基金持股之分布主要是以新加坡、印尼、泰國、馬來西亞和菲律賓等東南亞國協中經濟成長表現穩健之國家股市為主。

　　東協各國因其地理位置優沃、人力資源豐富、氣候適宜工廠設立、可全年開工，加上具有 2010 年與中國大陸、日本、南韓成立自由貿易區 (Free Trade Area; FTA) 之遠景，其經濟成長之空間較大，亦為許多投資人士所普遍看好的地區之一。此亦為區域及股票型基金之一例。

三、新興歐洲市場基金

　　歐洲市場幅員廣大、物產豐饒，而俄羅斯、波蘭、捷克、匈牙利、土耳其等中、東歐國家被認為是新興歐洲市場，主要是由於該地區之國民教育水準普遍高於亞洲及拉丁美洲等國，且各該國位於歐亞之心臟中樞地帶，而東歐地區隨著政治上日益朝向自由經濟體系邁進後，各項地方建設蓬勃發展，帶動了經濟成長之速度；該地區除了在原物料方面有豐沛的天然氣和石油，可以獲得極厚之利潤和外匯收入外；諸多國際知名之汽車製造公司包括德國的福斯集團、法國的標緻、雪鐵龍、日本的豐田等均紛紛在東歐設廠，使各國的就業機會普遍提升，配合該地區的高人力素質和豐沛的能源以及完善的基礎建設，帶動了該地區金融市場之繁榮，亦使得以投資該新興歐洲地區之股票、債券及各種金融商品之諸多種類的基金獲得投資人之青睞。

四、金磚 4 國相關基金

金磚 4 國 (BRIC) 包括巴西 (Brazil)、俄羅斯 (Russia)、印度 (India) 及中國 (China)，是被許多經濟學家視為 21 世紀中影響人類極其深遠之經濟體系；4 國在能源、天然資源和資本市場上均扮演相當重要的角色。一般人認為，繼 18 世紀工業革命、19 世紀現代化浪潮以及 20 世紀大規模生產、通訊以及高科技產業產生了對人類生活之重要影響之後，金磚 4 國挾著其充沛之人力資源和制度之修正改革並全方位從事基本建設後，吸引了龐大的全球資金，在國際金融市場上形成了一股全面吸引外資，沛然莫之能禦的強大勢力，將促使國際經濟的版圖重新洗牌。其中尤以巴西與俄羅斯主要在原物料之供應上得天獨厚而將成為世界上最主要之原物料供給國；而中國和印度則分別成為世界上最主要之製造工廠和高科技服務之供應國。有關金磚 4 國相關之體質比較，列於表 13–3。

表 13–3　金磚 4 國體質比較表

	中國	印度	巴西	俄羅斯
今年預估人口數（億人口）	13.27	11.47	1.92	1.41
今年平均國民所得（美元）	3,153	1,083	8,959	12,276
2009 年 GDP 年增率 (%)（估）	9.4	7.2	3.5	7
2009 年 CPI 年增率 (%)（估）	2.5	5.8	69	12.3
2009 年企業盈餘成長率 (%)（估）	12.3	18.8	14.3	5.3
外匯存底 (2008.9)	19,060	2,584	2,050	5,561

資料來源：JPMorgan（摩根富林明資產管理）

一般人對金磚 4 國之投資股票型基金者，只有印度基金可直接在臺灣投資；而另有間接投資新興市場之基金，如新興歐洲基金、拉丁美洲基金和大中華基金等則分別涵蓋俄羅斯、巴西和中國。上述不論是新興歐洲市場基金或金磚 4 國相關之基金亦屬於股票型基金。

五、霸菱全球資源基金

一般而言全球資源基金之投資標的主要為各種以能源、基本金屬、貴金屬、現金及其他原物料等軟性商品之股票或有價證券等，我們可以用霸菱全球資源基金為例，加以說明如下。

霸菱全球資源基金是由 1762 年成立於英國倫敦之霸菱資產管理公司 (Baring Asset Management) 於 1994 年 12 月 12 日設立該項基金，其註冊地為愛爾蘭的都柏林，該基金持股之分配能源占 40%、基本金屬占 32%、黃豆等軟性商品占 11%、貴金屬占 11%、現金占 5%、其他占 1% 左右，其投資之比重依照經濟走勢做調整，足以知悉其資金主要是投資於全球性之原物料及能源等資源而得名。

第二次世界大戰之後，人口持續增長，所需使用到之食品、建材、金屬和能源等資源也日益攀升，造成全球性石油、能源和原物料之普遍搶手而價格日益走揚，因此這種以全球資源相關之股票、債券、有價證券等為投資標的之基金，頗具前瞻性。惟原物料基金之走勢與原物料價格有關，在 2008 年金融海嘯之後，石油、黃金等原物料價格下跌，使全球資源相關基金淨值也下跌。

六、全球綠能趨勢基金

隨著全球文明和科技之進步，人類生活的方式成為不斷地追求迅速和效率，為了取得能源，許多工廠或家庭在燃燒石化燃料時所排放出來之二氧化碳、二氧化硫、甲烷、氟氯碳化物及廢棄煙塵等，影響到的不僅是臭氧層之破壞，更產生溫室效應而導致全球氣候異常變遷，近年來水災、旱災、風災、雪災等發生的頻率日益增加，引起了世界上許多國家普遍尋找和發展新的綠色能源，以降低傳統能源如汽油、燃煤和天然氣等石化燃料之使用量。目前

最受大眾矚目的綠色能源的開發研究範圍包括太陽能、風力發電、地熱、海水溫差、波浪、潮汐、海流以及生質能等，其中尤以風力發電及太陽能發電在科技先進國家如丹麥、德國、美國及日本等均蓬勃發展，投資設廠之研發團隊及推廣機構紛紛設置，使綠色能源也成為現今及未來之明星產業。

由於國際一致認為綠色清潔能源的重要性與日俱增，不少基金之投資大眾也對綠色能源產製研發相關企業之股票及有價證券之投資深感興趣，因而設立了不少國際綠色能源的相關基金。

普遍說來，綠色能源係指對環境友好之清潔能源，狹義上，包括水資源、生物能、太陽能、風能、地熱能和海洋能等；廣義而言，綠能基金亦涵蓋在生產及消費的過程中選用對生態環境低污染或無污染之能源如天然氣和清潔煤等產業。由於綠色能源普遍被認定具前瞻性和未來性，所以亦有所謂的綠能避險基金——其所操作之標的必須與環境保護有關，甚至包括乙醇、碳權交易和生質燃料等。國內外發行之綠能概念基金為數不少，舉凡美林新能源、**KBC** 全球替代能源基金、水資源基金以及德盛安聯全球綠能趨勢基金等，均屬於綠能基金範例。

七、全球平衡基金

平衡型基金之投資策略是在獲利與風險二者之間取其中庸之道，在中度之風險水準下以穩健之步伐來投資獲取不錯之利潤。臺灣第一檔德盛安聯全球計量平衡基金更是以運用動態策略計量模組、嚴謹地控管各項投資風險、降低人為因素，配合紅綠燈投資機制，投資於全球之股票、債券及衍生性金融商品等，以追求相對穩定之報酬。其投資區域涵蓋美洲、歐洲及亞洲，靈活地選擇股票、債券及貨幣市場標的物，當股市看多時，這類型基金可增加投資於股票之比重；但股市震盪看空時，則大幅增加投資於債券或貨幣市場之比重，為全球平衡基金之特色。

金融小百科

碳權交易

指的是二氧化碳的排放權交易。面對全球暖化的危機，各國簽訂的《京都議定書》明確規範各國的二氧化碳的排放量。為了鼓勵各國盡力達成減量目標，《京都議定書》也設計了碳權的交易機制，讓達成減量目標的國家可以將多餘的排放量賣給無法達成目標的國家以獲得利益。

金融小百科

紅綠燈投資機制

為德盛安聯全球計量平衡基金的特殊專有的投資策略，此一投資策略利用動態策略投資組合模組(Dynamic Strategic Portfolio; DSP) 模組，並衡量模組內的各類資產之風險預算值與預期獲利的達成率，並配合「正循環因素」與「反循環因素」，以綠燈(增加)、黃燈(持平)、紅燈(減少) 等燈號調整DSP 模組內的資產配置，以達到最佳的報酬率。

八、國際精品基金

國際精品基金之主要投資標的是以全球性高價精品品牌的股票為主，所涵蓋之精品產業包括時裝、精品皮件、化妝品、汽車、珠寶、鐘錶、香水、通訊、旅遊、酒店及賭場等行業。由於第二次世界大戰之後，人類普遍享受到經濟成長所帶來的好處，當社會上較富裕之人數增加後，精品名牌時尚之競逐在年輕之世代中逐漸蔚為風氣，甚至由上流社會擴展到中產階級，使奢侈品之市場愈形擴大，相關時尚產業之市場占有率在各國產業中均普遍上升。

由於各項精品名牌在其消費者心目中代表高品質、高品味、具獨特性以及成功等形象，使許多品牌之愛好者願意多花點錢來換取最優質之產品和服務。加上許多新興市場的新富階級崛起，普遍帶動了精品消費之成長，不少知名精品品牌的股票也成為國際精品基金投資之標的物。

臺灣目前核准之精品基金泰半是針對各種精品業者中具相當高的毛利率、公司盈餘和品牌聲響者進行投資，因此其涵蓋產業範圍包括汽車、名牌皮包、大飯店、遊樂場、名牌鞋、百貨公司等具有跨國知名度之企業的有價證券和金融商品為主，例如百利達全球品牌 (Parvest Global Brands) 企業基金、華頓全球時尚精品基金、景順消閒基金、安泰 ING 全球品牌基金以及華南永昌全球精品基金等，不但投資於精品企業、有成長潛力之消費日用品以及各類休閒事業外，亦有分散風險而投資於傳播媒體、汽車、化妝品、珠寶、名錶及航空公司等多項產業者。惟精品基金的績效普遍與經濟繁榮指標具相當高的連動性，通常在股市穩定、經濟大幅成長或是已開發國家的數目增加，國民所得提高時，精品基金之投資比較有獲利之能力。

九、全球債券基金

債券基金之投資標的是以歐美政府公債、全球型債券以及歐、亞新興市場債券為主。由於債券基金之波動幅度較小，風險也比一般股票型基金為低，適合投資者在較佳之時機作單筆較大資金之投資進場，或為國際上作風保守，

欲降低投資風險者之最佳選擇。但因債券型基金之種類多,其特性亦有差異,市場主流可歸納為以下 4 類。

1. 歐美政府公債基金

此種債券基金主要投資於美國和歐洲政府發行之債券為主,投資者可以採用美元及歐元等貨幣計價,其投資金額大,而投資風險亦低。

2. 全球債券基金

此基金之投資是以全球已開發國家績優的政府公債為對象,除了歐、美以外,亦包括一些新興國家債如亞洲、拉丁美洲、東歐和俄羅斯等國公債,以提高債券基金的利息收益。

3. 新興市場債券基金

顧名思義,新興市場債券基金是以全球新興國家的政府公債與各該公司債為投資標的,其與股市之連動性較高,風險及波動亦較大,往往票面利率高於歐美政府公債之 1 倍以上,一般適合於積極型之投資者,但相對而言投資這些國家本身之系統性風險也比較大。

4. 高收益債券基金

通常高收益債券基金主要投資於新興市場債券或者歐美、亞洲與拉丁美洲低於標準普爾公司評等 BBB 級的公司債等,由於標的物之公司債的信用評等較低,故投資風險亦較大,因此這種債券以享受較高收益之配息吸引眾人投資。

許多債券基金之獲利來自於配息收入、匯兌收益與基金之價差。所以債券基金多半會對投資者給予固定之配息,通常政府債券之配息率約在 4%～6% 之間,而公司債與新興市場債之配息約在7%～9% 之間,可採用每季或每月配息之方式以現金配息或可選擇將配息自動轉入再投資之資金中。當股市發生大幅震盪之際,債券基金亦成為極佳之避險工具,而吸引資金挹注使債券價格走揚,若以外幣計價,未來亦可能獲取匯兌收益,可算是一種相對穩定之金融工具。

由於股票市場具有高度的投資風險,往往在發生一些意料之外的事件時,

> **金融小百科**
>
> **標準普爾公司評等**
> 針對公司債所作之信用評等,分為 AAA、AA、A、BBB、BB 以及 B 以下等級,其中 BBB 以上等級之公司債為值得投資之等級,而低於 BBB 以下之公司債之信用較差而不值得投資。

會引起股票之價格大幅度地震盪波動，當全球大多數股票之市面價值紛紛走低，債券基金就成為股市資金的最佳避險工具了，這是由於債券基金是將固定配息作為主要收入，而其發行主體又多屬各國政府公債、公司債等穩健運作之機構，故在股市震盪時期，許多債券基金如富蘭克林坦伯頓全球投資系列──全球債券基金、邁倫全球債券基金 (Mellon Global Bond Fund)、瑞士銀行新興市場債券基金等，都成為資金穩健投資之標的。

十、不動產投資信託基金

投資人可以透過不動產證券化投資信託基金 (Real Estate Investment Trusts; REITs) 間接投資各地之商用不動產，其投資之類別大約可分為兩種；一種是以本地投信公司針對全球各地之不動產證券化的標的物作投資為主，採取一般共同基金的方式申購；另一種則由集團或地產業者發行國內商業不動產之 REITs，透過上市、上櫃市場進行交易的封閉型基金。由於不動產價值之攀升，有賴於各該不動產市場之經濟大環境穩定持續成長，因此 REITs 基金之投資大多數是針對全球精華地段之資產，以不動產證券化方式作為買賣標的物外，若該 REITs 另採取每月配息之方式發放利息的話，更使投資大眾趨之若鶩。

一般配息之利率約維持在 4%～4.5% 之間，其配息收益之來源主要來自許多大樓或商用不動產租金的收入，以及資產買賣增值之價差，根據其主要投資大樓所在的國家、地區、地段、屋齡、承租客戶之層級和信用評等不同，市面上發售許多種類的不動產證券化投資信託基金，若投資者所購為海外發行之不動產證券化基金，則其配息來源及基金價差可算是境外所得，依照臺灣目前的法律規定，投資者之境外所得享有免稅的優惠，此為海外發行之 REITs 大賣之原因。大體上國內 REITs 多採信託制，泰半由建商委託金融機構管理，增資不易且投資的標的物集中；而國外發行之不動產信託基金則多採公司制，其發行公司之資產較為龐大，投資標的物可涵蓋辦公大樓、購物中心、工業廠房等，市場開發動力強且不動產與股市連動性較低，具有抵制通

貨膨脹壓力的特性。

　　目前由臺灣投信公司所發行之不動產證券化基金種類不下 20 餘種，例如元大全球地產建設入息基金、富邦全球不動產平衡基金、金鼎亞太地產基金、ING 歐洲不動產證券化基金及台壽保亞太不動產化基金等不配息或配息之類型，亦為國際金融新商品的類型之一。

十一、指數股票型基金

　　指數股票型基金 (Exchange Traded Funds; ETF) 為可在「交易所買賣之基金」，是一種兼具股票及共同基金特色之金融商品。

　　指數股票型基金商品具有以下兩種特性：首先，ETF 基金必須在集中市場掛牌交易，其買賣方式與一般上市、上櫃股票相同；通常 ETF 基金之淨值表現會緊貼股票指數之走勢，而指數之成分股即為 ETF 基金之投資組合──包括股票之標的、家數、權重均相同，二者之間有著指數連動的關係。通常 ETF 基金持有與大盤指數相同之股票，但將其分割成許多單價較低的投資單位並發行受益憑證給投資人。

　　ETF 基金之另一特性為它擁有一套獨特的「實物申購／買回」機制。具體而言，ETF 基金之交易可以分為初級市場與次級市場兩類；在次級市場交易時，買賣 ETF 基金與買賣一般股票相同；但在初級市場上，則要透過「實物申購／買回」機制來從事交易，其申購方式是先由投資人依照指數之權重將固定比例之股票以及每基金單位的等值股利金額交給 ETF 基金之管理機構去操作；若操作之結果管理機構創造出新的 ETF 基金單位後，即將之轉進投資人在證券交易所之託管帳戶中。至於實物買回之機制方式則是由投資人將某一基數或整數之倍數的 ETF 基金單位交還給 ETF 基金管理機構，而管理機構則依照指數之權重在將固定比例之股票及每基金單位的等值股利金額轉入投資人在證券交易所的託管帳戶中。

　　至於 ETF 基金之投資組合與股票之標的、家數、權重均相同，而其淨值之表現會緊貼股票指數之走勢，那麼我們先以「臺灣發行量加權股價指數」

作說明。

臺灣發行量加權股價指數是由臺灣證券交易所所編製的股價指數,臺灣證券交易所採用「柏謝加權算式」(Passche Formula),是反映整體市場股票價值變動的指標,也是臺灣最為人熟悉的指數,它係以上市股票之發行量當作權數來計算的股價指數,採取樣本為所有掛牌交易中的普通股。其計算公式為:

$$指數 = 當期總發行市值 \div 基期年之股票之市值 \times 100$$

當期總發行市值為各採樣股票價格乘以發行股數所得到之市值之總和,因此,發行公司的市值愈高,發行之股數愈多,所占指數的權重就愈高,這就是典型的權值股。發行量加權股價指數係以 1966 年為基期,基期年的指數設為 100,其採樣之樣本除特別股、全額交割股外,其餘上市股票均包括在內。

在臺灣,若投資人買進臺灣 50 指數 ETF 基金,等於買進了臺灣市值最大的 50 家上市公司股票組成之投資組合。

由於「實務申購/買回機制」的應用,每當 ETF 基金在初級與次級市場(即證券交易所)之間出現折溢價情況,機構性投資人的套利買賣就會隨之而至,以縮小兩個市場之間的價差,使一般投資人在交易所(次級市場)實際進行的交易價格與基金淨值幾乎完全一致。此外,由於「實務申購/買回」都是以股票進行,因此也不會遇到開放型基金的現金贖回壓力,發行機構不用保留資金來應對贖回,所以 ETF 基金能讓資金獲得更充分的運用。

全球第一檔上市的 ETF 基金為美國證券交易所於 1993 年發行之 SPDR 基金,之後 ETF 基金發行之質量快速增加,目前全球已發行超過 300 檔之 ETF 基金,其中較為知名的有道瓊工業指數基金、NASDAQ100 指數基金、史坦普 500 指數基金,均為追蹤股票市場之指數基金類型;另有美國指數基金、MSCI 英國指數基金、半導體指數基金和金融指數基金等是以國家或產業類別選出績優表現之成分股而組成之指數型基金。

十二、農金趨勢基金

人類在近百年來，石化工業之大幅開發，加上生活方式對環境不利，產生諸多溫室效應氣體例如二氧化碳、一氧化二氮、氟氯碳化物等，另有國際性之產業為了取得低廉之木材以及發展畜牧業取得低成本之牛、羊肉等，大肆開發能調整地球溫度及保存各種原始物種之熱帶雨林，使得地球之平均溫度有逐年上升之趨勢；在氣候變遷之後，全球農耕地越來越少，人口之數目卻不斷增加，導致全球糧食供不應求，相當吃緊。

另一方面，為了替代價格日益上升之石油、柴油等能源，許多政府機關或研究機構開始研究生質柴油或節能酒精（乙醇），利用農業中的綠能作物諸如大豆、玉米、葵花子或油菜子所榨出之油摻入柴油或其他能源中，供消費者作選擇，期能降低用油成本，因其採用了部分農產品，以至使原已供應不足之農產品之價格節節上揚。而替代能源如乙醇之生產則使用到大量的玉米，也使得農產品之供給不足、捉襟見肘。農產之再製品如各種酒類之價格亦為了反映成本而調升售價。

在畜牧業方面，汽油價格提高，使牛奶由農場運至市場的運輸成本增加；而前述之替代能源又使用到玉米，而玉米正是乳牛的主要飼料，當玉米之價格上漲後，飼料成本增加亦導致全球牛奶應聲漲價。根據芝加哥交易所之數據顯示，自 2007 年 9 月至 2008 年 4 月間，玉米每英斗之單價由 350 美元調漲至 500 美元，小麥由每英斗 250 美元升至 1,000 美元，黃豆則由每英斗 900 美元漲到 1,300 美元，使得以往不太受人們重視的農業產品，半年之間變成珍貴的農金製品，連一粒玉米都顯得珍貴。目前主要投資於農牧產業的各種農業企業，均大幅度成長。就以 DAX 全球農業綜合企業指數 (DAX Agribusiness Index) 涵蓋之範圍包括家畜類（約占 5.6%）、酒精與生質柴油（約占 2.3%）、農業化學（約占 34.3%）、農業產品製造（約占 33.5%）、農業機構設備（約占 24.3%），該指數成為國內、外諸多農業基金之投資標的產業，使農金基金可以與農業發展趨勢互相配合。

至 2008 年中，全球人口總數已達 65 億，使農產品之需求量每年以 3.3% 之幅度成長，但近年地球之氣候異常、生態失衡，加以新興國家的農地因蓋工廠或開發都市而大量減少，能生產糧食的農耕地變成稀有珍貴的資產，全球農業之增產亦相當困難。供不應求之局面下，農產品之價格自然節節上揚。

尤有甚者是自 2007 年各國簽署《京都議定書》之後，許多政府面臨了二氧化碳排放量的限制，使替代性能源之研發和使用勢在必行，更導致生質作物如大豆、玉米、小麥、糖價持續上升，間接促使投資農業市場相關產品之農金基金價值大幅揚升。其中較為投資大眾所熟悉者包括德盛安聯全球農金趨勢基金以及華南永昌全球神農水資源基金，均為看好農金產業未來長期發展之基金。

十三、黃金基金

黃金基金投資之標的物並非直接購買黃金，而是購買黃金礦脈類股之股票，也就是以購買擁有開採權之金礦公司股票或是開採黃金為業之公司股票為主；此外尚有投資黃金生產製造商或黃金冶煉工業以及其他貴金屬如白金、銀或珠寶公司之股票，認股權證或可轉換公司債等，均屬於黃金基金之買賣標的物。

黃金基金既是以投資於黃金相關產業為主之基金，所以其屬性為單一特殊產業之股票型基金，由於其投資領域範圍較小，基金之標的有限，故風險高，但相對利潤也高，淨值之波動性大。臺灣境內較知名之黃金基金有美林世界黃金基金、友邦黃金基金、天達環球黃金基金以及新加坡大華黃金及綜合基金等。

不論黃金、貴金屬、礦業均為天然資源，而天然資源又多為各種工業製品之原物料，整體而言，我們可以將原物料基金區隔為天然資源和農產品二大類，如圖 13-2 所示。

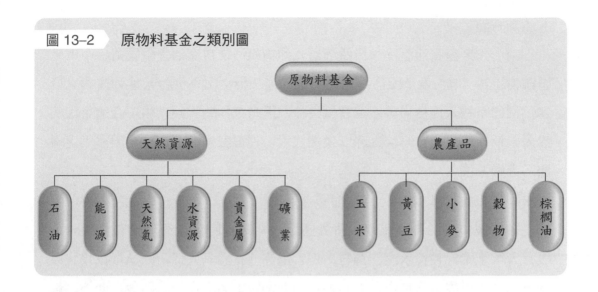

圖 13-2　　原物料基金之類別圖

各類主題基金產生之因

上述各類主題基金之產生，其目的是針對購買基金之投資者有各種不同之偏好與需求，在金融商品多樣化之市場上，投資者可以作出適合其屬性的投資抉擇。

由各種共同基金之說明，可以看出由於金磚 4 國和拉丁美洲、亞洲等新興市場的崛起，國際金融之主流商品已經不再限定以美國、歐盟及日本等經濟體系為開發來源；加上近年歐元順勢成為全球強勢貨幣，石油價格從 2001 年 11 月的最低點每桶 16.7 美元上漲到 2008 年 7 月每桶達到 142.47 美元之高價位之後，世界原物料之重要性和稀有性亦受到大眾普遍的重視，成為國際投資之寵兒；換句話說，除了英、德、法、義、日、美六大經濟強權外，出產豐富原物料之巴西、俄羅斯、印度和中國的興起，又順勢帶動其周邊地區——例如中歐、中亞和中東之經濟發展，撐起了全球經濟持續攀升的潛力。而一般人所認定之新興市場也就涵蓋了上述各地區，其中以新興亞洲、拉丁美洲及東歐最具代表性，其最大之優勢不外乎出產豐富之能源、原物料、農產品或強大之內需，導致下列各種不同來源的主題基金之產生，分別說明之。

1. 能源方面

由於人類對石油之需求日益殷切，油價飆漲使得產油之俄羅斯、中東地區賺得不少外匯；為了因應油價之高漲，連帶衍生出不少替代能源產業之發達，例如某些政府機構或產業嘗試由糖、玉米等作物榨油，依照合適之比例摻入柴油，成為生質柴油以降低供油成本，使得農產品之價格也因需求之增加而大幅上漲。

2. 原物料方面

在新興市場的各國賺取大量外匯之後當地政府也紛紛開始積極投入建設、大興土木，使得水泥、鋼料、銅、鐵等建材需求上揚，而諸多以投資原物料為主之世界礦業基金在原物料普遍上漲聲中創下良好的績效，此外，黃金在美元走軟之情況下，因市場搶手而價格上揚。

3. 農產品方面

以往人民貧困之新興國家，在經濟崛起之後，國民所得大幅提高，對農產品之需求大增；地球氣候變遷，全球農耕地越來越少，再加上國際間替代性能源之發展也需要使用農產品，使得小麥、玉米、大豆等大宗農產品價格攀升，以投資農產品為主之農業生技和農業類基金也就應運而生，成為金融市場上最夯的商品。

4. 內需方面

新興市場人口普遍眾多，帶動一些以民生必需品如食品、紡織、通路等產業為主之投資，商機無限，人口眾多之新興國家也就成為各路人馬搶進投資之吸金大國，資源湧入之後，帶動了新興市場相關基金之發展和熱賣。

所以全世界基金之種類數量龐大，可以由許多不同的角度來分類，基本上依照其所投資的標的物分類的話，就包括股票型基金、債券型基金、貨幣型基金、原物料基金（包括天然資源和農產品）、綠能相關基金及指數型基金等；若以基金之其他屬性來區分也有各種不同之類別，不論是何種基金之投資都須在市場上取得比較完整的資訊如基金長期的績效表現、風險評估，並配合投資者個人之特質，作資源之配置，才能作出正確的投資選擇，取得較佳之投資收益。

13-6　基金之計價方式

基金之計價方式是以每「單位淨值」作逐日之計算，通常依據「基金淨資產價值」(Net Asset Value; NAV) 除以其基金發行之總單位數而得之。亦即：

$$基金之單位淨值 = \frac{基金總資產價值 - 總負債}{基金發行總單位數}$$

由於共同基金之投資標的每日之市價不同，因此基金之單位淨值在每個營業日均有差異，所以每筆基金在申購時，係依照每檔基金之單位淨值來計算其可以買到之單位數量。其購買之方式可以單筆大金額 1 次購買若干單位；也可以用定期定額的投資，逐月依照其購買日之單位淨值按月買得若干單位數，直到投資者欲將基金贖回時，基金公司將投資者所購買之總單位數乘上申請贖回後之次一個營業日的單位淨值，即為投資者贖回基金的總價值。理論上該筆基金之投資報酬率之計算，係依照下列公式估計：

$$基金投資報酬率 = \frac{基金之贖回淨值 - 申購之淨值}{申購之淨值}$$

例如甲君申購某筆基金時，基金單位淨值為美元 20 元，贖回時淨值攀升至 25 元，在不計算手續費等費用之情況下，投資報酬率為 25%，亦即 $\frac{(25 - 20)}{20} = 25\%$。

當申購之基金投資區域為跨國界時，如果所投資地區貨幣相對升值時，投資人可以在贖回時賺得匯率之差價。

由本章 13-3 節所述，封閉型基金對外發行總規模為固定數值，當發行量達到總規模後，就不再接受投資人買進或賣出，所以根據合約，封閉型基金比較容易出現折價 (discount) 或是溢價 (premium) 的交易。溢價指封閉型基金市場的買賣價高於基金單位的淨資產價值，泰半指買家多於賣家。折價則指封閉型基金的市場價格低於基金單位淨值，多半是指供過於求。封閉型基金淨值 (NAV) 的計算方式，等於基金的總資產淨值除以基金的單位份額總數，封閉型基金既然容易出現折價與溢價之情形，代表較高投資風險。另外

在 ETF 基金方面，ETF 基金之特性是追蹤標的物指數之表現，使其市價能貼近基金淨資產價值，所以很少會出現 ETF 基金淨值市價低於淨值或出現高於其淨值的情況。

另一方面，由於開放型基金對投資大眾隨時開放，所以其出售之價格是以購買時該基金績效之「單位淨值」為準，也就是買進一支開放型共同基金當天之「單位淨值」為買進價格。具體而言，開放型基金之資產大多包括上市或上櫃公司之股票市值及債券現值以及短期票券、附買回債券、銀行存款、應收出售證券款項、受益權單位銷售款、股利及利息等項目之總值；而基金之負債通常包括應付之買入證券款項、受益權單位買回款項、經理公司費用、基金保管機構費用以及應付收益分配等項目；而一般共同基金之資產及負債情形通常會在基金之季報、年報及基金經理公司給投資人之報告書中揭露。

例如某一檔基金之總資產有新臺幣 50 億元，負債為 5 億元，則基金之淨資產值為 45 億。假設該基金現在發行在外之受益憑證共計 1.5 億單位，表示該基金之單位淨值（即今日之價格）為 NT$30。

若某君今日投資 3 萬元買入該支基金，即某君買進了 1,000 單位之基金。在投資共同基金時，投資人之獲利來源除了以低價買進高價賣出而獲取的資本利得 (capital gains) 以外，亦有部分基金可對基金持有人提供「配息」收益。因此，在計算基金之投資報酬率時，除了以基金之淨值的增減獲取資本利得外，若基金本身另有配息時，亦須把配息之報酬也加入計算。換句話說，共同基金之獲利來源有下列 3 項。

一、資本利得

為投資人所選購之基金由專家進入標的物市場操盤後，投資人將基金在贖回時之市場淨值減去其買入基金時之每單位淨值之差價，乘以其持有之單位數後，可以獲取資本利得，為基金最主要的收益來源。

二、利息收入

　　債券型基金、貨幣型基金或平衡型基金之操控通常會在債券市場或貨幣市場上買賣一部分政府債券、短期債券或公司債等，這類型之基金會有利息之收入。

三、股利收入

　　一般而言，股票型基金主要投資於股票，當股票上市公司有定期發放股利給股東時，不論是現金股利或是已實現之股票股利，基金經理人有時會將這部分股利收入分配給基金持有人。

　　通常股票型基金為了追求淨值之成長，不太傾向於自己配息；因為基金之收益在未分配前算是基金資產之一部分，如果沒有配息，則基金淨值成長較高，本身即為增加基金的市場價值。

　　債券型基金或貨幣型基金之性質為重視定期分配收益給投資人，並不追求基金淨值的高度成長，所以會定期配息，如果投資者追求能有定期之收入時，可以選擇有配息策略且配息較多之共同基金；但若投資者是以追求基金淨值之長期成長在贖回時賺取最大之資本利得為目的時，則可選擇無配息或配息少的高淨值成長的共同基金。

　　此外，共同基金在申購時如果是直接向基金公司購買，則不會有買進之手續費的問題，但一般人透過銀行或其他金融機構申購，則會繳交一定百分比之手續費，因此實務上基金淨投資報酬率之計算方式應列如下式：

$$基金淨投資報酬率 = [基金贖回或目前之現值 - 申購淨值 \times$$
$$(1 + 手續費率) + 基金之配息] \div$$
$$[申購淨值 \times (1 + 手續費)]$$

13-7 共同基金風險評估指標

　　一般而言，高報酬之基金會伴隨較高之風險，但若能在報酬相近的同類

型基金中根據指標來挑選風險比較低的基金，較能符合投資之目的。有關基金風險評估的指標有下列 4 種。

一、年化標準差

年化標準差 (annualized standard deviation) 是用來計算基金淨值在一段期間內波動的程度，再將計算出來之標準差加以年化。由於共同基金的標準差是用來計算基金之報酬在某一特定期間和其平均值相差的程度，亦即偏離平均值上下波動的程度。所以當計算出來的年化標準差之值愈大時，表示該基金淨值的波動愈大，故其風險也愈大。在不同基金之報酬相近時，可以選擇年化標準差較小的基金，以降低投資風險。

若投資某檔基金時間剛好滿 1 年即十二個月時，則根據該基金十二個月之平均月報酬率 $(\bar{X})$ 為準，計算出每個月之月報酬率標準差 $(X - \bar{X})$ 之平方和後除以 12，再開平方，得月標準差如下：

$$月標準差\ \sigma_{\bar{X}} = \sqrt{\frac{\sum_{i=1}^{n}(X_i - \bar{X})}{12}}$$

得到月標準差後，加以年化即：

$$\sigma_{\bar{X}} \times \sqrt{12} = \sigma_{\bar{X}} \times 3.46$$

可得年化標準差。

一般而言，年平均報酬率為過去數年報酬率之平均值，基金之平均報酬率加上二個標準差之值，大約是基金最佳狀況時的報酬率；同理，基金平均報酬率減去二個標準差之值，大約是基金最差狀況時的報酬率。因此以平均報酬率為中心，上、下各二個標準差（共四個標準差）代表基金最好績效與最壞績效間總報酬的差距。

所以，年化標準差愈小者，代表報酬率波動之幅度愈小。

二、貝他 (β) 係數

股票型基金最大的風險來自市場風險，市場風險又稱系統性風險；當市場

上散戶信心不足時，任何政策改變，不實之謠言或戰爭，外資撤離都容易引起恐慌性之賣壓，使股價走低，連帶促使股票型基金淨值也下跌。

為了衡量股票型基金所面臨之市場風險之大小，可以採用「貝他 (β) 係數」作指標。通常對某一市場先設定其大盤股價指數的 β 係數為 1，若同一期間某一支基金之 β 係數大於 1 的話，表示該支基金之波動性比市場大盤股價還劇烈，亦即基金的風險性愈高。此時若市場大盤漲的話，則基金之漲幅更多；反之，若大盤跌的話則該基金跌幅更大；依此類推。

三、夏普指數

夏普指數 (Sharpe ratio) 是用來衡量該檔基金之報酬率扣除無風險資產之報酬（超額報酬）率後，用來估計承擔每一單位風險該基金所創造出來之超額報酬。

有關「無風險資產之報酬率」一般採用市場定存利率或短期國庫券利率來計算。相關之表達公式如下：

超額報酬率 = 基本報酬率 − 無風險資產報酬率

夏普指數 = 超額報酬率 ÷ 標準差

在同類型基金中，若計算出來之夏普指數愈高表示該基金所獲得之超額報酬率也愈高，因為夏普指數衡量了超越無風險資產之正常報酬之後，該基金額外可取得之標準化超額報酬。

範　例

●例三：夏普指數

例如甲基金之年報酬為 18%，其年化標準差為 8%，而當年五大行庫 1 年期之定期存款年利率平均為 2%，而甲基金之夏普指數為 (18% − 2%) ÷ 8% = 2。

另有乙基金之年報酬率為 17%，其年化標準差為 3% 時，乙基金之夏普指數則為 (17% − 2%) ÷ 3% = 5。

此時，就甲、乙兩檔基金比較而言，乙基金超額報酬獲利率相對於其波動風險而言較甲基金為優，換句話說，雖然甲基金之年報酬率 (18%) 比乙基金 (17%) 來得高，但若加上風險程度之考量，則乙基金之夏普指數 5 高於甲基金之夏普指數 2，表示乙基金投資人所承擔之每單位風險所創造出之超額報酬比甲基金為高，也就是每單位風險可獲得之報酬率乙基金優於甲基金之表現。

四、資訊比率

資訊比率 (information ratio) 用來衡量基金本身之績效與同類型基金績效比較之相對表現及穩定程度。相關之表達公式為：

資訊比率 =(基金報酬率－同類型基金之平均超額報酬率)÷標準差

若資訊比率愈高者代表該檔基金優於同類型基金，而超過比率愈高者愈是表現績優。

若將上述基金風險之四大評估指標作總結可將其列於表 13-4，以說明各基金評估指標之目的和意義。

表 13-4　基金風險評估指標之內涵

評估指標	衡量目的	風險程度之意義
年化標準差	計算基金淨值在一段期間內每年淨值波動之程度。	年化標準差愈小，表示該基金淨值的波動較小，故風險較小。
β 係數	衡量股票型基金所面臨之市場風險之大小。	若 β 值小於 1 時，表示該基金比市場大盤股價整體報酬率之波動為小，風險較小。
夏普指數	就基金所創造出來，優於無風險資產報酬之超額報酬部分，投資人承擔每一單位風險可獲得之相對收益評比。	基金之夏普指數愈高，表示投資人於獲得無風險資產報酬後，就該基金所承擔之每單位風險獲得的相對超額收益較大。
資訊比率	用以衡量基金本身之績效與同類型基金相比之相對表現及穩定程度。	資訊比率愈高者，代表該檔基金優於同類型基金之表現愈佳。

13-8 基金淨值的影響因素

共同基金是金融商品之一種，因此總體經濟面之諸多因素亦會影響到基金之淨值。我們可由以下五方面加以分析。

一、中央銀行之貨幣政策

由本書第 7 章可以得知各國中央銀行之貨幣政策主要有三大政策工具，包括存款準備率、重貼現率和公開市場操作。

當中央銀行採行擴張性之貨幣政策，如降低存款準備率、降低重貼現率或至公開市場上買入票券及其他有價證券而釋出新臺幣時，都將會促使股市及基金之價格走揚，因為這些擴張性之貨幣政策都會增加市場上的可用資金，進而激勵股市之買氣，增加股票需求，使股價上揚，帶動基金之淨值也上漲。

相反地，如果中央銀行採用緊縮性之貨幣政策，例如提高存款準備和重貼現率，或到公開市場上出售票券或其他有價證券而吸收市面部分新臺幣回到央銀，減少了市場上之可用資金時，都會使股市或基金之價格下跌。

因此，投資大眾可以檢視目前市場上之資金流通情形並預測或注意中央銀行的貨幣政策，將自己手頭之資產作配置。例如當物價上漲得太快，通貨膨脹率太高時，中央銀行為了穩定物價或防止非理性之市場行為，勢必採取緊縮性之貨幣政策，對股票型基金不利，此時基金之投資以有固定收益性質之債券型或平衡型基金較為合適。反之，當景氣衰退、經濟停滯、利率太高或貨幣供給不足時，央銀為了刺激景氣復甦，極可能採取擴張性之貨幣政策，此時以增加股票型基金之資產配置較為合宜。

二、貨幣供給量

市場上貨幣流通總數量之多寡，也會顯示在金融商品之價位上。當市場上貨幣供給 M_{1B} 年增率大於 M_2 年增率時，表示可用之資金較多，注入股市之可能性增加，有推動大盤上漲的動能，基金之走勢亦可能上揚。相反地，

若 M_{1B} 年增率低於 M_2 之年增率時，市場上可用資金減少，不利於大盤之上漲，基金之淨值亦可能跟著下跌。

三、利率水準

利率水準對金融市場的影響是最直接且敏銳的，一般投資者均會對美國聯邦準備理事會 (Fed) 的利率調升或調降十分關心，因為利率變動會影響到各種不同金融商品之相對優勢和機會成本，投資者也因此會據以修改其投資策略和資金的配置。

每當美國聯邦準備理事會主席宣布調降利率若干碼（每碼為 0.25%）時，利率調降會刺激股市及基金之上漲；因為原本存於銀行收利息之資金之收益將相形縮水，為了獲取更高收益，投資者會將一部分資金由銀行存款轉向股市和匯市，連帶推動了基金淨值的上揚。

相反地，假若 Fed 主席宣布調升利率時，通常會立即使股價作出下跌之反應，使股票型基金之淨值有下修之趨勢，此時投資者反而傾向於有固定利息收入的債券型基金之布局。因此可見利率政策之方向可以左右股票型基金之淨值以及影響投資者資產組合之配置。

四、物價水準

消費者物價指數 (Consumer Price Index; CPI) 通常為衡量一般社會大眾所得之購買力強弱之指標，也是理財投資者在考慮物價水準變化時之主要參考值。通常 CPI 之上漲會抵消或侵蝕投資者之部分獲利結果。

另一方面，躉售物價指數 (Wholesale Price Index; WPI) 代表廠商欲大批出售之商品的成本。就基金資產之配置而言，當 CPI 長期上漲之幅度高於 WPI 時，代表廠商出售商品之價格高於成本，故廠商預期之利潤可增加，反映在其股票之價值上，使股票型基金之增值可期。

反之，若消費者物價指數之漲勢低於躉售物價之上漲幅度，表示廠商出售商品之成本高於價格之漲幅，故廠商所預期之利潤會減少，反映在其股價

上，將使股票型基金之淨值下跌。

進一步而言，假若消費者物價指數不斷地上漲而引發通貨膨脹時，投資者為求保值，可能將資金抽離股市而轉向投資不動產或黃金等保值性高的商品，因此股票市場之績效將下跌，進而影響到基金之淨值。

五、匯率變動

對本國發行之國內基金而言，本國貨幣相對於外國貨幣兌換之匯率主要反映在本國出口廠商之股票價格上。當本國之貨幣貶值時，表示本國商品之出口價相對便宜，可以增加本國外銷廠商之競爭力，表現在財務報表上是營收之增加，利潤之上揚，進而股價上升，基金淨值也水漲船高。

相反地，若本國貨幣升值時，將削弱本國外銷品之競爭力，使利潤下跌、營收減少、股價下跌，使基金之淨值也隨之下降。

另一方面，若長期而言，新臺幣有貶值之趨勢時，則投資人可以買進以美元或其他有升值趨勢之外幣計價之海外基金，除可享受海外基金本身之資本利得或配息之收益外，將來贖回時亦能獲得匯兌上之利益。

因此，由本節可以了解中央銀行之貨幣政策、市場上之貨幣流通供給量、利率水準、物價水準和匯率變動均會以不同之程度直接或間接影響到基金之淨值，投資者只要作正確之判斷，對相關基金之走勢就能預先作脈絡可行之合理分析。

◉13-9 海外共同基金之申購與贖回

由於國際金融商品之日益國際化，許多國內投資人也將投資之標的物擴展到海外共同基金的市場。海外共同基金之申購通常有兩種方式：可以直接向國內之代銷海外基金之銀行購買，或者向證券投資顧問公司購買，其流程分別如圖 13-3 及圖 13-4 所示。

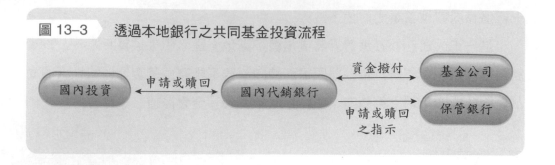

圖 13-3 　透過本地銀行之共同基金投資流程

　　依照圖 13-3 中之流程，國內投資人可以直接到某些海外基金之代銷銀行去辦理申購開戶，簽訂信託契約並指定購買某支海外基金，但由於銀行只是代銷基金而已，故投資人無法直接取得海外基金之「受益憑證」，銀行通常會發給投資人海外基金之「信託憑證」。

　　投資人直接向代銷銀行購買海外基金時，可以用新臺幣付款，但須額外支付 2%～3% 之申購手續費並且在贖回時交付 0.2% 或最低新臺幣 500 元之保管費。若有投資標的基金之轉換時，亦須交付轉換費用新臺幣 500 元等，但因其投資標的為海外基金，故無須課稅。

　　另外，投資人亦可直接向證券投資顧問公司購買，流程列如圖 13-4 所示。

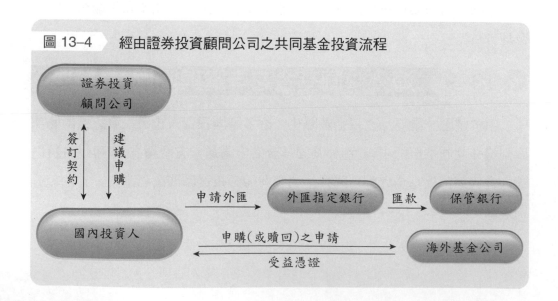

圖 13-4 　經由證券投資顧問公司之共同基金投資流程

　　圖 13–4 顯示投資人可以先向證券投資顧問公司洽詢有關基金之分析、推薦、現值、走勢、年平均報酬率等資訊，透過該海外基金經理公司在國內設立之證券投資顧問公司來申購該公司之海外基金。雙方簽約後，依規定證券投資顧問公司不能收受投資人之款項，投資人必須自行到銀行先申購該筆基金之外匯價款連同手續費在內，一併匯款至國外之基金經理（保管）銀行，惟按照財政部之規定每年每人最多可匯出總金額不得超過 500 萬美元到海外。

　　匯款完畢之後，可憑銀行製發之匯款收據連同個人身分證件等單據，到投顧公司辦理申購手續，二個月後可取得海外基金公司之受益憑證。

　　通常向證券投顧申購海外基金多屬單筆大額投資，手續費為 0%～5%，並依基金不同收取不同之保管、轉換或贖回費用，而無定期定額之服務。

13–10　海外共同基金之計算釋例

　　本章已將共同基金之來龍去脈做了一系列的說明，本節擬以海外共同基金之投資實例來解說基金獲利之計算實例。

範 例

●例四：向代銷銀行購買

張君於半年前獲得一筆年終獎金，總額為新臺幣 30 萬元，當時到海外基金代銷銀行買進一支以美元計價之全球資源基金，該基金之手續費為 2%，匯率為 US\$1：NT\$32，基金當天淨值 US\$37.25 元，則：

(1)張君申購基金總共應支付之費用為：

　　NT\$300,000 × (1 + 2%) = NT\$306,000

(2)張君可以取得信託憑證之總單位數計算如下：

　　NT\$300,000 ÷ NT\$32 = US\$9,375

即新臺幣 30 萬元之折合之美元現值；

　　US\$9,375 ÷ US\$37.25 = 251.68（單位）

為張君可以取得信託憑證之基金總單位數。

今假設張君在購買基金半年之後，由於需要一筆資金買車，決定將手中之全球資源基金賣掉，正式向銀行申請贖回基金，申請贖回時之美元匯率為 US\$1：NT\$32.6，而贖回時基金淨值為 39.5 美元，則根據這些資料可知：

(3)張君可以取回之新臺幣總值為 323,439 元，亦即：

US\$39.5 × 251.68 = US\$9,941.36

NT\$32.6 × 9941.36 = NT\$324,088

上述金額扣除贖回基金之保管費 0.2% 即 NT\$648 元後，實際領回金額為：

NT\$324,088 × (1 − 0.2%) = NT\$323,440

(4)張君半年之投資報酬率為：

$$\frac{(NT\$323,440 − NT\$306,000)}{NT\$306,000} = 5.70\%$$

範例

●例五： 直接向證券投資顧問公司購買

假設張君當時是直接向證券投資顧問公司購買該筆基金，手續費為 5%，贖回時不收保管費，其他條件不變，則投資報酬率為：

(1)張君申購費用總金額為：

NT\$300,000 × (1 + 5%) = NT\$315,000

(2)張君取得之受益憑證亦為 251.68 單位

(3)張君贖回基金時可以取得新臺幣共計 \$324,088 元

(4)張君向投顧購買基金之半年投資報酬率為：

$$\frac{(NT\$324,088 − NT\$315,000)}{NT\$315,000} = 2.89\%$$

由上例可以看出，購買及贖回基金時手續費率及匯率之不同，在其他條件不變之情況下，會影響基金之投資報酬率。贖回時新臺幣相對外幣貶值之

情況下,以外幣計價之基金可以換得較多之新臺幣;但若在新臺幣升值之情況下，外幣基金可能換得較少之新臺幣，此即所謂匯兌之風險。

三、定期定額投資海外基金

假若投資者以定期定額方式投資海外基金，其報酬率之計算，除了必須要考慮將每一次扣款日之基金淨值之外，尚須考慮扣款當日新臺幣兌換外幣之匯率。依照下列試算式依序計算，就能計算其獲利率了，重點說明如下:

1. 由於定期定額購買海外基金之契約上會註明每個月扣款日是 6 日、16 日或 26 日，就其中選定 1 天，所以每次扣款日所能購買到海外基金之單位數是以下式計算之:

$$扣款日購買基金之單位數 = \frac{扣款金額 \div 匯率}{基金當日淨值}$$

2. 投資者贖回海外基金時，可累計自買進日至贖回日所總共購入之基金總單位數。

3. 將贖回日之次一個營業日每單位基金之淨值乘以所購入之總單位數，可以得出外幣計價之贖回價金。

4. 以贖回日之次一個營業日之匯率乘上外幣計價之贖回價金，即為以新臺幣計價之贖回總價金。

5. 根據新臺幣計價之贖回總價金扣除總成本即可計算出投資報酬率。

範 例

●例六: 定期定額──贖回報酬率計算

張君以定期定額方式購買海外基金，約定每月 26 日自帳戶中扣款 NT$5,000 並支付手續費 2%，其相關付款明細、匯率及試算表格列如表 13–5 所示。

表 13–5　定期定額投資海外基金試算範例

扣款次數	扣款日	扣款金額（新臺幣）	匯率	扣款金額（折合美元）	基金淨值（美元）	購得基金單位	累計基金單位
1	1/26	NT$5,000	31.50	US$158.73	12.5	12.70	12.70
2	2/26	NT$5,000	31.48	US$158.83	12.5	12.71	25.41
3	3/26	NT$5,000	31.35	US$159.49	13.0	12.27	37.68
4	4/26	NT$5,000	31.20	US$160.26	12.5	12.82	50.50
5	5/26	NT$5,000	31.10	US$160.77	13.5	11.91	62.41
6	6/26	NT$5,000	30.56	US$163.61	14.0	11.69	74.10
總計		NT$30,000		US$961.69			74.10

投資半年後，張君擬贖回該海外基金以便赴泰國旅遊，其 7 月 5 日贖回基金，次一個營業日基金之淨值為 US$15，匯率為 US$1：NT$31.25，則其贖回價金可計算如下：

總扣款金額（新臺幣）＝ NT$30,000

總扣款金額（美元）＝ US$961.69

每單位基金平均成本（美元）＝ $\dfrac{US\$961.69}{74.10}$ ＝ US$12.98

基金贖回日次一個營業日淨值（美元）＝ US$15

贖回總價金（美元）＝ US$15 × 74.10

　　　　　　　　　＝ US$1,111.50

贖回總價金（新臺幣）＝ NT$31.25 × 1,111.50

　　　　　　　　　　＝ NT$34,734

由於：

$$基金投資報酬率 = \frac{贖回價金 - 扣款總金額 \times （1 + 手續費率）}{扣款總金額 \times （1 + 手續費率）}$$

故張君投資基金之投資報酬率之計算如下：

$$投資報酬率 = \frac{NT\$34,734 - NT\$30,000 \times （1 + 2\%）}{NT\$30,000 \times （1 + 2\%）} = 13.51\%$$

　　由以上之範例可以看出，張君定期定額投資基金，當基金之淨值跌價時，可以買入較多之基金單位數目；只要在基金淨值漲價時加以贖回，雖在新臺幣小幅升值由 US$1：NT$31.50 升至 US$1：NT$30.56 之情況下，基金仍可獲得 13.51% 之投資報酬率；如果適逢新臺幣貶值的話，將可再獲取更多匯率之差價，投資報酬率會更增加。

13–11 共同基金與景氣之連動

　　任何人進行投資布局時，都必須事先進行了解目前全球經濟景氣是處於哪一個階段，一般而言，基金市場之投資是屬於長期性質之投資，除了掌握基金面和題材面之資訊外，最重要的判斷是來自於經濟基本面。

　　通常經濟學家將景氣循環週期分為經濟復甦期、繁榮期（又分前期和後期）、衰退期和蕭條期四個大階段，如圖 13–5 所示，而一個完整的景氣循環大約需要涵蓋 5～7 年的期間，在每一階段適合進場投資的基金類型也不會完全相同，我們可以分別說明之。

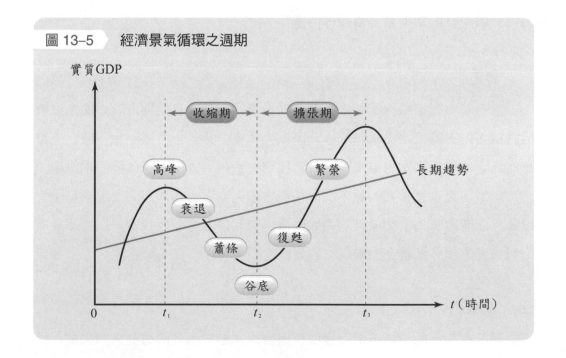

圖 13–5　經濟景氣循環之週期

一、復甦期

經濟復甦期開始後，人類的經濟活動由蕭條期復甦，此階段之經濟態勢因景氣逐漸活絡而投資增加，不僅工廠開始增聘工人以提高生產量，而且廠能利用率日益上升，此時尚無通貨膨脹的壓力，市場上利率持穩。

在經濟復甦期，經濟活動及投資開始增加，因企業獲利提高，所以股市也日漸活絡，但大部分投資人尚無把握景氣回升，所以會謹慎投資，但此時以積極成長之股票型基金為最佳投資。

二、繁榮期

當經濟持續向上成長之前期，閒置資源會被逐漸完全使用，人們對物品之需求增加導致工資或產品價格也連帶上揚，通貨膨脹的壓力開始顯現，這時投資之基金以成長型股票基金、不動產基金、黃金基金等為穩當之選擇。

在繁榮進入高原狀態之後期，為了抑制通貨膨脹，央行開始調升利率。這一階段企業獲利受到利率上升的影響而使得債券型基金面臨較大的壓力，所以貨幣型及股票型基金為較佳的選擇。

三、衰退期

當一年中有連續兩季發生經濟負成長時，則稱為衰退期，衰退期之經濟活動減緩，對勞工之需求也減少，所以失業率上升，企業獲利也下滑，工資及產品之價格也因需求減少而下降，民眾被迫削減支出，通貨膨脹率減緩。

衰退期之企業獲利明顯下滑，使股市步入空頭市場，不利於股票基金之投資。此時政府為了刺激經濟開始降息，有利於債券型之投資，以選擇政府公債為主的債券型基金為較佳之投資。

四、蕭條期

假若商業活動不斷下滑而經濟持續衰退，越來越多的勞動人口失業，經濟就步入了蕭條期。

　　經濟蕭條期股價下跌相當大的幅度之後，不少的銀行破產，勞動人口失業率逼近 20% 左右，股價低廉，為投資股票型基金不錯的時機，一方面可逐漸拉抬景氣回升，協助上市公司籌資，一方面又將在景氣復甦時，獲得長期投資之報酬，股市行家買黑不買紅，選擇體質佳之績優股長期投資，正是基金經理人之一貫策略。

　　綜上所述，共同基金因屬長期性之投資，所以其獲利程度，資產配置之適宜度和經濟景氣間有連動的關係；如果事先能洞悉景氣之現況而使基金選擇能配合現階段之景氣狀況將是比較符合大環境的長期投資抉擇。

本章習題

一、選擇題

（　） 1. 全球第一個由政府設立之信託基金是出自於　(A)荷蘭國王威廉一世的私募基金　(B)美國麻薩諸塞公司之投資信託基金　(C)英國之倫敦國外及殖民政府信託基金。

（　） 2. 新興歐洲市場基金是屬於　(A)單一國家型之債券基金　(B)區域性股票型基金　(C)全球型股票基金。

（　） 3. 金磚 4 國中，以原物料豐富而著稱的國家為　(A)巴西和俄羅斯　(B)中國和印度　(C)印度和俄羅斯。

（　） 4. 下列哪一種基金之投資標的以能源、基本金屬、貴金屬及原物料之股票或有價證券為主？　(A)新興亞洲基金　(B)JF 東協基金　(C)霸菱全球資源基金。

（　）5.若某一檔基金之 β 係數值為 1.32 時，表示該基金之淨值波動性　(A)
小於市場大盤股價之波動　(B)大於市場大盤股價之波動　(C)等於市
場股價之波動。

二、問答題

1. 原物料基金可以區分為哪兩大類別？各包含何種產品類型？

2. 夏普指數 (Sharpe ratio) 之意義為何？其值愈大愈好，還是愈小愈佳？為什
麼？

3. 解釋資訊比率 (information ratio) 之意義。

4. 經濟景氣循環一週期分成哪幾個階段？各階段共同基金之投資布局有何策
略可行？

Chapter *14*

衍生性金融商品

14-1　衍生性金融商品之起源

金融市場一般包含貨幣市場、資本市場、黃金市場和外匯市場，再加上由前述各市場的主流商品加以包裝組合為不同名目之共同基金在市面上流通銷售；其最初的交易型態係以「現貨」交易為主，換句話說，該項現貨金融商品必須在極短期間內完成銀貨兩訖的交易動作。

除了上述金融商品之現貨交易型態外，亦有在未來特定日期到期才兌現或履約之「期貨」交易行為。1848 年美國芝加哥開始成立商品交易所，最早由大豆、小麥、玉米、棉花等農產品開始進行期貨交易，之後將商品交易對象擴充到礦產品，主要針對一些重要之金屬如銅、鐵、錫、白銀和黃金之生產品之產銷從事「期貨」交易外，1972 年 5 月間芝加哥商品交易所 (Chicago Mercantile Exchange; CME) 首度成立「國際貨幣交易所」(International Monetary Market; IMM) 從事「外匯期貨」(foreign currency futures) 之交易，並陸續引進「黃金期貨」和「債券期貨」，例如 90 天期國庫券 (T-Bill) 及 20 年期之國庫券 (T-Bond) 期貨契約以及三個月期之商業本票契約等，使各種不同的金融市場之遠期信用工具進入了期貨市場。1974 年美國由原農業部從事期貨市場法規之制定，將商品交易所之業務改由「商品期貨交易委員會」(Commodity Futures Trading Commission; CFTC) 接管。之後不久，紐約期貨交易所 (New York Futures Exchange; NYFE) 於 1981 年起也陸續開始辦理主要貨幣期貨契約、可轉讓定期存單等之期貨契約。次年，更推出「紐約證券交易綜合指數」(NYSE Composite Index) 之指數期貨契約為商品。

英國亦為金融發達之國家，在 1982 年創立「倫敦國際金融期貨交易所」(London International Financial Futures Exchange; LIFFE) 從事各種歐洲貨幣之「利率期貨」(interest rate futures)。

1979 年以後，加拿大、澳大利亞、新加坡、日本、香港以及世界其他國家也陸續成立了金融期貨市場。相對於前面章節所述之「現貨」交易作比較，上述「期貨」金融商品之合約價值是依附於原基本金融商品之現貨價格而決

定的，所以稱之為衍生性商品 (derivative securities)，泛指在金融市場中，由現貨基本交易商品所衍生出來的金融工具。

14-2　期貨市場之發展

　　現貨交易 (spot transaction) 是人類最早之交易方式，其交易之物品除了服務業以外，均是以「實物商品」為買賣之標的；即使是國際間商品之交易也必須是於貨品製造完成並依照約定日期在約定之交貨地點，將製成之實物商品交付後，依約取得貨款。之後，為了避免貨品下訂單、製造期間至交貨期間所產生之兌換外幣之匯率價差，市場上乃有以遠期契約 (forward contracts) 來規避匯兌風險、戰爭風險等之交易契約出現。這種遠期契約交易，最早是從事於農產品、金屬、礦產及能源等商品之遠期買賣，一般稱之為「商品期貨」；之後由於國際貿易發展迅速，國際匯兌業務普遍發達，使外幣、股票、債券、可轉讓定存單等金融商品在各大金融中心流通，加上國際間通匯 e 化作業方便迅速，於是國際上許多資金便在全球間流轉，為了避險或套利等目的，外匯、利率、股票、股價指數等金融商品之遠期契約也日漸成為市場上進行交易之「金融期貨」，其交易金額不亞於前述之商品期貨。

> **金融小百科**
>
> **商品期貨**
> 主要標的物為大宗農產品與原物料，由於農產品具有豐收與欠收的風險，所以為最早成為期貨的商品，目前商品期貨的種類也包含了黃金、原油、白銀等重要資源。

商品期貨的發展

　　早在 17 世紀時，有部分日本商人即對稻米買賣進行期貨契約之交易行為；同樣地，18 世紀時亦有不少英國商人就利物浦所產之棉花從事期貨買賣。20 世紀中葉，位於美國中北部五大湖區河畔的芝加哥市挾其優越的地理位置和便利之水陸交通網，崛起成為世界最大之商業都市，工商業發達，為了提供農民及商人一個方便而集中的交易場所，商人們建立了芝加哥期貨交易所 (Chicago Board of Trade)，主要從事穀物交易，初期以現貨為交易標的物。但因農產品之供給受氣候之影響大，每年氣候的變化，使大豆、小麥、玉米、

棉花之收成不一定平穩；當氣候平順時，農產品豐收導致價格全面下跌，正是所謂的「穀賤傷農」；而遇到氣候惡劣或有天災的年分，農作歉收而導致農產價格飆高卻不一定能買到所需之數量，不僅大盤及中盤商人因農作物價格之暴漲暴跌而生意難作，農民的生計也飽受不穩定價格之苦。因此，商人為了大量購買所需資金融資的方便和供貨來源不虞匱乏，農民則為了免除大量生產時農產品價格之暴跌，雙方因此預先訂定來年或下一季交貨之農作價格和數量，成為遠期契約之最大宗。

　　這種遠期契約理論上可以降低現貨交易的價格、數量變動之風險，但因無強制執行之機關，且契約上並未強制預先交出履約保證金，到期時若契約所訂價格與現貨市場相差太大，則違約之情況極易發生。此外，市面上亦無標準化契約形式，若一方欲中途將契約轉讓他人，則不易找到合適人選，凡此種種均成為遠期契約的盲點。因此透過不斷修正、改進遠期契約的缺點，19 世紀末葉，1891 年以沖銷方式來進行交易並可結算貨款之標準化期貨契約終於問市，使期貨市場之功能更加完備。

金融期貨的發展

一、外匯期貨契約的發展

　　早期透過期貨市場交易的主要商品皆為農產品、牧產、能源及金屬等大宗物資，亦即實務商品之期貨交易為主。但在金本位制度崩潰後，1971 年 8 月 15 日，美國官方宣布終止美元兌換黃金，而由美元匯率在市場上自由浮動之後，引起國際間匯率的巨幅震盪，進一步促成了將商品期貨交易方式運用到金融工具上，以維護交易之穩定和避免匯兌之風險，形成了「外匯期貨契約」的問市。

二、利率期貨契約的發展

　　此外，美國於 1970 年代末期將國家之貨幣政策由原先控制利率的方式更

改為控制貨幣供給量的手段，導致貨幣市場上利率波動十分劇烈，故許多商業界人士借貸、融資面對了利率波動的風險，因而產生了「利率期貨契約」以有效地控管利率風險。其中最早問市的利率期貨契約是由美國芝加哥期貨交易所推出的管控房屋貸款利率風險之抵押憑證期貨合約。之後，亦有由芝加哥商業交易所在國際貨幣市場推出三個月期之美國短期國庫券期貨合約、美國長期國庫券期貨合約等，為早期之「利率期貨契約」，也為期貨市場上管控利率風險之期貨商品。

三、股價指數期貨契約的發展

在證券市場方面，證券市場的主要功能為加速資本之形成和經濟的發展。1974 年發生了第一次石油危機，造成了物價上漲、通貨膨脹現象外，利率、匯率及股市之價格波動也愈形激烈，各證券交易所均設法尋求規避股價波動系統性風險的方法；美國堪薩斯城市交易所遂於 1982 年 2 月 16 日首先推出規避股票風險的「價值線指數期貨合約」——為「股價指數期貨」合約之首例，迄今仍蓬勃發展。此外，另推出「股票期貨」也日形普遍。

近幾年，由於國際金融在各國均迅速發展，其他非股票的指數期貨商品也陸續出現。在市場上以因應各界不同之避險需求，使期貨市場上非實務交割的「金融商品期貨」如雨後春筍般出現，其交易量幾乎占全球期貨交易量之一半以上，超過了「商品期貨」之交易數量，這是將商品期貨之理論應用到金融工具上的妙用吧。

📍 14–3 衍生性金融商品之種類

衍生性金融商品種類相當多，一般可以區分為四大基本類型——期貨合約 (futures contracts)、遠期合約 (forward contracts)、交換合約

(swap contracts) 以及選擇權合約 (option contracts) 等 4 種，分別簡述其特性
如後。

一、期貨合約

　　期貨合約 (futures contracts) 通常為一種定型化契約，係由買賣雙方當事
人約定於未來某一特定時日，依照雙方事先同意之約定價格（即期貨價格）
買入或賣出某一特定數量的金融商品。

　　通常期貨合約內容多為市場上流通之標準化之制式格式的規定；期貨合
約在交易所等公開市場上進行，並將交易合約透過結算所
(clearing house) 背書保證雙方到期履約，比較沒有到期時不依
約履行之交割風險。另外，期貨合約之交易雙方必須依照規定
事先付出契約金額的一定比例作為履行交易之保證金，故屬於
有抵押品之交易 (collateral transaction) 行為。期貨合約到期損
益之計算在交易之第一日以契約價格和市場價格相比，以後則
逐日將前一日之收盤價格和最新市場價格相比而逐日累積結算
其損益。

二、遠期合約

　　遠期合約 (forward contracts) 為非定型化合約，係由金融機構與客戶私下
簽訂，通常亦由買賣雙方約定於未來某一特定時日，依照雙方事先約定之價
格（即遠期價格）買入或賣出某一特定數量之金融商品。

　　由於遠期合約不在交易所等集中的公開市場簽約，因而內容亦非制式，
可以依照顧客之需求而訂定契約內容，也可以先訂約後交割，所以遠期合約
只能在店頭市場上針對遠期價格、未來所要交割的商品之品質和數量、以及
交割之時間、地點等作明文約定；更由於遠期合約並未透過結算所交易並掛保
證，所以有到期違約的風險存在。買賣雙方由於未付履約保證金，單純以信
用交易 (credit transaction)，因此金融機構一般只願意和信用良好之客戶簽約，

以避免違約風險。遠期合約在到期日前通常沒有現金流量之發生，只有在到期日終點時結算一次損益即可。

三、交換合約

交換合約 (swap contracts) 通常是由合約雙方當事人同意於未來某一特定期間內，彼此交換一系列不同現金流量的合約，通常為金融機構和私人公司為了從事資產負債之管理，各基於比較利益或租稅套利之目的而進行之合約交換的交易，可以創造雙贏之局面；其中利率交換 (interest rate swaps) 為常見之交換合約，最早始於 1983 年 IBM 公司和世界銀行簽訂完成第一筆利率交換合約。這種交換合約可由一方支付固定利率來交換他方之浮動利率再加上若干百分點而完成。雙方亦可以將交換合約拆解成多個遠期合約，有助於資產負債的管理。

四、選擇權合約

選擇權合約 (option contracts) 本身即為合約之一種，選擇權買方有權利在未來某一特定時期中，以雙方事先約定之價格（即履約價格）向選擇權賣方買入或賣出某一特定數量之金融商品。因此，基本上可以將選擇權區分為買入選擇權 (call options) 和賣出選擇權 (put options) 兩種。由於買方對買入選擇權或賣出選擇權只有要求履約之權利，卻不需負擔履約之義務，所以簽約時買方必須先支付權利金給賣方，以補償賣方所受之不平等對待。

◕ 期貨交易之類別

綜合而言，由於衍生性金融商品是以股票與債券為基礎，本身可作為資本市場避險工具之交易合約，故其定價是根據簽約雙方約定之「名目價值」而非市場現值之「實際價值」，因此所交易的商品價值是以標的金融資產、指數或投資標的為對象。若由商品類別之角度來區分，亦即將期貨商品依照其實物或抽象之不同屬性來區分的話，可以分為商品期貨 (commodity futures) 和金融期貨 (financial futures) 二大類別。其中商品期貨之發展較早，並以大

宗物資之期貨契約為主。由於世界各國所生產的天然資源和經濟作物種類不同，因此各國之期貨交易所均以各國之特產及經濟作物之大宗為商品期貨之標的物。期貨可以細分為農業期貨 (agricultural futures)、能源期貨 (energy futures)、金屬期貨 (metal futures)、軟性商品期貨 (soft commodity futures) 及金融期貨 (financial futures) 等類別，分別介紹如下。

一、農業期貨

農業期貨通常指以農、林、畜牧業等農牧產品為標的之期貨契約。其中農產品期貨包括黃豆、玉米、小麥、棉花、稻米、燕麥等農作物，全球最主要之農業期貨交易所為美國芝加哥期貨交易所以及日本東京穀物交易所。至於林產及畜牧業產品則包括天然橡膠、木材、生豬、肉牛等期貨契約之簽訂。

二、能源期貨

能源期貨最主要交易標的物為石油，其次為無鉛汽油、熱燃油、天然氣等，為了避免能源價格波動和供應數量的不穩定所造成的風險，能源期貨契約也是一種避險工具。全球能源期貨的主要交易地點為紐約商業交易所和英國國際石油交易所。

三、金屬期貨

金屬期貨主要分為貴金屬期貨 (previous metals futures) 和基本金屬期貨 (base metals futures) 二大類別，其中貴金屬期貨包括黃金、白金和白銀等期貨契約；基本金屬期貨則涵蓋銅、鉛、鋅等期貨契約。金屬期貨之交易市場是以紐約商品交易所和英國倫敦金屬交易所為主。

黃金期貨 (gold futures) 係以黃金作為遠期交易契約之標的物。一般市場黃金之標準交易量為 100 盎司 (100 oz)，而最小價格變化的單位是以每盎司 10 美元之差價限制來作計算，也就是每筆期貨交易以 100 oz × US$10/oz 作差價；然而仍需依照各地黃金市場之交易性質不同，各自訂定每次交易（每口）

之最高數量和最低數量，例如香港黃金交易是以每口最高數量為 300 盎司及每口最低數量為 50 盎司並以港幣 10 元為計算現貨價之差價限制。

四、軟性商品期貨

軟性商品是指糖、咖啡和可可 3 種經濟作物，為了避免未來市價和供應量不穩定之風險，許多商人也會與供應商簽訂期貨契約。軟性商品之交易主要在英國倫敦商品交易所及通稱的咖啡、糖、可可交易所進行。

五、金融期貨

金融期貨市場主要是進行「金融期貨契約」之交易，所以買賣之標的物必須是某些特定之「金融資產」。一般而言，金融期貨商品可細分為外匯期貨、利率期貨和其他金融資產等期貨。凡金融市場以「關鍵貨幣」為交易標的者稱為外匯期貨；若以「信用工具」為交易標的者，則視為利率期貨，其中外匯期貨釋例列如表 14–1 所示，而匯率對照釋例則列如表 14–2 所示。

表 14–1　外匯期貨商品

英鎊	British Pound; £
美元	US Dollar; $
日圓	Japanese Yen; ¥
歐元	Euro; €
加拿大幣	Canadian Dollar; CAD
澳大利亞幣	Australian Dollar; AUD
人民幣	Chinese Renminbi; CNY
港幣	Hong Kong Dollar; HKD
新加坡幣	Singapore Dollar; SGD
韓元	South Korean Won; KRW
泰國銖	Thai Baht; THB
菲律賓披索	Philippine Peso; PHP
印尼盧比	Indonesian Rupiah; IDR

由表 14–2 可以看出臺灣銀行分別在 2008 年 3 月 7 日及 2008 年 8 月 8

日五個月內，對各種不同外國貨幣之匯率報價之對照。

　　在這五個月中間，除了新加坡幣、瑞典幣和歐元兌換新臺幣之匯率沒有太大之變化，而人民幣自 7 月中旬才在臺灣開放買賣以外，其他各國貨幣兌換新臺幣均有升值或貶值之浮動現象，為了避免國際間因財貨、勞務及資本交易的頻繁流動而產生大規模外幣互相進行交換時之匯兌風險，因此不少公司行號、貿易商、資本家、投資客等各自為了避險或套匯、套利之理由，可以與往來銀行或金融業者簽訂外匯期貨契約以達目的。

表 14–2　外匯匯率 (foreign exchange rates) 之對照表

臺灣銀行 2008 年 3 月 7 日及 8 月 8 日*

現金 (Cash)		幣別 (Currency)	即期 (Spot)	
買入匯率 (We Buy At)	賣出匯率 (We Sell At)		買入匯率 (We Buy At)	賣出匯率 (We Sell At)
30.415	30.957	美元	30.715	30.815
30.76*	31.302*	USD	31.06*	31.16*
3.814	3.992	港幣	3.921	3.981
3.846*	4.026*	HKD	3.955*	4.015*
60.66	62.82	英鎊	61.68	62.10
58.85*	60.95*	GBP	59.84*	60.26*
28.26	29.15	澳幣	28.59	28.79
27.37*	28.23*	AUD	27.69*	27.89*
30.83	31.74	加拿大幣	31.19	31.41
29.03*	29.88*	CAD	29.36*	29.58*
21.53	22.53	新加坡幣	22.11	22.29
21.56*	22.56*	SGD	22.14*	22.32*
29.22	30.57	瑞士法郎	30.02	30.22
28.23*	29.54*	CHF	29.00*	29.20*
0.2908	0.3023	日圓	0.2978	0.3018
0.2754*	0.2863*	JP	0.2819*	0.2859*
4.55	5.20	瑞典幣	5.00	5.10
4.55*	5.20*	SEK	5.00*	5.10*
24.08	24.94	紐西蘭幣	24.47	24.67
21.32*	22.08*	NZD	21.56*	21.85*
0.8647	1.014	泰銖	0.9599	0.9990
0.8194*	0.9609*	THB	0.9086*	0.9486*

0.7018	0.8452	菲國披索		
0.6528*	0.7862*	PHP		
46.59	47.86	歐元	47.16	47.56
46.58*	47.85*	EUR	47.15*	47.55*
0.03006	0.03473	韓元		
0.02838*	0.03278*	KRW		
		人民幣		
4.444*	4.661*	CNY		

資料來源：臺灣銀行外匯匯率掛牌

*代表 8 月 8 日匯率，當天為奧林匹克世界運動會在北京舉行，而臺灣方面自 2008 年 7 月起也開放人民幣之兌換交易。

通常利率期貨市場交易之標的物為列於表 14–3 之信用工具。

表 14–3　利率期貨商品

美國國庫本票	T-Note
美國國庫債券	T-Bond
三個月期國庫券	3–month T-Bill
三個月期國內可轉讓定期存單	3–month Domestic NCD
三個月期歐元定期存單	3–month Eurodollar Deposit
10 年期加國政府債券	10–year Canadian Government Bonds

　　由表 14–3 可看出債券、國庫券、定期存單等之主要收入為利息，換言之，在利率波動時，這些債券、國庫券等信用工具的價格亦會隨之變動，如下列公式所示：

$$P = \frac{i}{R}$$

其中 P 代表債券之價格；

　　i 代表票面所載之固定收益率；

　　R 代表市場利率。

　　由公式可知，債券之價格 (P) 與利率 (R) 有反方向之變動關係，當市場利率 (R) 上升時，債券之價格即下跌；市場利率下跌時，債券價格即上升，這

也就是美國聯準會調降利率會立即反映到金融市場之股市、債市上漲的原因。

六、其他金融期貨

　　股票指數期貨 (stock index futures) 與一般商品期貨或金融期貨交易情形類似，是以各大金融市場股票指數作為標的物來訂定期貨契約，但該期貨契約之標準交易量各市場不同。例如若以芝加哥商品交易所 (CME) 中之標準普爾 500 指數 (S&P 500) 為交易對象時，則以該日 S&P 500 收盤指數乘以 500 美元訂定為契約金額。而買賣雙方約定 S&P 500 指數的最小價格變化為指數變動 0.05 點，或 25 美元（即 US$500 × 0.05），而每日漲跌幅最大為 25 點作約定。而英國之倫敦國際金融期貨交易所之股票期貨指數中有「金融時報 100 指數」(FT100) 之每一個百分點為 25 英鎊，並以每日 FT100 指數之收盤指數乘以 25 英鎊作為其期貨契約金額。

　　當然股票指數期貨無法以實際之股票來交割，僅能以現金抵充買賣雙方約定金額之差價。一般採用現金交割方式，也就是以現金支付原期貨契約成交價格與契約到期日之收盤價格間之差額。

選擇權契約

　　期貨選擇權為一種可轉讓之衍生性契約，主要是同意某些特定標的物如股票、外匯或利率有關之信用工具、指數或黃金等商品的買方（buyer 或 holder）有權利（但無義務）在契約到期日之前或到期日（英式），用「約定價格」（exercise price 或 strike price）向賣方（seller 或 writer）買入或賣出某一特定數量之標的物。選擇權有「買入選擇權」及「賣出選擇權」兩種，也可分別簡稱為購買權（買權）或出售權（賣權），因契約之賣方有義務依約提供買方所要求履行之「買權」或「賣權」之標的物，因此買方在享有權利而無義務之實質狀況下，必須事先支付一定額之「權利金」給賣方，以便於買方事後若未依約買賣時可作為給予賣方之補償。選擇權契約之特定標的物可以包括股票、外匯與利率有關之信用工具以及股價指數及黃金等金融商品，

其中若以其簽約標的物和履約成交之期限來分的話，又有期貨選擇權 (options on futures) 和現貨選擇權 (options on physicals) 兩種。

表 14–4 列舉出全球 2004 年、2005 年之各類衍生性商品交易量分布情形。

| 表 14–4 | 全球各類衍生性商品交易量比例 |

單位：%

衍生性商品種類	2004 年	2005 年
股價指數 (equity indices)	42.6	41.2
利率 (interest rate)	25.6	25.6
個股 (individual equities)	22.5	23.8
農產品 (agricultural commodities)	3.4	3.3
能源 (energy products)	2.8	2.8
匯率 (foreign currency)	1.2	1.7
非貴重金屬 (non-precious metals)	1.2	1.0
貴重金屬 (precious metals)	0.7	0.6
總成交量	100%	100%

資料來源：美國期貨業協會

金融小百科

證券投資人保護公司
美國的證券交易是由證券商代替投資人保管其投資的證券。為了避免證券商破產造成投資人的損失，1970 年美國國會通過「證券投資人保護法案」(Securities Investor Protection Act)，由美國證券商共同出資成立「證券投資人保護公司」。這是一家非營利的私人機構，當有證券商破產造成證券投資人損失時，證券投資人保護公司就會介入，在保障額度範圍內保護投資人。

由表 14–4 可以了解股價指數、利率及個股均為衍生性金融商品交易之大宗，可以透過期貨合約、遠期合約、交換合約及選擇權合約之訂定而設法規避或降低投資之風險，達到穩定各項投資收益之目的。

但在另一方面，若由總體經濟之角度來看，因衍生性金融商品定價是基於股票與債券之名目價值而非以實際價值來簽訂選擇權或期貨合約，因此，除了上述避險之目的外，亦可能作為市場套利操作之目標，使衍生性金融商品在市場上之名目價值飆高，遠遠超過證券投資人保護公司擁有的 1.2 兆準備金；一旦資本市場發生任何差錯，其所引發之災難將如骨牌效應一般不易收拾；畢竟以 1.2 兆美元之準備金來保障幾百兆美元之衍生性商品的市場穩定是有其困難的。

14-4　臺灣衍生性金融商品之發展概況

臺灣經濟於 1980 年代開始起飛，不僅在國際貿易商品市場上表現亮麗，且自 1981 年起每年對外貿易餘額均呈現出超之情形，再加上外匯政策之成功，累積了相當多的外匯存底，也就是可以作為國際支付工具的外國通貨數量每年均有增加。1990 年代，臺灣由於電子、電機及資訊工業的發達，配合自 1987 年 7 月 15 日起政府解除外匯管制之後，臺灣在國際金融市場上也步上了國際化的時代。臺灣目前由財政部及中央銀行所核准可以進行交易之衍生性商品列於表 14-5。而由表 14-5 中可以看出衍生性商品所交易的是虛構的價值，而且泰半以契約之形式從事交易，不同於結構性商品。

表 14-5　臺灣目前可交易之衍生性商品類別

衍生性商品分類	商品名稱
以新臺幣為標的之衍生性商品	保證金交易 (margin trading) 遠期利率協定 (forward rate agreements) 利率交換 (interest rate swaps) 利率選擇權 (interest rate options)
以證券權益為標的之衍生性商品	小型臺股指數期貨 電子類股指數期貨、金融類股指數期貨 臺股指數期貨 臺灣 50 指數期貨 黃金期貨 上市個股選擇權 臺股指數選擇權 電子類股指數選擇權、金融類股指數選擇權
以外幣為標的之衍生性商品	利率選擇權 (interest rate options) 利率交換 (interest rate swaps) 外幣選擇權 (currency options) 外幣間換匯選擇權 (cross currency swaps) 外匯換利 (foreign exchange swaps) 外幣商品價格交換 (commodity swaps) 新臺幣與外幣間換匯換利 (cross currency swaps)

資料來源：臺灣期貨交易所

　　臺灣目前可交易之衍生性商品有上述各類型，其中大部分是採用國外之期貨和選擇權類似之方式組成之商品，但必須將其應用到本地市場而加以在地化。為了了解期貨商品之性質，我們可以介紹一些在地化之期貨商品如下。

🔴 指數類期貨

一、臺灣加權股價指數期貨

　　1998 年 7 月 21 日臺灣期貨交易所推出「臺灣加權股價指數期貨」，簡稱臺股指數期貨，其計算方式是以 1966 年之證券集中交易市場之市值作基期，以普通股為主，採樣約達 600 檔股票，並以各上市股票的發行量作權數以計算指數值，其計算方式為：

$$臺灣加權股價指數期貨 = \frac{計算期各股之市價 \times 各股上市股數}{基期各股之市價 \times 各股上市股數} \times 100$$

由上述公式可知凡是上市股本較大之股票其權重比較大，故對臺股指數期貨之影響也較大。如果依照發行量加權股價指數對產業分類，則對臺股指數所占比重之前五大產業根據臺灣期貨交易所近兩年之調查，其中包括電子類（比重約占 56%）、金融保險（約占 16%）、塑膠類（約占 9%）、鋼鐵類（約占 3%）、航運類（約占 2%），這五大產業對臺股指數所占之總比重已超過 85% 以上，為構成大盤指數之重要產業。

　　臺灣加權股價指數期貨之契約價值通常是以證交所發行量加權股價指數乘上新臺幣 200 元為契約一口價，每日漲跌幅與現貨相同，並受最大漲跌幅 7% 之限制，指數每升降一點即漲跌新臺幣 200 元，在契約保證金方面，目前證券交易所設為原始保證金 7.5 萬元，維持保證金為 5.8 萬元和結算保證金 5 萬元，並在購置部位限制為自然人以 300 口為限，法人以 1,000 口為限。臺股指數期貨交易之契約到期的交割月份是自交易當月起連續二個月，並以 3 月、6 月、9 月、12 月起算之每季三個月之時間訂定共包含五個月之期貨契約，每日以收盤價結算，而交割月份之第三個星期三作為最後交割日，以現金交割。

二、臺灣 50 指數期貨

　　臺灣期貨交易所於 2003 年 6 月 30 日推出「臺灣 50 指數期貨」(TSEC Taiwan 50 Index)，主要以臺灣證券交易所選擇具代表性之臺灣 50 支大盤績優股加權股價指數為交易之標的物，亦即以臺灣 50 指數為標的，在契約價值之訂定上是以臺灣 50 指數每升、降 1 點之價值為新臺幣 500 元計算盈虧。至於買方欲購買若干口（即 1 單位為 1 口），由買方自行決定。

三、電子類股指數期貨

　　臺灣經濟之成長，電子產業功不可沒；自 1996 年起，臺灣電子業成長之幅度已逐漸超過金融業，所以在臺灣股市上具領先指標的態勢，與早期已占領先地位之金融股並駕齊驅。因此，臺灣期貨交易所為了讓投資人避險或套利，乃推出「電子類股指數期貨」，相關合約價值之每口（單位）為新臺幣 4,000 元乘以電子類股指數，每次跳動是以 0.05 點當作 1 單位，即升、降 0.05 點時盈、虧 200 元。並以 1994 年 12 月 31 日作基期計算之。

範 例

●例一： 電子類股指數期貨計算

在不考慮交易成本時，某甲在 6 月 1 日以 4,825 點價格買進 1 口電子類股指數期貨，而於 7 月 31 日時以 5,200 點賣出，則某甲之獲利情形為：

$$\$200 \times \frac{(5,200-4,825)}{0.05} \times 1 = \$1,500,000$$

由於電子類股指數期貨是以 0.05 點為每一單位計算盈虧，因此其期貨之風險相較其他期貨商品顯得較高。

相反地，若某甲在 6 月 1 日以 4,825 點價格買進 1 口電子類股指數期貨，若於 8 月 31 日時以 4,750 點賣出，則在不考慮交易成本時，其損失情形為：

$$\$200 \times \frac{(4,825-4,750)}{0.05} \times 1 = \$300,000$$

四、MSCI 指數期貨

MSCI 即摩根史坦利資本國際指數 (Morgan Stanley Capital International Indices; MSCI)，原為由摩根史坦利資本國際集團 (Morgan Stanley Capital International Group) 追蹤四十五個以上之股票市場，而計算出以市值加權之世界股價指數，該指數在國際間具有高度公信力。

臺灣期貨交易所為了積極推展可以吸引外資之國際化美元商品，乃於 1988 年開始編製「MSCI 指數期貨」，其採樣涵蓋臺灣股市 70% 以上之資本，作為研判臺灣整體臺股走勢之指標性期貨。在契約規格上，MSCI 指數期貨每點價值為美元 100 元，最小升降單位為 0.1 點；且指數與臺灣加權指數間有密切連動關係，廣為市場及投資大眾所採用。

利率類期貨

債券市場之主要收入為利息，而利率之升降為債市之主要風險之一。臺灣債市之年成交額極大，平均每日成交量達到 4,000 億元左右，十分熱絡。通常債券之持有人多為銀行，保險公司，證券公司以及購買債券型基金之投資大眾等；因債券市場本身殖利率之波動也大，利率之低點和高點間差距有時達到 25% 左右；若某債券存續期間為 6 年期，每當利率上漲一個基本點 (basic point) 時，則債券市場將下跌 0.06 個百分點。所以當市面上有利率上漲之趨勢時，債券持有人將面臨極大之虧損與壓力，所以會有針對利率變動而避險之需求。

2004 年 1 月 2 日臺灣期貨交易所首度推出為期 10 年之政府債券期貨，可以減輕持有債券之利率風險，頗受民間歡迎。在亞洲債券市場上臺灣具相當大的實力，規模僅次於日本。上述「中華民國 10 年期政府債券期貨」之債券面額為新臺幣 500 萬元，票面利率為 5%。

此外，臺灣利率期貨中，尚有發行「30 天期利率期貨」為 30 天期融資性商業本票，契約報價以百分比 (%) 為利率報價單位，報價方式為 100 減去

利率。報價之最小升降單位為 0.005，每一最小升降單位價值新臺幣 411 元。

黃金期貨

黃金之現貨價格與美元之走勢呈負相關，也就是當美元升值時，黃金之價格會下跌；美元貶值時，則黃金價格會上升。但在過去十多年中，黃金之價格很少變動，僅於 2007～2008 年間，因美元貶值使黃金現貨價格飆漲；而黃金之投資僅能賺得買進、賣出時之差價，使得投機之風險小，所以在亞洲地區「黃金期貨」之交易並不熱絡。雖然日本、韓國先後於 1982 年及 1999 年推出黃金期貨，但交易量不大。

臺灣的黃金市場一向是以現貨交易為主，這是由於純黃金多半由國外進口，其進口稅，貨物稅及營業稅均予以全部免稅；而黃金本身亦可作為避險之工具，價值相當穩定，所以「黃金期貨」之需求並不大，直至 2006 年 3 月 27 日才在臺灣正式發行上市。

臺灣期貨交易所推出之黃金期貨是以美元計算，契約規模是以 100 盎司黃金作計價單位，而以每盎司 0.1 美元為升降單位，所以每單位（100 盎司黃金）升降金額為 10 美元，漲跌幅限制在 15% 以內，市場上自交易簽約之月份開始連續六個月結算之黃金期貨契約最為常見。

綜上所述，臺灣上市之本土期貨商品可以列如表 14-6 所示。

表 14-6　臺灣上市之本土期貨商品

上市時間	期貨商品種類
1998 年 7 月 21 日	加權股價指數期貨
1999 年 7 月 21 日	金融保險類股價指數期貨
1999 年 7 月 21 日	電子類股價指數期貨
2001 年 4 月 9 日	小型股價指數期貨
2001 年 12 月 24 日	股價指數選擇權
2003 年 1 月 30 日	股票選擇權
2003 年 6 月 30 日	臺灣 50 期貨契約
2004 年 1 月 2 日	10 年期政府公債期貨
2004 年 5 月 30 日	30 天期商業本票利率期貨

2005 年 3 月 28 日	金融保險類股價指數選擇權
2005 年 3 月 28 日	電子類股價指數選擇權
2006 年 3 月 27 日	MSCI 臺指期貨
2006 年 3 月 27 日	MSCI 臺指選擇權
2006 年 3 月 27 日	黃金期貨

資料來源：臺灣期貨交易所

　　由表 14–6 可知臺灣推出的期貨商品有指數類期貨、利率類期貨、選擇權期貨和黃金期貨等，其報價之期貨行情，詳見表 14–7。

表 14–7　期貨行情表

2008 年 9 月 19 日

商品	月份	開盤	最高	最低	收盤價	漲跌	成交量	未平倉	未平倉變動
臺股指數現貨		5,910.76	5,982.64	5,858.19	5,970.38	328.43	1,095.43		
臺股指數期貨	10	5,806	5,908	5,785	5,908	386	42,344	50,685	1,670
臺股指數期貨	11	5,750	5,887	5,750	5,887	385	161	205	41
小臺股指數	10	5,800	5,908	5,782	5,908	386	19,193	10,421	−1,981
小臺股指數	11	5,769	5,887	5,768	5,887	385	391	404	168
臺股指數 50 期	10	4,485	4,485	4,480	4,480	279	2	1	1
電子指數現貨		244.33	247.41	242.21	246.27	13.1	677.73		
電子指數期貨	10	243.2	243.35	239.15	243.35	15.9	2,443	6,681	−99
電子指數期貨	11	241.4	242.5	239.35	242.5	15.85	16	12	5
金融指數現貨		709.35	717.55	697.41	716.44	40.04	133.62		
金融指數期貨	10	705.4	716.4	691.6	716.4	46.8	4,769	6,171	476
金融指數期貨	11	700.8	719.2	697	717.6	45.4	37	25	20
利率指數期貨	10	97.97	97.97	97.965	97.965	0.015	174	0	0
公債指數期貨	12	–	–	–	–	–	–	16	0
非金電指數現貨		6,719.57	6,819.56	6,666.91	6,814.08	395.09	284.08		
非金電指數期貨	10	6,544	6,774	6,500	6,774	443	298	227	−15
非金電指數期貨	11	6,573	6,750	6,563	6,750	426	21	25	−1
櫃買指數現貨		81.44	83.16	81.3	83.16	4.32	80.18		
櫃買指數期貨	10	82	83.95	81.6	83.95	5.45	108	132	27
櫃買指數期貨	11	81.9	83.85	81.9	83.8	5.1	8	6	6
臺幣黃金期貨	10	3,356	3,367.5	3,289.5	3,300	−98	569	183	34
臺幣黃金期貨	12	3,378.5	3,378.5	3,296.5	3,307	−102	744	66	2
臺幣黃金期貨	2	3,390	3,390	3,312	3,316.5	−103.5	16,062	65	18

新加坡 SGX 新加坡國際金融交易所　摩臺指未平倉量為前一交易日量

| 摩根臺指現貨 | | 222.41 | 235.86 | 222.41 | 235.23 | 13.24 | | | |
| 摩根臺指期貨 | 9 | 231.6 | 239 | 230.4 | 236.6 | 17.8 | 49,401 | 176,797 | −2,019 |

資料來源：臺灣期貨交易所　製表：KGI 凱基期貨
註 1：表中摩根收盤價為結算價。註 2：表中現貨為成交金額（億元）。

表 14–7 顯示了臺灣期貨交易所 2008 年 9 月 19 日對期貨行情之交易情形，表 14–8 則為由表 14–7 中抽出一些具代表性期貨的價量分析供契約訂定之參考。

▶▶▶ 表 14–8　期貨價量分析 ◀◀◀

2008 年 9 月 19 日

	代號	指數	漲跌	成交量	增減	未平倉量	增減	研判
臺指期	TX	5,908	↑	42,325	↓	50,685	↑	多方強勢
電子指期	TE	243.35	↑	2,442	↓	6,681	↓	漲勢趨緩
金融指期	TF	716.4	↑	4,769	↑	6,171	↑	多頭穩健
摩臺指期	STW	236.6	↑	49,401	↓	176,797	↓	漲勢趨緩
現貨強弱	非金電（+6.15%）＞ 摩 根（+5.96%）＞ 臺灣 50（+5.84%）＞ 金融（+5.92%）＞ 加權（+5.82%）＞ 電子（+5.62%）＞ 櫃指（+5.48%）							
正價差大小	櫃指（+0.95%）＞ 摩根（+0.58%）＞ 金融（−0.01%）＞ 非金電（−0.59%）＞ 加權（−1.04%）＞ 電子（−1.19%）							

資料來源：寶來曼氏期貨，元大期貨提供
註：摩根未平倉係前一日資料。

至於選擇權在 2008 年 9 月 19 日當天的行情則列於表 14–9 中。為了簡化起見，本表僅揀擇一個月（即 2008 年 10 月）到期之局部買權和賣權行情。

▶▶▶ 表 14–9　臺股指數選擇權行情表 ◀◀◀

2008 年 9 月 19 日

類別	月份	履約價	最高	最低	最後價	結算價	漲跌	成交量	未平倉	未平倉增減
買權	10	5,200	825.0	685.0	825.0	825	▲ 295.0	228	100	
	10	5,300	755.0	545.0	730.0	730	▲ 280.0	869	1,888	365
	10	5,400	670.0	535.0	655.0	655	▲ 270.0	225	434	53

	10	5,500	600.0	457.0	570.0	570	▲ 237.0	2,167	2,580	930
	10	5,600	520.0	282.0	510.0	510	▲ 226.0	2,403	2,609	387
	10	5,700	449.0	332.0	429.0	429	▲ 191.0	1,849	2,297	18
	10	5,800	382.0	275.0	367.0	367	▲ 172.0	4,464	3,586	−342
	10	5,900	333.0	235.0	315.0	315	▲ 159.0	8,929	10,449	1,344
	10	6,000	298.0	190.0	259.0	259	▲ 131.0	14,217	11,032	3,840
	10	6,100	221.0	155.0	212.0	212	▲ 111.0	12,173	9,619	−948
	10	6,200	180.0	121.0	170.0	170	▲ 92.0	16,411	12,517	−1,129
	10	6,300	145.0	96.0	133.0	133	▲ 73.0	17,875	15,304	1,566
	10	6,400	110.0	72.0	103.0	103	▲ 58.5	13,822	15,868	2,713
	10	6,500	84.0	56.0	78.0	78	▲ 44.0	17,451	19,353	2,672
	10	6,600	64.0	42.5	60.0	60	▲ 34.0	10,135	18,557	3,596
	10	6,700	47.5	30.5	43.0	43	▲ 24.0	9,524	14,837	4,119
	10	6,100	468.0	334.0	359.0	359	× 321.0	513	4,019	33
	10	6,200	540.0	400.0	417.0	417	× 338.0	434	5,162	101
	10	6,300	600.0	460.0	472.0	472	× 348.0	162	2,433	−20
	10	6,400	675.0	535.0	535.0	535	× 315.0	66	799	16
	10	6,500	760.0	605.0	620.0	620	× 375.0	75	879	26
賣權	10	6,600	835.0	685.0	685.0	685	× 315.0	62	577	20
	10	6,700	920.0	760.0	760.0	760	× 310.0	18	425	−1
	10	6,800	1,020.0	820.0	820.0	880	× 380.0	51	266	1
	10	6,900	1,110.0	980.0	980.0	970	× 370.0	28	808	3
	10	7,000	1,200.0	1,110.0	1,120.0	1,060	× 330.0	13	242	−1
	10	7,100	1,290.0	1,220.0	1,220.0	1,150	× 230.0	31	149	20

資料來源：臺灣期貨交易所，《工商時報》2008 年 9 月 20 日 B7

14–5　期貨合約及交易流程

　　期貨合約為一種定型化合約，由交易雙方約定在未來某一特定時日，依照事先約定的價格（即簽約之期貨價格）買入或賣出某一特定數量之資產。為了讓期貨之簽約買賣大眾有一致的競價標的物，通常期貨交易所會公布標準一致的交易標的物、交易數量、合約到期月份及最後交易日、交割方式等供買、賣雙方參考。通常合約簽訂後，期貨投資人可以在到期前依反方向平倉（即市場走勢與原看法不同時）或者在到期時依規定交割（即市場走勢與原看法一致時）。

　　例如小型臺指期貨之最後交易日為各契約交割月份之第三個星期三（例如 2008 年 10 月 15 日星期三），對願意依約交割的避險者而言，只需依約履行交割義務即可。但是對不想進行交割或反悔之投機者而言，則要多加留意最後交易日是否為平倉的最後機會，錯過此日只能乖乖地交割了。此處所指之平倉 (close a position) 即軋平部位，是將持有之投資部位消除，亦即下單交易。

　　通常期貨合約的交割方式是以實物交割和現金交割為主，其中實物交割是用於具有實體的傳統大宗物資，例如小麥、玉米、黃豆、原油等之交割，也就是在到期日由空方（賣方）繳交合乎品質及數量的貨品，而由多方（買方）繳交交割的價金；至於現金交割則用於許多不具實體之衍生性金融商品，例如股價指數期貨之交割不可能將全數納入指數計算之股票拿來交割，因此，若買方（交易人）在最後交易日前尚未平倉（下單交易，軋平部位），則需依照原約定之交易價格與最後結算價格間之差額，以現金交付方式完成交割，亦即現金交割。

　　期貨交易的特色之一是買方及賣方均需事先繳交保證金，一方面可用來清償交易，一方面也可以作為履約之保證，這是因為買方及賣方均有可能在交易上產生損失，故雙方都必須繳交保證金。

　　保證金之金額是由各個期貨交易所依照當時市場之狀況及個別商品之風險程度而訂定，一般而言，保證金金額多半在期貨商品契約價值之 10% 以下。而在交易過程中，牽涉計算的保證金共有 3 種，包括：原始保證金 (initial margins)、維持保證金 (maintained margins) 及變動保證金 (variation margins)，分別說明如下。

一、原始保證金

　　期貨商品在下單交易之前，買方及賣方均須各自將原始保證金存入期貨商之銀行帳戶，作為保證金、權利金專戶。這種保證金、權利金專戶除了交易人須繳交、支付或清算差額或支付期貨商佣金、手續費或利息外，期貨商

不得任意動用或支領。簡單而言，交易雙方在新增期貨部位時必須繳交的保證金為原始保證金。

二、維持保證金

由於期貨價格每日均上下波動，所以必須每日均結算損益。若在結算後一有損失就要補繳保證金，為了免除每日補繳的麻煩，事先訂定原始保證金的某一比例（通常為 75%）作為維持保證金，當維持保證金不足時，期貨商才會發通知給客戶追繳。因此，維持保證金即交易當事人在期貨部位未軋平之前，對該部位予以維持的最低維護金額。

三、變動保證金

投資人從事期貨交易後，若標的物發生價格下跌而該日之結算金額發生損失，因而促使保證金之金額低於「維持保證金」時，期貨商會通知其追繳差額，稱為變動保證金。一旦遭到期貨商通知追繳，投資人必須在指定之時間內將保證金補足到「原始保證金」之水平。若投資人未能在期限內補足，期貨商為了減少本身的損失，有權代客戶平倉出場，並結算其損益。

期貨商一般分為自營商和經紀商。自營商為自行買賣期貨和選擇權契約之期貨公司；經紀商才可接收客戶之委託開設期貨交易帳戶，接受客戶委託買賣期貨和選擇權契約，所以投資人須找經紀商去開立期貨交易帳戶。有關期貨市場之交易流程，列如圖 14–1 所示。

図 14-1　期貨市場之交易流程

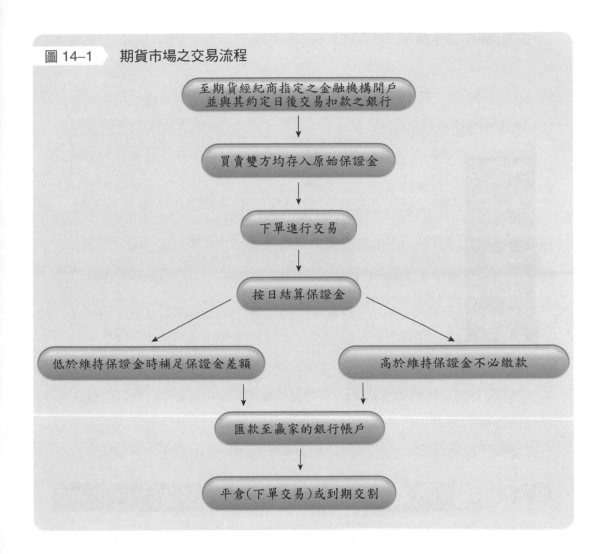

至期貨經紀商指定之金融機構開戶並與其約定日後交易扣款之銀行

↓

買賣雙方均存入原始保證金

↓

下單進行交易

↓

按日結算保證金

低於維持保證金時補足保證金差額　　　高於維持保證金不必繳款

↓

匯款至贏家的銀行帳戶

↓

平倉(下單交易)或到期交割

範 例

●例二：期貨市場保證金交易釋例

錢君於 ABC 期貨公司開戶，選定小型臺股指數期貨，並依規定存入原始保證金交易。

9 月 26 日星期一，錢君以 5,800 點買進一口 9 月小型臺股指數期貨，照約定原始保證金為 27,000 元，維持保證金為 21,000 元，當日結算價 5,930 點。9 月 27 日收盤為 5,869 點，9 月 28 日收盤為 5,603 點，9 月 29 日臺股指數結算價為 5,762 點，而錢君於 9 月 29 日平倉出場，則錢君在全部

交易過程之損益情形，計算如表 14–10 所示。

表 14–10　錢君小型臺股指數期貨之釋例

項目 ＼ 日期	9 月 26 日	9 月 27 日	9 月 28 日	9 月 29 日
原始保證金	27,000	27,000	27,000	27,000
損益計算	6,500 $(5,930 - 5,800) \times 50$	3,450 $(5,869 - 5,800) \times 50$	$-9,850$ $(5,603 - 5,800) \times 50$	$-1,900$ $(5,762 - 5,800) \times 50$
保證金淨值	33,500 $(27,000 + 6,500)$	30,450 $(27,000 + 3,450)$	17,150 $(27,000 - 9,850)$	25,100 $(27,000 - 1,900)$
期貨商是否追繳保證金	否 $(33,500 > 21,000)$	否 $(30,450 > 21,000)$	是，補繳 9,850 $(27,000 - 17,150)$	否 $(25,100 > 21,000)$
可否申請提領保證金	可提領 6,500 $(33,350 - 27,000)$	可提領 3,450 $(30,450 - 27,000)$	否 $(17,150 < 27,000)$	否 $(25,100 < 27,000)$
交易損益	6,500	3,450	$-9,850$	$-1,900$

依據表 14–10 錢君 9 月 29 日平倉時淨收益為 6,500 + 3,450 − 9,850 − 1,900 = − 1,800。

14–6　股價指數期貨之內涵

　　股價指數為一個與基期年評比的數值，該數值可以用來反映某一天股市整體證券之價值與基期年價值之高低，以提供投資者買股票之參考。

　　在編製股價指數時為了使編製之指數有代表性，多半採取全數採樣，如臺灣發行量加權股價指數 (Taiwan Average of Stock Exchange; TAIEX) 為全數採樣。當然亦有股價指數針對科技股或金融股作部分採樣的，例如臺灣 50 指數期貨則以臺灣證券交易所選擇具代表性之 50 支大盤績優股加權而成之股價指數，為選擇性之局部採樣。

　　有關股價指數的加權方法較常用的有下列 2 種。

一、等權值法 (equally weighted)

等權值法對所有納入採樣之股票均採取相同的權數，如美國之道瓊工業指數 (Dow Jones Industrial Average Index; DJIA)。

二、價值加權法 (value weighted)

價值加權法是依照股票本身之市值占採樣股票總市值之比重作權數，所以每檔股票有不同之影響程度。如臺灣之發行量加權股價指數即為此一類型。

我們以臺灣證券交易所之發行量加權股價指數作計算範例。

臺灣發行量加權股價指數以 1966 年為基期年，除了全額交割股及未滿一個月之上市公司股票之外，採樣包括全部在交易所掛牌之股票之發行量市值加權之算術平均數加以計算，其計算公式如下：

$$\text{TAIEX} = \frac{\sum_{j=1}^{m} P_{j_t} \cdot Q_{j_t}}{\sum_{i=1}^{n} P_{i_1} \cdot Q_{i_1}} \times 基期指數$$

其中 P_{j_t} 及 P_{i_1} 分別代表第 j 檔股票在今年 (t) 及第 i 檔股票在基期年（1966 年 = 1）之股價；而 Q_{j_t} 及 Q_{i_1} 則代表第 j 檔股票在現今年 (t) 及第 i 檔股票在基期年（1966 年 = 1）之發行量；由於計算期發行 m 檔股票會與 1966 年發行之 n 檔股票家數有別，因為有新公司股票上市或舊公司股票下市的原因，所以 $m \neq n$ 且 $j \neq i$，而基期指數為 100。

當上述以基期年為 100 而計算出該市場之股價指數後，若以某一特定市場之股價指數作標的物的期貨合約，即股價指數期貨，買賣雙方以事先約定之某一價格與逐日之股價指數作比較，就差價部分每日結算損益直至交易者軋平部位後或到期日交割為止。

股票投資通常存在有系統性風險 (systematic risks) 和非系統性風險 (non-systematic risks) 兩種風險。其中**系統性風險**是指市場風險，是由於不同市場的總體因素（如貨幣政策、利率、失業率等）所造成的股價風險；而**非**

系統性風險則是股票上市公司的個別因素（如裁員、罷工等）所造成的公司股價之變動風險，又稱非市場風場。所以一般人在購買股票時，現貨之損益包含系統性（市場）風險和非系統性（個股）風險。

而期貨市場之交易主要是為了避免系統性（市場）風險，使現貨風險降低；一般而言，避險的機會成本是指避險者必須放棄標的物未來價格走勢對自己有利的潛在利得。

14–7 交換合約之交易釋例

「交換合約」亦為衍生性金融商品之一種，主要是指合約交易雙方同意於未來某一特定時日內，彼此交換一系列不同現金流量、利率、貨幣或股權的合約。

▶ 貨幣交換

最早進行的是貨幣交換 (currency swaps)，另一種交換是在相同幣別基礎下，從事不同之利率交換 (interest rate swaps)，但不交換或不動用本金部分，僅交換利率；故實務上只需交換彼此之利息差額即可。此外，尚有採股權交換 (equity swaps) 之財務工程產品，這種股權交換目前僅在少數歐、美、日本之證券商間進行，尚未普及。

整個交換市場之發展始自 1983 年由世界銀行與 IBM 公司所簽訂用瑞士法郎交換美元的貨幣交換。目前交換市場之流通最大宗為利率交換（約占 80% 以上）；其次為外匯市場交換（約占 10% 左右）；再次為貨幣交換（約占 5%）。這些交換合約之交換標的，多半是基於比較利益 (competitive advantage) 作選擇，也就是各自選擇各國境內具比較優勢（成本較低）的金融工具而與國外機構進行交換；茲舉一例說明之。

金融小百科

貨幣交換
在交換貨幣時，亦同時交換其固定利率；至合約期滿時再將期初交換之貨幣依原數目交換回來。

股權交換
只需一方用現金流量如股價指數的報酬與另一方用浮動利率報酬來進行交換。

比較利益
比較利益的衡量仍是以機會成本為基礎。當一方的利息成本皆低於另一方，可用雙方借款利率的差異來衡量比較利益。文中美商公司在美元借款利率上少支出臺商公司 3%，在新臺幣借款利率上少支出臺商公司 1%，所以美商在美元借款利率上機會成本較小（少賺 1%）；臺商在美元借款利率上較美商公司多支付 3%，在新臺幣借款利率上美商公司多支付 1%，所以臺商在新臺幣借款利率上機會成本較小（多支付 3%）。

範例

●例三：兩公司各自在本國借款具絕對利益之貨幣交換

某美商 ABC 公司在美國境內美元融資之利率為 6%，在臺灣境內新臺幣融資之利率為 5%；另有臺灣日升公司在臺灣借款之利率為 4%，而日升公司欲赴美投資而其美元融資之利率為 7%，此例表示美商在美國融資美元，因銀行人面熟，具絕對利益；而臺商在臺灣融資新臺幣利率低，具絕對利益。若美商 ABC 公司赴臺投資，而臺商日升公司欲赴美投資，則二公司可協議一項貨幣之交換合約，由美商公司在美國融資美元 100 萬元，利率為 6%；由臺商在臺融資新臺幣 3,200 萬元（設匯率為 US$1：NT$32），利率為 4%，雙方進行貨幣交換如下：

> **金融小百科**
>
> **絕對利益**
> 在國際貿易中所提到的絕對利益，衡量的基礎是生產力，生產力愈大愈具有絕對利益。這裡的衡量的基礎是借款的利息成本，當一方的利息成本低於另一方就具有絕對利益。

1. 期初本金交換：期初美商 ABC 公司將 100 萬美元交給臺灣日升公司；臺灣日升公司將 3,200 萬新臺幣交給美商。

2. 期中利息交換：在期中，美商公司應付給美國銀行的 6% 美元利率，由臺灣公司付給美國公司去繳。同理，臺灣公司應付給臺灣之銀行的 4% 新臺幣利率，由美國公司支付給臺灣公司去繳。

3. 期末換回本金：合約到期時，美商 ABC 公司將新臺幣 3,200 萬元交給臺商；臺商日升公司將美元 100 萬元交還美商 ABC 公司。

由於透過交換合約交易，雙方都節省了借款之利息，列如表 14–11 所示。

表 14–11　貨幣交換之絕對利益

	美國 ABC 公司 （借新臺幣）	臺灣日升公司 （借美元）
原本利率	5%	7%
貨幣交換後利率	4%	6%
節省利率	1%	1%
節省利息	32 萬新臺幣 （1%×3,200 萬新臺幣）	1 萬美元 （1%×100 萬美元）

表 14–11 是說明美國公司在美元之融資上具有優勢, 而臺灣公司在新臺幣
之融資上具有優勢, 所以各自以其具有絕對利益 (低利率＝低成本) 之方
式貸款後, 進行貨幣交換, 可使雙方均獲得利益。

另一種情況是: 如果美國 ABC 公司為國際知名商譽卓著的大廠, 故不論
其在美元融資和新臺幣融資上都可取得較低的利率, 均具絕對優勢時, 仍可
透過其優勢中之強項去進行貨幣交換, 即利用比較利益來進行國際資本交換,
其方式如表 14–12 所示。

範 例

●例四: 美國公司在臺、美借款均有優勢的貨幣交換

表 14–12 中顯示由於商譽較佳之故, 美國 ABC 公司不論在美元之融資和

表 14–12　貨幣交換之比較利益

	美元利率	新臺幣利率
臺灣日升公司	9%	6%
美國 ABC 公司	6%	5%
兩公司借款利差	3%	1%

新臺幣之融資所須支付之利息均比臺灣日升公司來得低, 均有絕對之優
勢, 但它仍能和臺灣日升公司進行貨幣交換而獲利。首先由表 14–12 中,
得知美商公司在美元之融資上之優勢 (3%) 大於新臺幣融資之優勢 (1%),
所以美商對美元之融資具比較利益, 設匯率為 US$1:NT$32; 故美商期初
仍可借款 100 萬美元, 利率為 6%; 臺商借款 3,200 萬新臺幣, 利率為 6%;
兩公司進行貨幣交換契約, 由美商借美元, 臺商借新臺幣, 互相交換後,
美商收臺商 7% 利率, 臺商收美商 5% 利率。情形如下:

1. 期初本金交換: 期初美商 ABC 公司將 100 萬美元交給臺灣日升公司; 臺
   灣日升公司將 3,200 萬元新臺幣交給美商。

2. 期中利息交換: 在期中，臺灣日升公司付給美商 7% 之美元貸款利率；
　 而美商付給臺灣公司 5% 之新臺幣利率；交換後兩公司真實之資金成本
　 均有變化，美商公司借款成本為 6% + 5% − 7% = 4%；臺商日升公司借
　 款成本為 7% + 6% − 5% = 8%。美商節省 5% − 4% = 1%；臺商節省
　 9% − 8% = 1%。

3. 透過期初本金，期中利率之交換，兩公司借款互換所節省之利率列如表
　 14–13。

表 14–13　貨幣及利率交換後之利率節省

	美國 ABC 公司 （借新臺幣）	臺灣日升公司 （借美元）
原來利率	5%	9%
貨幣交換後利率	4%	8%
節省利率	1%	1%

　　由上例可知，雖然美商 ABC 公司在美元及新臺幣之借款上均有絕對優
勢，但在美元之借款上有比較利益（因利差 3% > 利差 1%），因此仍可與臺商
日升公司合作進行貨幣及利率之交換，最後雙方都可獲得 1% 之利率節省，
此為交換合約之一例。

利率交換

　　利率交換是由交易雙方簽約，在某一固定之期間中，彼此交換不同之計
息方式的債務利息。通常利率交換有下列 2 種類型。

一、普通型利率交換 (plain vanilla interest rate swaps)
　　是指固定利率與浮動利率之交換。

二、基差交換 (basis swaps)

是指浮動利率與浮動利率的交換。利率交換本身不需交換本金，參與之門檻低，而信用風險僅止於對方交不出利息之情形。所以是目前店頭市場上交易最熱絡的衍生性金融商品。一般以經紀商 (broker) 和自營商 (dealer) 為仲介機構，並收取相關服務費用。

普通型利率交換之原因是由於各企業或公司行號有不同的信用評等，以至於向銀行或金融機構融資時有不同之利率成本。一般而言，信用評等優良的大公司在長期融資上有比較利益（亦即比較優勢）；信用普通的小公司則在短期融資方面具有比較利益；因此雙方可以透過利率之交換互相獲利。不僅企業如此，連銀行同業之間或大型企業之間，基於避險，風險管理或降低資金成本等原因，也可能進行利率交換。而銀行間借款之利率稱為拆借利率 (LIBOR)，而每碼之利率為 0.25%，通稱 0.25 個百分點為一碼。

> **金融小百科**
>
> **拆借利率**
> 全名為「倫敦銀行同業拆款利率」(London Inter-Bank Offer Rate)，是一種全球通用的短期金融利率指標。

範　例

●例五： 普通型利率交換

假設美商 ABC 公司為大型信用評等佳的公司，目前需要向銀行借浮動利率之借款；銀行給予六個月 LIBOR + 0.125% 之浮動利率，或是 5 年期 6% 之固定利率。

另有中型臺商 Sun 公司也向銀行申請融資，需要 5 年期之固定利率；銀行向 Sun 公司之報價為固定利率 7.5%，而浮動利率為六個月 LIBOR + 1.125%，茲將二公司借款成本列於表 14–14 中。

表 14–14　利率交換前之利率成本表

公司名稱	固定利率（5 年期）	浮動利率
臺商 Sun	7.5%	六個月 LIBOR + 1.125%
美商 ABC	6%	六個月 LIBOR + 0.125%
臺商 – 美商利差	1.5%	1%

由表 14–14 可知，雖然美商 ABC 公司在固定利率及浮動利率上均比臺商 Sun 公司有絕對低利率的優勢，但若比較而言，美商在固定利率上所占之優勢 (1.5%) 比在浮動利率上所占之優勢 (1%) 更大，所以美商之比較利益在固定利率，而臺商之比較利益（即劣勢中之較小者）在浮動利率。因此二公司可以採用其具有比較利益之條件去借款，而進行局部利率交換，可增進彼此之福利；即美商公司向銀行以 6% 之固定利率借入 5 年期之長期貸款；臺商公司以六個月 LIBOR + 1.125% 浮動利率借入短期貸款後，美商將一部分固定利率貸款簽約轉給臺商，並由臺商支付 6% 之固定利率，此時臺商賺 (7.5% – 6% = 1.5%)。另一方面，由臺商借入之六個月 LIBOR + 1.125% 之浮動利率後，將一部分利率條件轉與美商簽約交換，美商實際支付 LIBOR + 0.125% – 0.25% = LIBOR – 0.125% 之利息。相關之利率交換圖形如圖 14–2 所示。

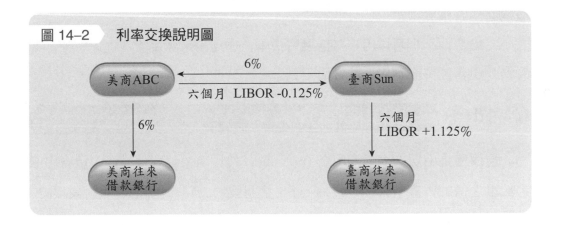

圖 14–2　利率交換說明圖

此例中分別由美商 ABC 公司借入 6% 固定匯率，並由臺商 Sun 公司借入六個月 LIBOR + 1.125% 之利率，雙方簽約美商固定利率 6% 交換臺商浮動利率六個月 LIBOR – 0.125% 之利率後，雙方之利率交換後之成本節省如表 14–15 所示。

表 14–15　利率交換後之利率成本表

	美國 ABC 公司	臺灣 Sun 公司
一、固定利率		
原本利率	6%	7.5%
交換後利率	6%	6%
固定利率節省	0%	1.5%
二、短期利率		
原本利率	六個月 LIBOR + 0.125%	六個月 LIBOR + 1.125%
交換後利率	六個月 LIBOR – 0.125%	六個月 LIBOR – 0.125%
短期利率節省	0.25%	–1.25%
整體利率節省	0.25%	0.25%

上例中，整體利率之節省 0.5% (1.5% – 1%) 採用平分之方式，至於現實生活中雙方利率節省之分配是由二方面互相協商，討價還價透過銀行或金融機構之仲介來完成。

交換合約不但可以用來降低融資成本，亦能用來作風險管理之方法，不失為公司營運資金運用上的靈活工具。

14-8　選擇權簡介

選擇權是由買方支付權利金 (premium) 後即可依約向賣方買入或賣出一定數量之標的資產 (underlying asset) 之權利契約。買方之標的資產對象很廣，包括農產品、黃金、石油以及股票、債券、利率、期貨、股價指數等實物或金融商品。

1973 年芝加哥交易所成立後，提供標準化之選擇權交易並由結算所確保契約之履行。臺灣則於 1997 年先開放權證市場，准寶來、大華證券等發行認購權證。之後，2001 年 12 月 20 日臺灣期貨交易所推出臺灣股價指數選擇權契約，開始了標準化之選擇權交易。在集中市場進行交易之選擇權，必須透過選擇權結算公司 (Option Cleaning Corporation; OCC) 進行結算。當

交易所負責撮合成功一宗選擇權交易時，會上報至結算公司以
確保雙方如期履約。依照履約時點區分，有歐式選擇權
(European options)、美式選擇權 (American options) 和百慕達式
選擇權 (Bermudan options)3 種方式。

　　選擇權之保證金也分為原始保證金和維持保證金兩種。一
如前節之期貨交易，雙方在期貨經紀商開戶時，直至出售選擇
權之前所繳納之保證金為原始保證金，其金額視商品不同而有
別。而維持保證金係原始保證金之一定比率。但客戶帳戶內計算損益後金額
若低於維持保證金，則期貨商會要求追繳；反之，高於原始保證金時，可以提
領。

　　各期貨交易所先訂定一個結算保證金，作計算上述股價指數之原始保證
金和維持保證金之基準。通常其結算保證金之金額是將各契約之期貨指數乘
以指數每點之價值後，再乘以股價指數之變動幅度即可。

　　臺灣期貨交易所之選擇權交易在 2004 年 1 月 20 日起推出以中鋼、南亞、
聯電、台積電及富邦金股票之個股選擇權，但因其交易成本高於一般股票認
購權證，投資者意願不高；倒是臺灣股價指數選擇權因交易平臺之方便及網路
下單之普及，成交量較為可觀。

　　綜合而言，衍生性金融商品是以遠期契約、期貨、選擇權和交換為主，
一方面可作避險工具，以便活絡金融市場，促進資金流動和運用；一方面又具
有較高之風險性，其槓桿操作較高，如何由金融當局給予適度之監控並提供
投資者足夠之資訊，以降低系統性市場風險，才是上策。

選擇權之定義

　　選擇權是衍生性金融商品之一，本身為一種權利契約，通常由簽訂契約
之買方支付一筆權利之後，買方即有權利在契約之到期日之前或當日，依照
履約價格向賣方買入或賣出一定數量的標的資產 (underlying asset)，但僅買
方擁有選擇執行或不執行契約的權利；假若買方到期選擇不執行時，則該筆權

利金即歸賣方所有；若買方於到期日選擇執行權利時，則賣方有依約履行賣出或買進標的物之義務。至於選擇權之標的資產可以是債券、股票、匯率、利率、股價指數等金融商品，也可以是石油、黃金、農產品等實務商品，種類相當多。

早於17世紀中葉，荷蘭人為了購買大批鬱金香球莖，採用簽訂選擇權契約之避險和投機獲利的方法；在18世紀時農產品和股票之選擇權的櫃檯交易已開始運作，但受限於信用風險而成交量不大。直至1973年因芝加哥選擇權交易所開始了標準化的選擇權交易後，特地設有選擇權結算所來確保契約之履行，交易量才逐漸增加。臺灣期貨交易所亦自2001年推出標準化之臺灣股權指數之選擇權契約，並陸續提供各種新的金融選擇權之後，日均量也逐漸放大。

◑ 選擇權交易之專有名詞

對選擇權契約之交易行為之了解，必須知悉其下列專有名詞：

一、買權和賣權

選擇權按照買方所選擇之不同權利，可以分為買權和賣權兩種權利。當買方支付權利金或價金之後，在契約之權利期間或到期日時，買方有權決定是否要執行此一契約，通常買方會視執行契約是否對其有利來作決定，茲以外匯選擇權 (foreign exchange options) 為例分別說明如下。

買入選擇權簡稱買權，當外匯選擇權之買方支付一定金額的權利金給賣方後，就擁有在特定時日或期間，依照所敲定價格 (strike price)——即契約價格 (contract price) 買入某特定外匯（外幣）的權利。通常是在標的物價格看漲之情況下，買方會行使買權。

賣出選擇權又可稱為看跌選擇權，簡稱賣權，當選擇權契約之買方支付了一定金額之權利金給賣方後，即擁有在未來特定時日或期間按敲定價格（契約價格）賣出其特定外匯的權利。

二、現貨選擇權和期貨選擇權

　　不論是買方之買權或賣方之賣權，如果選擇權契約上所約定之特定資產是現貨，則稱之為現貨選擇權 (spot options)，因該選擇權契約是由現貨衍生而來的。

　　同理，當選擇權契約上所約定之特定資產是期貨——即未來之商品，則該選擇權為期貨選擇權 (futures options)，因該選擇權是由期貨衍生出來之故。選擇權契約之買方有執行契約之權利，也可以將該選擇權契約在市場上反向對沖了結。

三、外匯選擇權之基本部位

　　由於買方對所擁有之買入選擇權或賣出選擇權之交易，可以執行契約之權利，也可以將其契約在市場上反向對沖了結，所以選擇權契約的交易可以分成下列 4 種基本部位，分別如表 14–16 之買權交易及表 14–17 之賣權交易所示。

> **金融小百科**
>
> **對沖了結**
> 一種交易模式，即反向沖銷手中持有的部位，也就是一買一賣。例如目前手中持有可以買進 $10 股票的買權 10 口，當股票價格漲至 $20 時，即可買進 $20 股票的賣權 10 口，此時手中部位可買 10 口可賣 10 口，即完全沖銷，每口獲利為 $10。

表 14–16　買權之交易

買方選擇	金融商品	買方	賣方
執行契約	買入選擇權（買權）	特定資產之買者	特定資產之賣者
反向對沖	賣出選擇權（賣權）	特定資產之賣者	特定資產之買者

表 14–17　賣權之交易

買方選擇	金融商品	買方	賣方
執行契約	賣出選擇權（賣權）	特定資產之賣者	特定資產之買者
反向對沖	買入選擇權（買權）	特定資產之買者	特定資產之賣者

　　茲將以上 4 種情形再加以分析：

1. 買進買入選擇權 (long call options)

　　以外匯交易為例，買方投資人若預期外匯將在未來升值時，買方投資人希望能藉著外匯選擇權交易達到獲利多而損失有限之目的而以現貨外匯價格或較低外匯價格與賣方簽訂買入選擇權契約；如果到期該外匯真的升值，則買方將會在到期日執行權利而按照原契約之低價格，買進該筆外匯資產，並在現貨市場上以較高價格賣出該筆外匯，賺取利潤。

　　反之，如果到期時該筆外匯不但沒有升值，反而貶值的話，則該買方投資人有不執行契約的權利，僅損失其先前已繳之權利金而已。

　　這種選擇權部位即買入選擇權買方持有，如果買方持有到契約權利之最後一天，而到期日 (t) 買方執行契約時之契約價值採用 C_t 代表時，則其值可用以下二式表示之。

　　　　外匯升值時，$S_t > K$，則 $C_t = S_t - K$

　　　　外匯貶值時，$S_t \leq K$，則 $C_t = 0$

其中 t 為權利到期日；

　　K 為契約價格；

　　S_t 為到期日之外匯市價。

相關之價值列如圖 14–3 所示。

　　由圖 14–3 可知選擇權契約之實際價值 (intrinsic value) 是指契約價格與現貨價格間之差額。可以將其本身實際的價值區分為無價值、平價值和有價值三種情形。

　　價外選擇權 (Out of The Money; OTM) 是指當買入選擇權之到期商品的市價（現貨價）低於契約價之情形，買方沒有賺頭，若執行反而虧損，所以不執行，損失權利金，契約本身無價值。

　　價平選擇權 (At The Money; ATM) 是指當買入選擇權之到期商品之市價剛好與原簽訂之契約價格相等，所賺為零，不論買方執行或不執行，其損失都僅止於簽約時所繳交之權利金而已，契約本身平價值。

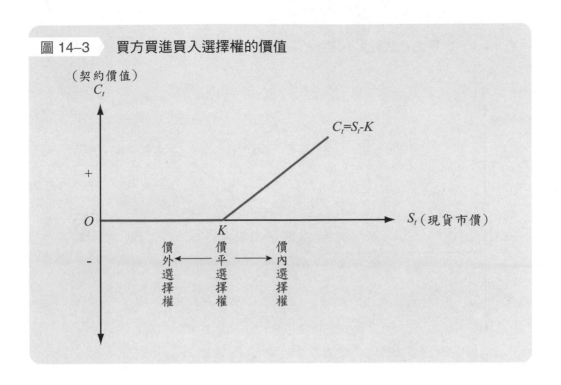

圖 14-3　買方買進買入選擇權的價值

價內選擇權 (In The Money; ITM) 是指當買入選擇權之到期商品之市價高於原契約價格，買方若執行契約，可以賺得差價為利潤，所以契約有價值。

圖 14-3 顯示買方買進買入選擇權之價值，而該契約各價值所對應之利潤 (π_c) 可以圖 14-4 表示之。

若買方簽約時繳交之權利金為 C_0，商品之契約價格為 K，而到期日商品之市價為 S_t，則買方投資人到期買進買入選擇權之獲利 (π_c) 情形為：

外匯升值時，$S_t > K$，則 $\pi_c = S_t - K - C_0$

外匯貶值時，$S_t < K$，則 $\pi_c = -C_0$

外匯匯率不變時，$S_t = K$，則 $\pi_c = -C_0$

圖 14-4 顯示，商品價格貶值時或契約價剛好等於到期日之商品價格即 $S_t \leq K$ 時，利潤均為 $-C_0$，買方損失權利金。

若當到期日市價為 $K + C_0$ 如 G 點，則為買方之盈虧兩平點；若 $S_t > (K + C_0)$ 時，即到期日市價高於契約價 (K) 與權利金 (C_0) 之和時，過 G 點以上，交易才有正利潤。

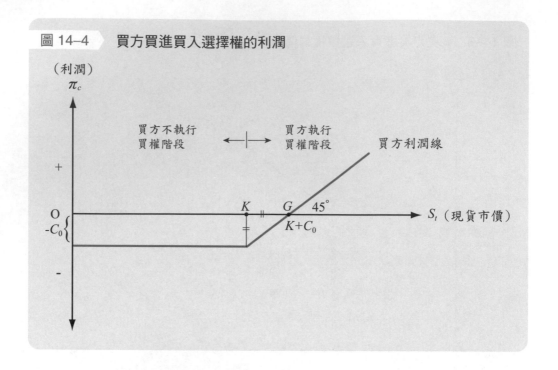

圖 14–4　買方買進買入選擇權的利潤

●例六：買進買入選擇權

趙君預計三個月後須支付一筆歐元之貨款，並且預期歐元匯率將會升值。因此，趙君在外匯選擇權市場買進買權，契約價格為每歐元折合 US$1.35，權利金為每單位歐元 US$0.05。契約到期日時市場每單位歐元兌美元之匯率為 US$1.46，則趙君到期日買進買權時，每一歐元之損益情形如下：

趙君執行契約，買進買權時，每一歐元之利潤為 US$0.06，亦即：

$$\pi_c = S_t - K - C_0 = US\$1.46 - US\$1.35 - US\$0.05$$

$$= US\$0.06$$

若市場外匯價格為 US$1.40 時，則盈虧兩平。

2. 賣出買入選擇權 (short call options)

　　由於買入選擇權契約之賣方在簽約時已同意向買方收取權利金，並在到期時按照所簽訂之契約價格將外匯出售給買方，而賣方必須配合買方到期時是否執行契約之決定，而履行賣出與否之義務。

　　如果買方決定執行契約之買權時，賣方必須依約履行買權之賣出義務；此時賣方之損失為權利金與契約價格之總和減去外匯之市價。

　　但如果買方決定不執行契約之買權時，此時賣方則不需要履行賣出之義務，但可收取先前買方已繳之權利金 (C_0)。

　　總之，買進買入選擇權時，買方所獲之利潤即為賣方之損失；買方所受之損失即為賣方之利潤。賣方賣出買權之獲利 (π'_c) 情形為，賣方利潤＝（權利金＋契約價格）－現貨市價，亦即：

$$\pi'_c = (C_0 + K) - S_t$$

故賣方可能有正利潤但也可能虧損，其相關之利潤列如圖 14–5 所示。

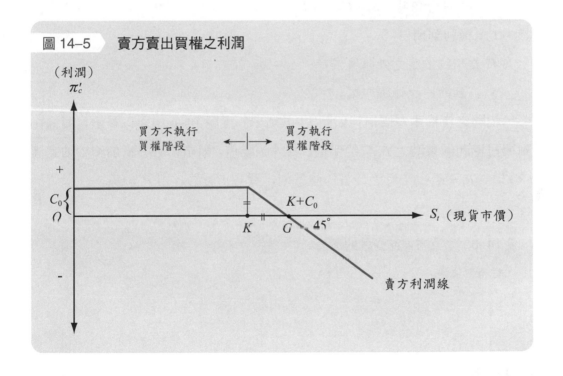

圖 14–5　　賣方賣出買權之利潤

　　圖 14–5 中，如果買方不執行買權時，賣方可賺取保證金 C_0 金額之利潤；在 G 點時賣方利潤為 0，因 $K + C_0 = S_t$ 之故；超過 G 點以後，賣方出售外匯價格給買方，因外匯之升值，故出售之現貨成本為市價 S_t，但賣方只能賠本以契約價格 K 之價格（$K < S_t$）依約賣給買方。

3. 買進賣出選擇權 (long put options)

　　以外匯交易為例，買方投資人若預期外匯將於未來貶值時，則買方投資

人與賣方簽約，藉著外匯選擇權交易，以現貨外匯之賣價於日後賣出外匯給賣方以獲取利益。

如果契約到期日該外匯真如預期而貶值時，買方投資人將會執行賣權以賺取契約價格高於貶值市價之差額；如果契約到期日該外匯不但沒有貶值反而升值時，則買方投資人不會執行賣權，其損失僅限於簽約時所繳交的權利金而已。

這種賣出選擇權為買方持有，如果買方持有此一賣權直至契約到期日 (t) 才執行，其賣權本身的價值以 P_t 來代表的話，則其本身之價值可用下列二式來表示之。

外匯貶值時，$S_t < K$，則 $P_t = K - S_t$

外匯升值時，$S_t \geq K$，則 $P_t = 0$

其中 t 為權利到期日；

K 為契約約定之外匯賣價；

S_t 為到期日之外匯市價。

相關之賣權本身價值列如圖 14–6 所示。由圖 14–6 中可以看出，賣權在到期日權利結束時之 P_t 契約價值，若外匯貶值，即市價 (S_t) 低於契約約定價 (K) 時，$P_t = K - S_t$；反之，若外匯升值，買方不履約，則 $P_t = 0$。

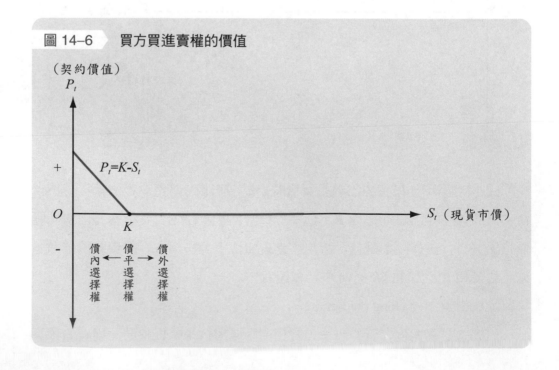

圖 14–6　買方買進賣權的價值

相關買方買進賣權之利潤 (π_p) 如圖 14–7 所示。在圖 14–7 中，C_0 為簽約時買方交給賣方之權利金，K 為契約簽訂之外匯賣價，S_t 為到期日之外匯市價。因買方簽約時預期外匯會貶值，所以才要約定以外匯之契約價格（現價 K）於未來出售一筆外匯給賣方，並先交給賣方權利金即 C_0 之金額。

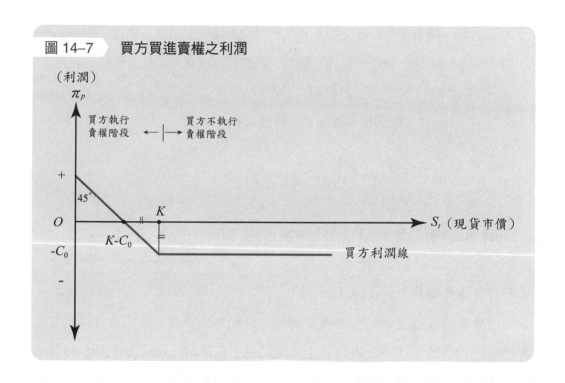

圖 14–7　買方買進賣權之利潤

到期日如果外匯真的貶值買方有賺頭，故買方執行賣權而賣出外匯，其利潤為將契約價 (K) 減去權利金和外匯到期之市價，即 $\pi_p = K - C_0 - S_t$。但若到期日外匯並未貶值，反而升值時，則買方不執行契約不出售外匯，其損失為 $\pi_p = -C_0$ 而已。

範　例

●例七： 買進賣出選擇權

錢君預計二個月後有一筆歐元應收帳款可兌現，但錢君預期歐元會貶值，所以在外匯選擇權市場買進賣權。該賣權之契約簽訂賣價為 1 歐元 ＝ US\$1.40，權利金為每單位歐元 US\$0.03。假設到期日歐元真的貶值為 1 歐元 ＝ US\$1.30，則錢君會執行賣權，以契約價格賣出歐元，而每一歐元獲得之利潤為 US\$0.07，其計算方式為：

$$\pi_p = 契約價格 - 權利金 - 外匯市價$$

亦即：

$$\pi_p = US\$1.40 - US\$0.03 - US\$1.30$$
$$= US\$0.07$$

若是損益平衡之價格則是市價為 1 歐元 ＝ US\$1.33 時。

4.賣方賣出選擇權 (short put options)

　　由於賣方在簽訂賣出選擇權契約時，已同意由買方於到期日採用約定之外匯價格賣外匯，亦即由賣方買進外匯，並已先向買方收取權利金。只要買方決定要執行契約時，賣方必須配合履行賣權之買進義務。此時賣方之損失為：

$$\pi'_p = C_0 + S_t - K$$

買方所賺之 π_p，相當於賣方所賠之 π'_p。

　　相反地，若到期日外匯未貶值反而升值時，買方沒賺頭，故不會照低的契約價格出售外匯，不執行契約時，則賣方所賺之利潤為權利金 $\pi'_p = C_0$ 而已。相關之利潤如圖 14–8 所示。

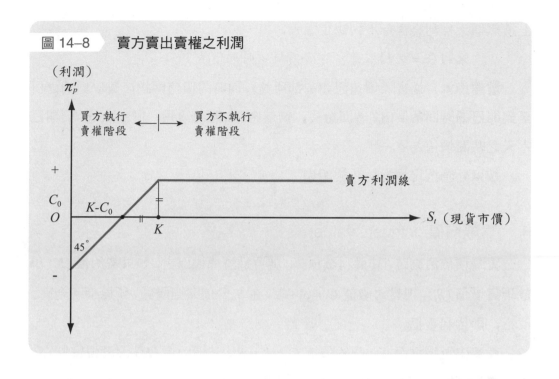

圖 14–8　　賣方賣出賣權之利潤

（利潤）
π'_p

買方執行　　買方不執行
賣權階段　　賣權階段

賣方利潤線

C_0

K-C_0

O

S_t（現貨市價）

K

45°

　　讀者不難發現圖 14–8 與圖 14–7 的利潤線形狀剛好互相顛倒，這是因為買方的利潤正好為賣方之損失；反之亦然。

　　圖 14–8 中，C_0 為簽約時賣方先收之權利金，K 為簽訂之外匯賣價，S_t 為到期日外匯之市價。若到期日前外匯真貶值，買方執行賣權，因外匯之契約價 (K) 高於市價 (S_t)，買方賣外匯給選擇權之賣方時是以較高之契約價 (K) 賣出，即使得選擇權之賣方成本高於市價而有虧損，為利潤線低於 0 時之階段至盈虧兩平點 ($K - C_0$) 之後，賣方利潤上升，而在買方不執行賣權 (K 之右) 階段，賣方收到之利潤即權利金 C_0 之金額。

交易權利金

　　由前節可知選擇權基本上是一種契約行為，只要交易的買方於簽約時繳交一筆定額之權利金後，就取得了依照契約上所簽訂之條件買進或賣出契約標的物之執行與否之權利，而賣方收取權利金之後，必須配合買方之是否執行之決定而作為或不作為，所以權利金之訂定仍以雙方同意合理為原則；基本

上選擇權之權利金含有下列決定因素:

$$權利金 = 權利本身之實際價值 + 時間價值$$

選擇權本身之實際價值已如前節所述,而時間價值則指自簽訂契約之日至到期日的時間的價值;時間愈長,價值愈高;時間愈短,價值愈低;到期日當天之時間價值為零。

茲以外匯選擇權為例,說明如下。

一、實際價值 (intrinsic value)

實際價值愈高時,其權利金愈高。就買進選擇權而言,如果契約價 (K) 小於現貨價值 (S_t),則契約價值 $C_t = S_t - K$,在 S_t 升值時更賺錢,所以權利金高。反之,則權利金低。

就賣出選擇權而言,契約價值 $C_t = K - S_t$,若契約價 (K) 大於現貨價 (S_t) 時,賣權預期 S_t 貶值,則 $C_t = K - S_t$ 愈賺錢,故權利金高。反之,則權利金低。

二、到期日的期間長短 (length of period to expectation)

在相同之條件下,到期日的期間愈長,則契約價和現貨價之差額變大之可能性愈高,所以權利金愈高。反之,則權利金較低。

三、用來購買選擇權之通貨利率 (interest rate on currency of purchase)

當用來購買選擇權之通貨利率愈高,則使用該種通貨去買入選擇權之權利金就愈高,而賣出選擇權之權利金就愈低。

綜合而言,選擇權契約不論買方決定執行或不執行權利,買方在簽約時都必須繳交權利金給賣方,權利金之大小端視契約之實際價值、時間價值以及用來支付選擇權之通貨利率而定。

本章習題

一、選擇題

（　）1. 1971 年美國正式終止金本位制度，使美元匯率在市場上自由浮動之
後，在金融市場產生哪一種避險工具？　(A)農產品之期貨契約　(B)
黃金期貨契約　(C)外匯期貨契約。

（　）2. 黃金之現貨價格與美元之走勢有連動關係，當美元升值時，則　(A)
黃金會跌價　(B)黃金會漲價　(C)黃金之價格不變。

（　）3. 臺股指數之選擇權行情表所提到之買權和賣權是屬於　(A)賣方　(B)
買方　(C)買方有買權，賣方有賣權。

（　）4. 通常具有實體之大宗物資如小麥、玉米、黃豆、原油之期貨買賣之
交割，是於到期日　(A)由賣方繳交合乎品質數量的貨品，而由買方
繳交交割的價金　(B)採用現金交割　(C)採用實物交割，並收取保證
金。

（　）5. 臺灣發行量加權股價指數是以 1966 年為基期年，除了全額交割股及
未滿一個月之上市公司股票外，採樣包括　(A)臺灣 50 檔績優股股價
以發行量市值加權　(B)全數在交易所掛牌之股票以發行量市值加權
之算術平均數　(C)臺灣 100 檔績優股股價以發行量市值加權之幾何
平均數。

二、問答題

1. 衍生性金融商品分為哪四大類基本類型？

2. 商品期貨和金融期貨有何不同？並請各舉出三個例子。

3. 選擇權之定義為何？其權利之執行或不執行由誰決定？

4. 現貨選擇權和期貨選擇權有何差異？

Chapter *15*

當代國際金融議題

15-1　美國次級房貸引發金融海嘯

2000 年美國高科技股市因泡沫化而跌價，導致美國經濟連續 3 年衰退；為了刺激美國股市與經濟，當時美國聯準會主席葛林斯班採取連續 15 次降息之政策，而使聯邦資金利率在 2003 年 6 月降至 50 年以來最低的 1%；其他國家也跟著調降利率，於是全球市場上低利率資金氾濫。

為了獲取較高之資金報酬率，美國許多投資銀行把原有高度違約風險並以房地產作抵押之貸款的債權，委託某些特定金融機構作成證券化商品，加以分割後販售至世界各大銀行及其他金融機構，此即為所謂的「不動產抵押貸款擔保證券 (Mortgage-backed Securities; MBS)」。在 2007 年初已有高達 56% 之抵押貸款被證券化。這些高違約風險之信用貸款經過投資銀行等加以組合包裝後，以票據或證券產品形式在二級抵押市場 (secondary mortgage market) 上賣出，用高息吸引其他金融機構和對沖基金購買，因此美國的房貸抵押擔保證券大量出售到全球各大金融市場。

> **金融小百科**
>
> **二級抵押市場**
> 二級抵押市場 (secondary mortgage market)，亦稱為次級抵押市場，指金融仲介機構向銀行、抵押銀行或房貸等機構購入抵押資產的債權，經證券化後再轉售與一般的投資人，MBS 即是在二級抵押市場中交易。

不料，2007 年 4 月 2 日，美國第二大次級房貸公司——新世紀金融公司 (New Century Financial Corporation) 向法院聲請破產保護；同年 7 月底、8 月初美國次級房貸公司經營發生困境之消息傳開，引起全球股市的恐慌，許多國家之股價普遍下跌，短期間事態不易解決。

為了穩定國際金融市場，2007 年 8 月 6 日起至 11 日之間，歐洲、日本、澳洲、美國、加拿大等國之主要銀行分別注入大量資金協助金融市場的正常運作，並提供企業所需之信用融資金額，其中歐洲中央銀行挹注 1,158 億歐元；日本銀行注入 1 兆日圓；澳洲中央銀行投入 49.5 億澳元；美國聯邦儲備局加注 590 億美元；而加拿大中央銀行則增投 31.5 億加幣作為對美國次級房貸的準備金額。

> **金融小百科**
>
> **次級房貸**
> 次級房貸是指銀行或房屋貸款公司對信用記錄較差或還款能力較差的貸款人所承作的房屋貸款。由於貸款人可能違約的機率較高，所以銀行承作次級房貸的利率較一般房貸利率高。2008 年國際金融海嘯發生主因之一即包含對次級房貸放款浮濫。

即便如此，美國次級房貸 (subprime mortgage) 引發的金融海嘯災情仍引爆了眾多衍生性金融商品之危機和連鎖反應，使全球許多金融機構只要已投資於次級房貸相關之金融商品者均受到鉅額之虧損，全球金融陷入一片恐慌。

另一方面，由於次級房貸業者困境之衝擊，加上許多人繳不出貸款，大量的房屋被銀行法拍，美國房屋之價格開始普遍下跌，失業率上升，股市更加向下探底，迄 2008 年下半年，美國 8,500 家銀行中，有 90 家面臨經營上的困難，引發銀行倒閉隱憂，迄今猶未歇息。

尤有甚者，2007 年 5 月國際原油價格為每桶 67 美元，至 2008 年 7 月卻一路飆漲至每桶 147 美元，漲幅高達 2 倍之多，因此民生物價也跟著往上攀升，通貨膨脹壓力大增。雖然國際油價在 2008 年 11 月初已回穩到每桶 50 美元上下，但物價仍居高不下，失業率也上揚使國際金融自 2008 年起落入極大困境之中，國際股市、債市、匯市均受創，各國經濟均疲軟，全球金融欲振乏力；本章擬從總體經濟全球視野之角度來論述當代國際金融之重大議題，以為日後金融管理之殷鑑。首先由美國次級房貸風暴談起。

🔵 美國次級房貸之發展

美國房屋之購買，除了頭期款 (down payment) 由購屋者自己準備妥當之自備款外，其餘款項泰半由購屋者向銀行貸款支付，並依照借貸契約所約定之利率條件及年限，每月由購屋者以分期付款之方式償還本金及利息。在房屋借款人中，凡是信用較佳或收入穩定具優良債信者可向銀行以較低之利率取得融資貸款；但有部分借款人因本身信用品質較差，或以原有房屋再作融資之二胎房屋貸款，因無法循正常管道取得主要銀行之貸款，只得向承做對信用品質較差之次級房貸公司貸款，由於借款人之信用較差，違約風險較大，故需支付較高之利率。根據中華信評之研究報告指出，美國人依照不同之信用的優劣，將貸款區分為主要 (prime) 房貸與次級 (subprime) 二大類別。

其中美國次級房貸之金融發展是在 1990 年代興起，當時因美國聯準會採取壓低利息以促進產業繁榮之政策，所以次級房貸公司能以較低之成本取得

資金，再以較高之利率貸放給信用較差卻急需貸款之購屋者，自 1990 年至 2004 年之間由於資金氾濫，使次級房貸之發展達到高峰，房市買賣一片榮景，投資人趨之若鶩。

美國次級房貸風暴之影響

但是為了避免房市泡沫化及通貨膨脹壓力，自 2004 年 6 月開始美國聯準會開始升息政策，之後連續升息 17 次，並將聯邦資金利率調高至 5.25%，使機動利率 (adjustable rate) 之房貸購屋者須支付較高之利息費用；加上 2006 年以後，美國房市疲軟，房價下跌，導致購屋者之利潤下跌而陸續出現不尋常之次級房貸戶未依約繳息之違約現象，其違約比率超過原來之估計，連帶造成發行有關房貸證化商品的金融公司無法依約還款或付息，因此不動產抵押貸款擔保證券等衍生性金融商品之價格亦隨之跌價，之前曾投資上項次貸相關商品之銀行、保險公司、外資及法人機構也面臨其股價下跌之資產減損。在許多握有房貸商品之金融機構急於拋售之情況下，導致原有 6.5 兆美元之美國房貸抵押市場面臨崩盤，造成惡性循環之系統風險。

另一方面，由於次級房貸的違約率上升，許多避險基金或投資銀行開始拒絕接受次級房貸的抵押證券，使靠轉賣次級房貸證券來周轉的多家獨立房貸公司之資金周轉失靈而廉價出售庫存之抵押貸款而受到巨幅財物損失，截至 7 月底已有 24 家美國房貸公司宣告破產。許多操作房地產抵押證券之對沖基金均損失慘重，自 2008 年 7 月初美國貝爾斯登 (Bear Stearns) 投資銀行發行之兩檔對沖基金宣告破產後，一直延伸到澳洲、德國、法國及英國之金融相關基金均遭到波及。美國最大之次級房貸公司美奎斯房貸公司 (Ameriquest Mortgage) 在 8 月 31 日將批發及服務業務售予花旗集團，不再從事房屋抵押貸款。9 月 31 日英國第五大信貸銀行——北岩銀行 (Northern Rock) 因次級房屋信貸風暴拖累流動資金而遭到擠兌，幸賴財相戴理德宣布提供北岩銀行百分之百的存款保證

金融小百科
對沖基金 對沖基金 (hedge fund) 亦可稱為避險基金，此類型基金操作原理由瓊斯博士提出。多數的對沖基金為私募基金，參與門檻非常高，一般投資人無法參與。目前對沖基金大量購買高槓桿、高風險的衍生性金融商品以追求更高的收益率，已與瓊斯博士的操作模式有所區別，因此已經較少使用避險基金的說法。

才平息了擠兌風波。

整體而言，美、歐、日等國之中央銀行總共挹注金融市場約 3,000 億美元資金紓困，才使美國次級房貸之風暴稍微減輕其衝擊。國際貨幣基金於 2008 年 4 月上旬就全球金融穩定作報告時，預估美國之次貸風暴使全球金融市場總損失將達 9,450 億美元，其中美國損失 1,047 億美元，英國損失 291 億美元。

● 15-2 美國二房金融危機

距前述美國次級房貸危機於 2007 年 4 月中因新世紀金融公司聲請破產保護一年後，2008 年 7 月中旬，美國聯邦住宅貸款抵押公司（Freddie Mac；簡稱房地美）以及美國聯邦國民抵押貸款協會（Fannie Mae；簡稱房利美）也發生經營上之困難。此二大貸款機構商業通稱為「二房」，之前二房總共對外發行了共計 360 億美元之優先股和房貸抵押債券，主要買主均為各國銀行及保險業者，而所謂房貸抵押債券也就是將「不動產抵押貸款證券化」之證券，其貸款對象均屬信用評等高之貸款人，平均貸款成數為七成（三成為自備款），而違約率僅有 1%，係屬於優質房貸；而且此兩大房貸機構均經過美國國會立法，經由特許成立之住宅貸款保證機構，因此其發行之債券類同「準政府債券」，其信用評等高，且獲美國政府資金支援承諾，頗獲歐、美、中、日、俄等國之金融控股公司、銀行界及保險業者之信賴而大舉購入其優先股、普通股、債券及衍生性金融商品，臺灣金融業界也擁有約值 6,100 億之二房債券。因此，當此二大貸款機構傳出經營上之困境後，臺灣各大金融股之股票，立即受到衝擊，而市值震盪；更遑論世界其他國家之金融機構因投資購入相當大金額之二房債券而引起的金融市場的危機了。

2008 年 7 月 15 日國際貨幣基金理事主席史卓斯康恩 (Dominique Strauss-Kahn) 表示全球經濟正陷入成長冷而通膨熱之現象。而美國聯準會主席柏南克則表示，聯準會迄今已採行連番降息以及對業者採行一系列之低利放款，均已產生正面效果，但經濟仍面臨「無數困難」，包括持續性之金融壓

力、房價下跌、就業市場冷清以及通貨膨脹等危機。如果與 1929 年以來所發生之全球性經濟危機作比較的話，我們可以用表 15-1 列出其差異。

表 15-1　歷次全球經濟危機比較表

年代	經濟危機現象
1929 年 經濟大蕭條	1929 年 10 月 26 日美國華爾街股市崩盤，次日起發生銀行擠兌及倒閉風潮；工廠也因需求不振，利率下降而進行大規模裁員，導致美國之失業率達到 25%。英國經濟學家凱因斯認為市場總需求不足和生產及投資部門存在有投機風險超過了當時之支付能力，導致 1929～1932 年之經濟大蕭條 (the Great Depression)。
1987 年 股市狂跌	1987 年 10 月 19 日為「黑色星期一」，美國道瓊工業指數創下空前的單日最大跌幅，共計流失市值達美金 5,000 億，其主因為投資銀行資本嚴重短缺，加上美元劇貶，造成金融危機。
1997 年 網路泡沫化	1997 年亞洲諸多國家之貨幣貶值，匯市震盪；並且 5 年間歐美及亞洲之網路股及科技股股價飆漲，在 2000 年尾並發生網路泡沫 (dot.com bubble)，投機客趁機拋售股票導致許多網路公司之股價大跌，網路泡沫破滅。
2008 年 房貸、通膨危機	全球經濟衰退加上年初油電、糧價上漲，使美國房價大跌、公司裁員、銀行緊縮銀根，使房貸客戶違約而次級房貸公司倒閉頻仍，全球諸多銀行所購之次貸債券形同廢紙；且有多家投資銀行虧損或倒閉，目前油價下跌，但物價只緩慢下降，而失業率攀升，形成罕見金融危機。

　　由於美國房地美及房利美二大房屋抵押貸款公司之貸款對象為信用佳之房貸客戶，其所發行之優先股及房貸抵押債券之買主遍及全球主要銀行及保險業者；且與美國銀行、儲蓄、貸款及信用業者之存續息息相關，而這兩家房貸公司總共擁有美國 50% 之房貸債權；其中房利美創立於 1930 年代經濟大蕭條時期，其主要功能為向抵押銀行提供充足資金；而房地美則成立於 1970 年代；二房本身並不直接從事房地產買賣，只是購入抵押資產並將其包裝成債券出售給投資者，而其所持有和擔保之房貸總金額約為 5.3 兆美元，為美國金融界之「支柱」，其中有 5 成以上之債券由外國投資人所購買。根據 2008 年 7 月 16 日《工商時報》之報導，臺灣金融業對二房之投資情形如表 15-2 所示。

由表 15–2 可知臺灣金融業投資二房主要有公司股票、債券及房貸抵押債券 3 種商品；其中二房股價自 2008 年 5 月 5 日起即持續重挫；該二機構總共發行 360 億美元之優先股的主要買主為銀行及保險業者。這些金融機構所購買之股票價格平均下跌 5 成，導致金融界發生不少虧損。另因該二機構為美國政府全力支持之房貸公司，國際評等業將其信用評等列為與美國主權評等之同一等級；所發行之債券亦有美國財政部之全數擔保支持，具有「類公債」的地位，所以全球有許多國家的中央銀行包括中國、日本、歐洲均有購入該二房之股票、債券等，發生此一經營危機立即引起全球股市下挫、銀行不穩的金融危機。

幸而，美國政府深知二房機構扮演美國房貸體系的中心角色，對全球金融穩定有重大影響，所以在二房發生經營虧損後，聯邦準備銀行立即接受二房發行的債券為抵押品，提供融資，確保二房持有足夠流動性。當時美國總統布希也立即簽署財政部所提、並經參眾兩院通過之「2008 年房市與經濟復甦法案」。

根據上述法案，美國政府將提供 3,000 億美元的紓困基金，是二房機構發行的債券信用最大的保障。美國財政部並於 2008 年 9 月 8 日正式監管並接手此二大房貸機構，以降低金融市場之不穩定性，強化投資人之風險承受度，減輕購屋者房貸利率之上漲以及提振房屋市場和全球股市之景氣，使此一金融危機暫時平息。

表 15–2　臺灣金融業投資美國二房情況

單位：億元

	二房股票	二房發行之 MBS	二房的債券	已實現或評價損失
保險業	8.2	4,896	451	−4.8
銀行業	0	772	22	0
投信基金	0.0064	12.53	0	0.0088

資料來源：《工商時報》及金融監督管理委員會 www.fscey.gov.tw
製表：彭禎伶
註：保險業統計至 2008 年 6 月 30 日，在債券部位還出現評價利益 1.4 億元銀行業統計至 2008 年 7 月 11 日，投信業則到 2008 年 7 月上旬。

15-3　雷曼兄弟破產

2008 年真是國際金融的多事之秋！在前述美國二房由財政部接管，而全球金融市場稍見穩定之際，9 月 14 日美國第四大投資銀行雷曼兄弟控股公司不堪投資次級房貸金融商品之相關虧損，在尋求外界資金援助未果之後，正式向法院聲請破產保護，使得剛剛平息之全球金融危機又再掀起波濤。

雷曼兄弟係美國第四大證券商，1844 年德國牛販之子亨利‧雷曼 (Henry Lehman) 移民美國阿拉巴馬州，並與隨後移居美國之兄弟艾曼紐 (Emanuel) 及梅爾 (Mayer) 合力創業，開設「雷曼兄弟」(Lehman Brothers) 公司。早期從事棉花投資交易，之後逐步發展，業務涵蓋證券、融資、投資管理及私人銀行等業務。1858 年公司遷往紐約。1929 年美國陷入經濟大蕭條時，雷曼兄弟靠著創業投資，在股市復甦期間獲利。1984 年美國運通併購雷曼於旗下之西爾森公司，但 1993 年再將雷曼分割出去，自立門戶。1994 年雷曼兄弟公司首次公開發行股票，並於紐約證券交易所掛牌上市。1998 年因受俄羅斯債券違約及對沖基金長期資本管理公司 (Long Term Capital Management; LTCM) 倒閉造成國際金融動盪，雷曼雖有虧損，但在執行長富爾德領導處理下曾逃過破產危機。

雷曼兄弟自從 1850 年，在愛迪生尚未發明電燈的時候創立迄今，歷經美國南北戰爭、兩次世界大戰、1930 年代之經濟大蕭條、1970 年代能源危機和 2001 年之 911 恐怖分子客機撞辦公大樓的攻擊事件，雖因辦公室全毀、員工罹難而損失慘重，卻能於一週內覓得新址、股票仍恢復交易，迅速從危機中恢復元氣；甚至在 2007 年還被《財星》(Fortune) 雜誌選為最被羨慕的公司。但是歷經上述諸多困境均能挺住不垮的雷曼兄弟，卻在抵押貸款債券業務獨占鰲頭 40 年之後，栽在自創的衍生性金融商品中，因負債超過 6,000 億美元而於 2008 年 9 月 14 日向法院聲請破產，引發了全球性之金融海嘯！

具體而言，雷曼兄弟破產是一種金融史上罕見的系統性金融危機，根據債券天王葛洛斯 (Bill Gross) 的說法，此一金融海嘯的源頭來自於去年的一場

大地震：「美國次級房貸風暴」，而地震所引發之海嘯正一波波衝擊著美國的金融界，進而影響到全世界的金融體系和投資者。不僅讓約 2 萬 5,000 名雷曼兄弟員工失業；不久美股大跌近 800 點，創 7 年以來最大跌幅；亞洲股市重挫，由雷曼兄弟發行超過 1,281 億的美元債券型商品，幾乎成為廢紙；信心危機充斥於金融市場；臺灣也有投資人和金融機構擁有雷曼兄弟共計達 800 億元新臺幣的結構型商品 (structured notes) 遭到損失，災情可謂慘重。

如果由專業之角度分析，摧毀雷曼兄弟控股公司的並非大規模的金融利器，乃是該公司自己打造出來的金融商品──次級房貸證券。正如前節所述，美國次級房貸是由承做機構專門借錢給信用較差者的房貸債權形式，因為貸款者之信用較差，所以付不出房貸的違約風險較大，負擔之利率則較高。

不幸的是，衍生性金融商品之良莠不齊，一群華爾街人士將這些高風險之次貸（債權）打包，組合成一種新的金融商品──即次級房貸證券，賣給債券市場的投資人；而雷曼兄弟旗下即由 BNC Mortgage 承做次級房貸各項業務。這樣一來，原來次級房屋貸款違約的高風險就由購買次級房貸證券之投資者在不知情之狀況下因持有證券而承擔，一旦房貸者違約不付貸款或破產時，則該證券的價值形同廢紙一張。

尤有甚者，為了自利的動機，有些人士更將次貸產品一魚多吃，當作千層派來設計，利用衍生性商品再把結構內容複雜化，成為連結股票之連動債等複雜金融商品並向全球兜售，銷售網遍布全球金融市場。可是當市場上發生房價下跌、利率攀升的時候，承做次級房貸業務之機構就面臨了許多貸款人無法依約支付房屋本息，而即使房屋出售，在房價下跌時，出售房屋所得仍然不足以付清全額貸款時，則原貸款人即違約不交房貸，造成任由債權銀行和法院等機構查封房屋的局面，導致專門借錢給信用較差的房貸機構不堪虧損而倒閉的現象。

雷曼兄弟公司承做次級房貸的 BNC Mortgage 機構於 2007 年 8 月 22 日

即因不堪虧損而宣布倒閉，其承做之次級房貸金額超過 140 億美元，幾乎是母公司雷曼兄弟市值之 5 倍以上，所以雷曼兄弟在次貸投資上受到了空前的損失，手上所持有的次級房貸之證券或債券幾乎成了乏人問津的廢紙！這些損失導致雷曼兄弟於 2008 年第二季首度出現虧損達 28 億美元，並被迫出售部分資產，股價也持續下跌。在成立 158 年後的雷曼兄弟公司，歷經世界大戰、經濟大蕭條、恐怖攻擊均未被打倒，卻毀在自己一手創造的次級房貸商品手上！正是許多華爾街金融業者為了快速取得資金獲利而「製造」極高風險之金融產品在市場上發售，最後卻禍延己身的例子之一；其實美國其他投資銀行包括摩根史坦利、美林等世界知名的大銀行也都急功近利下海經手此種次貸商品，也幾乎差點慘遭滅頂；目前美林由美國銀行以 500 億美元的代價收購；而摩根史坦利也認列虧損中。

　　由雷曼兄弟所包裝的金融商品，除了次級房貸以外，尚有與美元利率連結或與股票連結的連動債等衍生性金融商品，均銷售到全球各地。其中臺灣不少銀行、證券商、保險公司等亦有將其商品經銷出售給臺灣之投資人，據 2008 年 9 月 16 日金融監督管理委員會（簡稱金管會）之估計，國內銀行財富管理客戶持有上述金融機構等所售出之雷曼兄弟金融產品如美元利率型連動債、1 年期新臺幣連結四檔全球能源股連動債等之總金額共計 800 億元新臺幣。所謂連動債其實就是投資銀行（雷曼）將他的風險轉嫁給「散戶」之工具；具體而言，在 2006 年由於國際股市達到相對高檔，這些投資銀行手中握有許多股票和衍生性金融商品，為了分散風險就設計並發行各式各樣之連動債，透過各地銀行之理專平臺，將風險轉賣給各地銀行之客戶，當時推出之連動債商品之特色為 1 年期至 3 年期，連結股票並強調保本大於保息。不幸的是 2008 年 9 月 14 日雷曼兄弟總共負債額已達 6,130 億美元而宣告破產，使臺灣投資連動債的 2 萬多散戶和金融機構所購買之 800 億連動債全數虧損；由於臺灣投資人經由銀行通路買進之投資商品不斷虧損，將讓許多臺灣消費者對銀行失去信任，長期下來，將使臺灣銀行業陷入嚴重的信譽風險而失去成長動能。

如果我們將雷曼兄弟破產引起之金融海嘯之原因和癥結作分析，不難發現其破產源自於以下兩大關鍵因素伴隨道德風險。

一、證券化

金融商品證券化 (securitisation) 是華爾街金融體系的一大創新卻伴隨著高度的道德風險 (moral hazard)。

例如原本銀行貸款給 A 君，銀行手頭上保有對 A 君之債權，但銀行本身也因而少了一筆可以運用的資金，除非 A 君完成清償，這筆貸放出去的錢就不能再動用，成為不具流動性之資金。

但是透過「證券化」，銀行可以將此一筆不具流動性之「債權」加以包裝成證券化之金融商品（如證券或債券）而拿到市場上去出售，增加了金融體系之流動性。

另一方面，「證券化」本身也伴隨了道德之風險，因為以往金融機構之放款是一對一的交易，銀行為了避免呆帳，通常會嚴格審核貸款人之信用；但將「債權」證券化以後，等於將對貸款人之信用風險轉移給購買證券或債券的投資人身上，所以美國普林斯頓大學經濟學者布蘭德 (Alan Blinder) 指出：「證券化使得貸款機構審查借款人信用程度之動機大減」，這是由於金融機構經由將貸款債權證券化轉賣給他人時，等於已將不良債信之風險轉由他人承擔，一旦貸款人付不出本息，除非契約另有約定，否則證券持有人遭受虧損。

二、投資牽連太大而政府必須相救

一部分華爾街私人金融機構毫無節制地用各種金融商品吸取全球資金；一開始這些金融機構大賺其錢，吸引更多投資者紛紛加入，其負債如滾雪球般愈滾愈大，一旦規模大到超過業者之能力範圍所能處理而發生虧損時，金

融機構認為美國政府及相關單位為了避免太多人受虧損而會出手相救，用納稅人的錢來拯救這些貪婪不知節制之金融機構，似乎是姑息養奸的不公平作法，這也是牽扯到金融界賺錢自己享，賠錢政府攤的道德風險問題。這也是雷曼兄弟公司一路搜刮戰利品，未曾作有效的風險控管，到最後卻栽在自家的金融商品上的一個警示之案例。

　　雷曼兄弟公司倒閉後，不少華爾街金融業者已經虎視眈眈的等著以清算價格收購雷曼兄弟之資產。2008 年 9 月 20 日美國法院批准英國巴克萊銀行以 13.5 億美元收購雷曼兄弟北美投資部門和其位於曼哈頓中城之總部大樓以及紐澤西州的兩個資料中心；10 月 13 日日本 Nomura Holdings 收購雷曼兄弟在亞太、歐洲以及中東之業務；12 月 3 日美國 Neuberger Berman 收購其投資管理業務而更名為 Neuberger Investment Management。

15-4　美國國際集團 (AIG) 系統性風險

　　美國國際集團 (American International Group; AIG) 由擁有數千億資產層面而論，是美國第一大保險公司，承做之業務廣，包含汽車保險、年金、飛機租賃、銷售防範次貸及其他具風險之資產損失的保險業務，是美國保險業之巨擘。

　　在雷曼兄弟宣布破產的當天，9 月 15 日 AIG 公司也傳出財務流動性危機而積極尋求自救，一方面設法出售部分資產，一方面籌集資金並向聯準會求助。

　　由於 AIG 是美國人眾所皆知的老牌企業，為美國珍貴資產，象徵美國價值；該公司所面臨的不是償付能力的問題，而是資金流動性被卡住的問題，經由美國政府幾番考慮之後，聯準會於 9 月 16 日決定提供 850 億美元收購 AIG 近 8 成的股權，為美國政府營救私營企業投入金額最大的一次，足見該公司在全球金融地位之重要性。

　　聯準會表示：「AIG 若破產會讓脆弱的金融市場雪上加霜，借貸成本大幅上升，嚴重削弱經濟的表現。」現因流動性不足而求援，為了避免其對全球金

融的衝擊，美國政府乃下決心接手，才避免了系統性（即市場）風險。

　　AIG 集團是於 1919 年由荷蘭裔美國人史塔在中國上海設立的，也是當時第一位在中國銷售保險商品的外國人士；為了擴展業務，AIG 集團於 1949 年將總部移往紐約；1968 年史塔去世後，公司業務目前由威魯斯塔德主導，共有 11 萬 6 千名員工，客戶約有 7,400 萬人。公司主要營運之業務涵蓋有意外險、壽險、退休基金和金融服務；其中金融服務部門負責子公司國際租賃金融公司之營運，該公司是空中巴士和波音的最大客戶，旗下有超過 900 架飛機，價值逾 500 億美元，足見公司資產尚屬雄厚。

　　根據 AIG 前董事長葛林柏格之說法，由於 AIG 的保險業務遍及全球，亞洲是最主要的市場；萬一未蒙美政府出手支援而破產的話，解決他的保險合約問題就得拖到 10 年以上，對於所有與其交易來往之金融業者都會遭受到損害，倒閉之系統風險和牽連深不可測，僅金融業之總損失就將達 1,800 億美元，所以美國聯準會決定適時伸手支援，讓全球金融世界免除了一場浩劫。

🔵15–5　銀行控股公司取代投資銀行

　　綜合而言，經過此次金融海嘯之後，美國前 5 名之投資銀行已有 3 家遭受重創。聯準會已核准其餘 2 家轉型為銀行控股公司，以避免高度槓桿原理及負債營運規模風險之擴大。如表 15–3 所示。

　　由表 15–3 可知，歷經金融海嘯後，美國碩果僅存的二大投資銀行──高盛及摩根史坦利業經聯準會核准自 2008 年 9 月 21 日起，由投資銀行轉型為商業銀行，改為銀行控股公司，使其置身於更廣、更嚴格的政府監督之下；因此，以往由純投資銀行利用高槓桿操作而打造之華爾街金融業務，在不久之後將有一番革新的風貌，而投資銀行名稱可能就此沒入歷史的洪流之中，改由銀行控股公司取而代之。

表 15–3　美國五大投資銀行受金融海嘯衝擊情形

排名	公司	成立	業界地位	目前市值（億美元）	次貸前後市值縮水幅度 (%)	目前狀況
1	高盛 Goldman Sache	1869 年	全球併購、公開承銷上市業務市占率第一	607.3	−33%	衝擊最小，9 月 21 日轉為銀行控股公司
2	摩根史坦利 Morgan Stanley	1854 年	占有三分之一以上之亞洲區避險基金證券經紀市場	410.3	−48%	影響較輕微，9 月 21 日轉為銀行控股公司
3	美林 Merrill Lynch	1914 年	2006 年曾管理 10,000 億美元之資產，為全球最大之資產管理公司之一	261.1	−82%	美國銀行出價，以 500 億美元買下股權
4	雷曼兄弟 Lehman Brothers	1850 年	美國抵押貸款債券業務，連續 40 年獨占鰲頭，以固定收益業務與私募聞名	25.1	−95%	宣布破產，北美投資銀行部門賣給英國巴克萊銀行
5	貝爾斯登 Bear Stearnes	1923 年	美國櫃買市場衍生性商品最大的交易商	–	–	旗下兩檔次貸基金倒閉，流動性不足，3 月中被摩根大通併購

資料來源：工商時報　整理：蕭勝鴻

註 1：排名依據 2008 年美國《財星》雜誌 500 大排名。

註 2：目前市值以 2008 年 9 月 12 日收盤價計算。

註 3：次貸前後市值縮水幅度計算從 2007 年 6 月 1 日到 2008 年 9 月 12 日。

如果將美國之投資銀行與傳統之商業銀行相比較，其主要差異列於表 15–4 中。

表 15-4　美投資銀行與商業銀行差異情形

銀行＼項目	投資銀行	商業銀行
監管機構	證券管理委員會	聯準會、財政部貨幣控制局、聯邦存款保險公司
資本適足率	資本適足率低；風險胃納高	資本適足率較高；風險胃納低
貼現放款機制	目前暫准使用至 2009 年 1 月為止	可使用完整的聯準會貼現放款機制
營運資金	自籌、變動大	來自客戶存款，受聯邦存保制度保護及限制

金融小百科

風險胃納 (risk appetite)
指公司根據營運策略及遠景訂定要達成的目標，並且在考慮長期成長、所面臨的風險與報酬的因素下，訂定公司「願意接受」的風險，亦即願意多承擔風險而獲取較多的報酬，與所謂的可忍受風險不同。

　　自 2007 年 3 月起由美國次級房貸地震引發了國際金融史上空前的金融海嘯，不僅曝露了美國華爾街以往金融投資業務之缺失和危機，更使得全球金融股市、債市及匯市陷入一片慌亂中；各國為了穩定金融局面，紛紛使出強力措施，其中包括規劃禁止放空金融股；嚴格查緝融券放空；以美國為首之六大央行包括美國聯準會、歐洲央行、英格蘭銀行、加拿大央行、日本央行及瑞士央行聯手對金融市場挹注資金；調降證券交易稅及石油稅；鼓勵金融整併，並降低金融及投資模式之風險性等等，這種金融版圖之重新洗牌和改革，汰弱扶強，去腐生新，未嘗不是國際金融更上一層樓的新契機。

🔵 15-6　美國金融紓困方案

　　由於美國金融市場出現以上各種危機，2008 年 10 月初美國布希總統及財政部長鮑爾森推出高達 8,000 億美元之金融救援方案，於 10 月 3 日獲得通過，一部分用來支援美國財政部向營運陷入困境之金融機構收購問題資產並援助消費者，鼓勵金融機構對消費者發行信用卡，提供汽車及學生貸款外，另就為數 2,400 萬的中產階級延長全年「另計最低稅負」減免，對未採列舉扣稅之屋主，提供最高 1,000 美元之減稅額，對升級屋內產品為高能源效率

產品之屋主提供抵稅額，以及提高聯邦存款保險公司 (FDIC) 每一存款戶之理賠金額由目前 10 萬美元提高到 25 萬美元等措施，以穩定美國金融系統，防止系統堵塞，雖可解決一部分流動性危機，但美國所面對的尚有原靠大量借貸高槓桿長期舉債所形成之繁榮下隱藏的衰退種籽。此外，美國目前國債數字為 9 兆 8,000 億美元，再加上此次政府又必須投入 8,000 億美元於金融紓困，國債飆升，使美國未來經濟發展和財政實力也發生隱憂。聳立在紐約時代廣場於 1989 年設立之美國「國債鐘」原本只能容納 13 位數字，一旦加上此次紓困案的 8,000 億美元後，這個電子告示牌只好先將美元標誌之 $ 拿掉以便容納 10 兆以上的 14 位數字！這樣的負債狀況可能令美國民眾難以適應。

美國上述紓困計畫 8,000 億美元將拿來挹注金融體系。美國布希總統已於 2008 年 11 月 14 日宣布第一階段先撥出 3,500 億美元以便大舉收購金融機構之股權，其中 1,250 億美元撥給美國前九大銀行，1,250 億美元放在股票上市的地區性銀行，另有 400 億美元用來紓困美國國際集團；而美國聯邦準備理事會自 10 月 27 日起採用公開市場操作——開始收購商業本票以釋出現金；此外，聯邦存款保險公司將對投保銀行之無息交易帳戶 (non-interest bearing transaction account) 提供 1 年期無上限的保障；亦對金融機構發行的無擔保債提供 3 年期的保障，以確保中小型企業能順利取得所需之營運資金，並提供銀行同業間資金拆借的意願，加速信貸市場的活絡。

15–7　金融海嘯衝擊歐洲

21 世紀初期，原由美國各金融機構和英國雷曼兄弟分公司旗下員工為了高額獎金，創造出高達 62 兆美元的衍生性商品並包裝成看似保本、保值的高收益金融商品行銷到全球各地；最後卻因金融泡沫破滅而於 2008 年 9 月引發全球性之金融海嘯之後，歐洲聯盟各國也無法倖免該風暴之衝擊，分別說明如下。

一、俄羅斯方面

俄羅斯政權於 2008 年 8 月初揮軍入侵喬治亞之後,不但引起國際社會的關切,同時也重創俄國之金融市場。商品泡沫破滅之餘,俄幣盧布之匯價亦跌至谷底,外資紛紛匯出,而整個投資環境轉空;俄羅斯市場上之外國投資人與一般市井小民紛紛拋售盧布,使俄國中央銀行的外匯存底自 2008 年 8 月初至 10 月中旬已經減少 669 億美元。加上原油價格由 7 月初每桶 147 美元跌至每桶 45.8 美元,重創產油的俄羅斯,加上商品價格對俄羅斯經濟和股市之影響大,而能源及金屬類股在俄國股市成分中占相當高之比例,商品原油價格之下跌,重創該國股市之市值。2008 年 10 月中旬,俄羅斯股價 RTS 指數已跌至自 2005 年 7 月以來之最低點,只好以不定期宣布股市休市來應對。

俄羅斯政府 10 月 19 日宣布對銀行加碼,注資提供 1,600 億美元的紓困案,並考慮修改銀行法以支撐金融體系正常運作。

二、冰島方面

歐盟中的蕞爾小國冰島,人口僅有 30 萬人而本身缺乏天然資源。原先依靠捕鱈魚維生,卻在兩年前大力發展金融業,採取高利率,低管制之開放金融環境吸引海外資金,仿效美國投資銀行之作法,在國際資金市場大量借入低利之短期債券而轉投資高獲利之長期資產,原本認為借得愈多,則賺得愈多,資產證券化導致信用大幅擴張,以至於該國之財務槓桿十分驚人,全國之總外債規模達到國內生產毛額 (GDP) 的 12 倍之多。

未料到 2008 年 9 月國際資金市場忽然枯竭,使得依靠大量借債維生之冰島金融體系面臨崩潰,由於貿易經常帳長期赤字可觀,該國又無任何財政備援方案,遇到此次國際信用緊縮危機,冰島貨幣克羅諾之匯價急速貶值,兌換歐元之匯價曾達 234.5 克羅諾對 1 歐元,貶值 60% 左右。為了穩定匯價,冰島央行 10 月 7 日宣布凍結克羅諾匯率,並向俄羅斯尋求 40 億歐元的貸款。

冰島目前已於 2008 年 9 月 30 日由國家接管瀕危之第三大銀行格里特利

爾銀行 (Getinir)；10 月 6 日接管第二大銀行冰島國家銀行 (Landsbanki)，由國會授權政府可緊急處置銀行資產及擔保國內存款無上限外，10 月 7 日冰島央行宣布將以 131 克羅諾對 1 歐元之匯率「有限量」地供應市場上外匯之兌換。而冰島第一大銀行卡布亭銀行 (Kaupthing) 也被迫接受央行 5 億歐元紓困，使整個冰島銀行體系面臨國有化的命運。

三、德國方面

德國方面亦遭信貸風暴橫掃，德國第二大不動產放款機構海波不動產控股公司 (Hypo Real Estate) 亦於 2008 年 9 月中旬傳出財務危機，德國政府為避免該公司倒閉，曾於 9 月 28 日居中斡旋擔保其紓困計畫，但因 Hypo 不動產所需之融資規模遠超過融資計畫的擔保金額而無法達成紓困。Hypo 不動產控股公司主要是在 2008 年 1 月 15 日受到債權擔保憑證 (Collateralized Debt Obligation; CDO) 虧損之拖累而提列資產減損，上半年稅前獲利暴跌 95%，前景堪慮。

> **金融小百科**
>
> **債權擔保憑證**
> 債權擔保憑證是一種固定收益的債券組合，通常發行銀行是以貸款或其他債權加以組合包裝證券化之後，依不同信用評等區分等級後銷售給投資大眾。

四、英國方面

英國方面有 3 家銀行之經營也陷入困境，政府宣布接管布拉福德賓利銀行 (Bradford Bingley) 銀行外，蘇格蘭皇家銀行 (RBS)、英國巴克萊銀行 (Barclays) 及英國最大房貸銀行 HBOS 均飽受貸款相關業務虧損之苦，英國政府在 2008 年 10 月中亦提出紓困方案，包括政府購買金融機構發行之優先股 250 億英鎊；英國中央銀行則提出所謂的「特別流動性計畫」(special liquidity plan)，提供至少 2,000 億英鎊作為銀行融資之用。英國政府還將提出 2,500 億英鎊左右的擔保，協助銀行的債務再融資。政府同時要求銀行放貸給小型企業與房貸戶，以紓解英國金融機構的流動性不足的現象。

五、荷蘭方面

荷蘭在全球金融系統大震盪的現在，由政府收購大批國際級銀行的股權

以穩定市場，其中原由私人經營之富通銀行 (Fortis) 已由荷蘭、比利時、盧森堡 3 國政府融資 120 億歐元紓困介入接管；許多荷蘭銀行的私有金融部門以及鑽石、珠寶部門的股權，遭受到政府接管的「國有化」命運，也是自由經濟體系當初始料未及之局面。

六、西班牙方面

西班牙政府為因應此一全球性金融災難而提出紓困方案的最新措施，成立 300 到 500 億歐元的緊急基金，用以收購銀行良性資產，增進金融系統的資金流動性。此外，當局宣布將銀行存款的政府保障額度由原先的 2 萬歐元擴大到 10 萬歐元。

🔵 15–8　亞洲國家受金融海嘯的影響

亞洲各國雖然因金融機構有購買冰島債券、衍生性金融商品或參與冰島前二大銀行的國際聯貸授信而提列損失，但因亞洲各國的銀行業界相對比歐美的銀行業界來得保守和穩健經營，所以除了亞洲股市普遍走跌以外，亞洲各國之金融體質尚稱健全。但在此次風暴中各國也難免受到波及，其中受創最深的就屬南韓，相關之情況分析如下。

🔵 南韓

促使南韓中小企業大受虧損之原因並非各業之本業，乃是一種匯率衍生性金融商品——外匯選擇權交易，特別是加入「觸及生效條件」(Knock-In; KI) 或「觸及失效條件」(Knock-Out; KO) 的選擇權；其中 KI 是匯率在約定期間必須達到生效條件所設定之價位，選擇權才會生效，到期才需比價；KO 則是匯率在約定期間如果觸及失效條件設定之價位，則該選擇權失效，到期不需比價，這兩條件合稱為「KIKO 選擇權」。

之前韓元在 2006 年至 2007 年兌美元大幅升值，所以很多出口廠商在銀行大力推銷的情況下，紛紛購買了 KIKO 選擇權來規避匯率變動所造成之營

運風險。該 KIKO 合約主要就韓元兌美元之匯率於合約期限內，若在所設定之範圍內波動則可採用事先約定的價格進行外匯交易；但是如果美元對韓元的匯率上揚超過設定範圍的話，企業就必須向銀行付出原先合約價格 2 倍至 3 倍的金額。

自 2006 年至 2007 年底，韓元兌美元升值 8% 左右，出口廠商為躲避匯兌之風險，紛紛購買了有 KIKO 條款的外匯選擇權，想在韓元兌美元升值之趨勢下，賺一筆匯兌之收益。卻萬萬沒有想到 2008 年韓元兌美元之匯價急速下跌，由 2007 年 1 月的 960 韓元兌 1 美元，跌至 2008 年 10 月的 1,333 韓元兌 1 美元，也就是美元兌韓元急速上揚，觸及 KIKO 條款，使大約 250 家企業必須賠給銀行合約價格 2 倍至 3 倍不等的金額，總計虧損達 5 兆韓元的金額，諸多企業面臨倒閉之命運。

除此之外，先前南韓許多銀行向國外貸款總計約達 800 億美元之外債於 2009 年 6 月前到期，使銀行面臨美元短缺的局面。

在如此嚴峻之金融危機中，南韓政府於 2008 年 10 月中旬提出了共計高達 1,300 億美元的紓困方案，以解企業及金融界之燃眉之急。

南韓政府提出之穩定金融方案主要有下列 5 項：

1. 對明年 6 月底前的國內銀行外匯債務，提供 3 年政府擔保，其總額將達 1,000 億美元。

2. 南韓政府與南韓銀行將對銀行系統提供充沛美元流動資金，並在初期注資 300 億美元。南韓銀行還將透過附買回交易、購買國債與貨幣穩定債券等提供韓元流動性。

3. 南韓政府將採取措施以穩定匯率的劇烈波動，並將協調進口業者來穩定市場。

4. 從 2008 年 10 月 20 日起，對長期股票與到期時間超過 3 年的債券投資者，提供稅賦優惠。

5. 將對南韓工業銀行注資 1 兆韓元（約 7.5 億美元），以協助中小企業融資。

雖然南韓政府已提出上述 5 項穩定金融方案，但因尚未正式付諸實施；

而且亞洲貿易之主要出口對象為產品需求端的美國，如今美國之內需衰退而抽回訂單之情況下，則韓、臺、港、新等以美國為主要出口國之地區將面臨訂單減少，景氣趨緩的壓力，其中南韓因仰賴外債與槓桿發展經濟帶動成長，所以在目前南韓外債高築，經常帳呈現逆差且股市外資持續賣超的情況下，提振經濟和金融復甦之路，可能需要一段較長的時間來完成。

日本

日本方面由於商業金融機構一直以來利息很低，早有資金過剩現象，所以總體經濟方面會有出口減緩及物價上漲的壓力，在這一波金融海嘯中，日本政府可以小幅度地採用降息方式，並觀察其後效，以避免市場資金浮濫而掉入流動性陷阱 (liquidity trap) 之可能，如圖 15–1 所示。

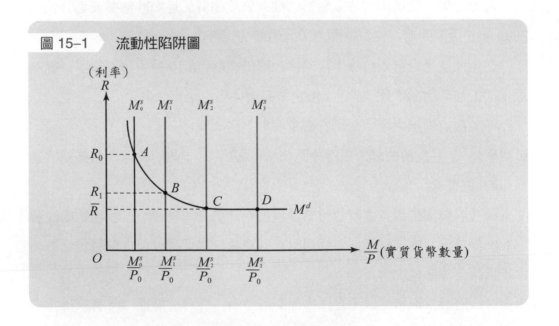

圖 15–1　流動性陷阱圖

M^d 代表貨幣需求線，M^s 代表貨幣供給量。

圖 15–1 中，橫座標代表實質貨幣數量，也就是將市場上貨幣之名目供給量 (M) 除以當時之物價水準 (P) 後，剔除掉物價因素後之實質貨幣數量。而縱座標為利率水準 (R)。

　　當商品市場上尚未達充分就業時，擴張性之財政政策如減稅，或降低銀行利率等可以使消費增加、投資增加而刺激景氣回升。另一方面，若採取擴張性之貨幣政策如中央銀行至市場買入債券、商業本票或其他有價證券等也可使市面上流通之資金供給量增加，可以刺激消費、投資等。

　　圖 15–1 中，若起初之利率為 R_0，物價為 P_0，貨幣供給為 M_0^s，其實質貨幣數量為 $\dfrac{M_0^s}{P_0}$，此時 A 點為最初之均衡點，現在政府設法增加貨幣供給由 M_0^s 增加到 M_1^s 時，貨幣市場新的均衡點在 B 點，利率對應下降至 R_1；同理若再度增加貨幣供給由 M_1^s 到 M_2^s 時，新均衡點為 C 點，此時對應之利率已為極低之 $\bar{R}$ 水準，商品市場已達充分就業。因 $\bar{R}$ 已達凱因斯所認為的低利率水準區（即 $\overline{CD}$ 線段），由於利率水準已經很低，民眾將多餘資金存到銀行的報酬太低，即使貨幣供給 M_2^s 再度增加到 M_3^s，使均衡點由 C 移動到 D 時，民眾或廠商不願意將資金用於消費、投資，寧可保留現金維持資金的流動性，所謂「現金為王」之情況下，則利率不可能再下跌，且投資也因風險大或信心不足而觀望不前，利率被困住而停留在 $\bar{R}$ 的水準，稱為流動性陷阱。

　　在流動性陷阱發生後，任何貨幣供給 (M^s) 之增加，均會被民眾無限地吸收和保有，此時，貨幣需求 (M^d) 之利率彈性為無限大，利率不會再下跌，信心不足也導致市場上投資也不會再增加。此時增加貨幣供給只會使得物價上漲。

　　亞洲之日本及臺灣均因市場資金充足、市場利率已低，採用降息來刺激投資之空間不大，目前狀況央行已持續降息，除為了活絡股市外，也因國內出口受到影響，希望藉由降息維持國內廠商的出口競爭力，只是降息到一定程度，如接近零利率時，恐須避免掉入流動性陷阱。

　　至於國際匯市方面，日圓自從 2008 年 9 月以來，和人民幣幾乎同時成了全球表現最強勢而兌美元升值之貨幣。在過去 7 年間投資人利用日圓之低利率大搞「套利交易」，即利用低利在日本市場借入日圓轉而投資其他高收益資產。如冰島公債、巴西股票、澳洲及南非幣等資產。只是在美國華爾街發生

雷曼兄弟破產，美國政府接管二房及 AIG 保險公司之後，衝擊到全球金融市場信心，銀行不願再將現金貸放給投機之套利者，並且促使銀行間美元拆借之利率大幅上揚；這樣一來因信用貸款減縮且利率走高，迫使投機者結束套利交易，並買回以日圓計價的資產。經濟疲軟與市場波動之增加，使得日圓成為對抗景氣循環的避險貨幣，日圓在市場上搶手，其匯率自然節節上升。自2008 年 7 月至 9 月美元兌日圓匯率還在 106 日圓～110 日圓間震盪，到了2008 年 10 月 24 日已到 94.27 日圓的價位，成為 13 年以來日圓匯率之新高點。日圓兌歐元也是一路升值，雖然日圓升值對日本之出口不利，使日經股票指數今年已跌掉 5 成，但投資人認為雖然日本已發生經濟衰退之現象，但相較於其他國家受此次金融危機之影響較小。

不論如何，為了挽救股市，日本政府也提出紓困計畫，其中包括透過重新啟動銀行持股購買公司的機制，對銀行注資 200 億美元，並要求央行恢復向銀行購買股票、加強限制股市交易、修正銀行資本適足率之相關規定等。此外，削減所得稅並對銀行及中小企業進行紓困。

臺灣

臺灣方面在此次全球金融海嘯中亦難免遭受波及。首先是 2008 年 9 月中旬美國雷曼兄弟破產時，導致臺灣先前投資雷曼兄弟高達新臺幣 800 多億元的金融機構及投資人之權益不保；其中包括銀行、保險業者直接投資雷曼兄弟相關商品約 100 多億元；證券及投信業者投資達 400 億元，另由國內銀行財管部門銷售給一般投資人由雷曼發行之連動債約新臺幣 400 億元；總計雷曼兄弟破產使臺灣曝險部位（損失）超過新臺幣達 800 億元以上，可謂損失不貲。

另外，在國際金融海嘯中，2008 年 10 月 14 日也傳出冰島政府有破產的危險，之前臺灣金融機構包括證券商、銀行、票券公司及部分保險公司等，因投資共約新臺幣 202.6 億元於冰島相關之債券、衍生性金融商品或對冰島授信等投資，全面遭受損失。

在進出口貿易方面，根據財政部統計處之統計由於美國掀起金融海嘯、

經濟衰退、市場需求減少，不僅使中國大陸對美國之出口減少；同樣也連帶影響臺灣對大陸之出口下降，使臺灣之貿易出超情況在 2008 年呈現 6 年來第一次縮減逾 7 成之幅度。

　　臺灣與日本雖是屬於資金豐沛外匯存底充足且利率低的國家，但此次金融海嘯嚴重影響到全球消費及投資意願，因此對外貿易出口總額也開始下降，企業只好採取讓員工休無薪假或裁員減班之因應措施。

　　整體而言，此次金融海嘯導致亞洲各國股市在 2008 年 10 月下旬普遍跌到 1 年以來的最低點，如表 15-5 所示。

表 15-5　2008 年金融海嘯對亞洲股市之衝擊

2008 年 10 月 28 日

股價指數名稱	10/27 收盤之指數	摘要及說明
香港恆生指數	11,015.84	昨跌 12.7%，創 1997 年金融風暴以來最大跌幅，距離 2007 年 10 月 32,000 點高峰，已跌 66%。
日經 225 指數	7,162.90	大盤創 26 年新低，距 2007 年 3 月 18,300 高點，已跌 61%。
韓國綜合指數	946.45	昨降息 3 碼，是亞股唯一收紅者，但距 2007 年 10 月 2,085 點高峰，已跌 54.6%。
新加坡海峽時報指數	1,600.28	昨跌 8.3%，和 2007 年 10 月 3,906 點相較，跌 59%。
菲律賓股價指數	1,713.83	昨跌 12.3%，和 2007 年 10 月 3,897 高點比較，跌 56%。
臺灣加權股價指數	4,366.87	創 5.5 年新低，和 2007 年 10 月比，跌 55.5%。
上海綜合股價指數	1,723.35	從 2007 年 10 月 6,124 點算起，跌了 72%。

資料來源：整理自《工商時報》

　　亞洲各國之經濟普遍仰賴出口，以往各國強勁之出口業績帶來了快速的經濟成長；但這次金融海嘯使得歐、美之消費支出急遽下滑，而來自歐、美的訂單銳減，連帶也會延緩亞洲未來的 GDP 成長速率，使各國未來經濟成長之預測紛紛向下調降，目前亞洲各國泛區域性之成長率降至 5% 左右，徘徊在經濟衰退之邊緣，相關之預測列如表 15-6 所示。

表 15-6　　金融海嘯次年亞洲 GDP 成長預測

2008 年 10 月 28 日　單位：%

排名	國家	2009 GDP 成長預測
1	中國	8.0
2	印度	7.3
3	印尼	4.7
4	泰國	4.0
5	菲律賓	3.5
6	臺灣	3.1
7	馬來西亞	3.0
8	南韓	2.9
9	香港	2.7
10	新加坡	1.5

資料來源：《工商時報》

　　若與歐、美等國相比較，亞洲各國在這次金融海嘯中的經濟情況亦受波及，消費下跌且出口減緩，失業率上升，各國也紛紛提出各種刺激消費提振市場之措施。

15-9　金融海嘯波及他國

　　全球金融海嘯不僅衝擊了美洲、歐洲、亞洲，連中南美洲的巴西、墨西哥、阿根廷等國也遭逢到外匯投資的鉅額虧損，而這些鉅額虧損大多來自與美元掛鉤的外匯衍生性商品。自從 2008 年 9 月金融海嘯爆發以來，全球投資人均忙著出脫金融商品高風險的部位，商品因而市值下跌，使許多企業損失慘重，問題是：這些鉅額虧損多半與公司之核心業務無關，卻拖累了公司本業的營運績效，分述如下。

一、阿根廷

　　2008 年 10 月，南美洲第二大國阿根廷政府因還不起國債，而擬將約 300 億美元的 10 家私人退休基金國有化以償還國債，引發了市場對阿根廷債券有

流動性風險之疑慮，目前該國之股市、債券以及連接阿根廷貨幣之連動債的淨值均大受拖累，而阿根廷本身也瀕臨破產邊緣。

二、中南美洲

　　巴西與墨西哥有許多本業績優的公司，也因為操作與本業無關的外匯交易而產生鉅額虧損，單單巴西一國的損失就高達 300 億美元。拉丁美洲各國的股市、匯市和債市均紛紛下挫，各國貨幣兌換美元之匯率均下跌，所有投資於新興市場債券基金之淨值均因匯率與債信風險而全面下挫。國際資金大舉由新興市場之股市和匯市撤出，形成中南美洲金融市場出現恐慌性之賣壓。

三、波斯灣產油國

　　向以豐厚石油收入著稱的波斯灣產油國也無法倖免於此次金融海嘯。首先是科威特央行 2008 年 10 月下旬宣布對銀行存款提供全額保障，並對該國第二大銀行——波灣銀行 (Gulf Bank) 紓困。波灣銀行是遭到同業對歐元、美元衍生性商品合約違約虧損達 2 億科威特幣（折合約 7.46 億美元）而請求紓困。

　　復因國際石油價格於 2008 年 7 月創下每桶 147 美元後，即開始節節下滑，同年 12 月每桶油價已跌破 45 美元，並繼續下探。這樣一來，靠著石油財富帶動經濟成長的波斯灣國家也面臨國際投資人收手之局面。為了挽救該地區股市及房市之疲弱，沙烏地阿拉伯政府承諾對借貸機構挹注 400 億美元，以協助缺錢銀行之資金流通；阿拉伯聯合大公國亦宣布支持銀行間之借貸，並給予當地銀行為期 3 年之保證。

　　由以上各節可知，此次由美國華爾街引發之金融海嘯幾乎已衝擊到全球各個主要地區之金融體系，引發了全面性紓困及救市風潮。這些紓困方案多半是由政府出面直接由央行挹注資金給各個金融體系中相對脆弱的組織環節，例如美國第一波是由搶救房市下手；歐洲各國則以協助銀行為主；亞洲各國則先由援助企業及股市著手；不論是由哪一方面進行，都是要增加市場上流通的資金，因此，我們將金融紓困案之理論與預期解說如後。

🔵 15–10　金融紓困案之理論與預期

各國的金融紓困案幾乎都是以降低利息以及砸下鉅額的資金（即貨幣）進入市場為主要紓困手段。我們可以由圖 15–2 分析其理論以及可能獲得之預期效果。

図 15–2　總體經濟分析之市場模型

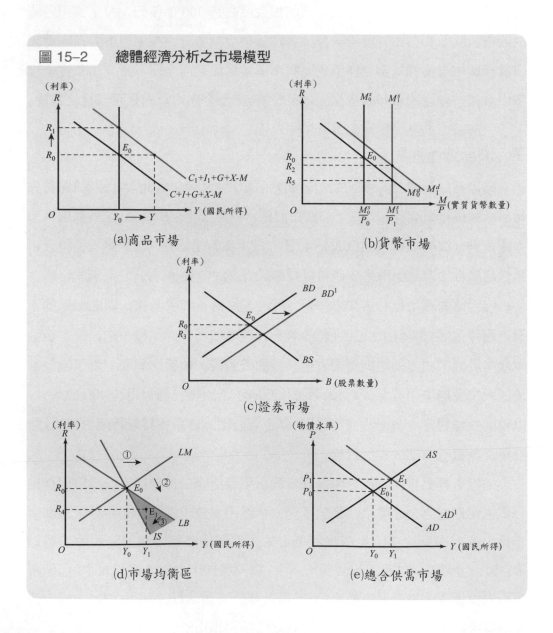

(a)商品市場

(b)貨幣市場

(c)證券市場

(d)市場均衡區

(e)總合供需市場

在圖 15–2 中，(a)圖為商品市場，期初之國民所得為 Y_0。因總支出為消費 (C)、投資 (I)、政府支出 (G)、出口值 (X)、進口值 (M) 之加總。所以總支出 $C + I + G + X - M$ 與總產出 Y_0 線之交叉點 E_0 為商品市場之均衡點，所對應之利率為 R_0。

(b)圖代表貨幣市場，M_0^s 代表某一定時期之貨幣供給量為固定數字，故為垂直於實質貨幣數量（X 軸），M_0^s 為名目貨幣供給量，而 P_0 則為期初之物價水準，將 $\dfrac{M_0^s}{P_0}$ 則為去除了物價水準後之實質貨幣數量。期初貨幣市場之均衡點為 E_0，所對應之利率亦為 R_0。

(c)圖為證券市場之情形，BD 代表證券之需求。而 BS 代表證券之供給。均衡時利率也是 R_0 水準。

(d)為商品市場 (IS)，貨幣市場 (LM) 和證券市場 (LB) 之均衡線所決定之均衡區。當 IS、LM 和 LB 三均衡線相交於 E_0 時，E_0 即為全部市場期初之均衡點。R_0 為均衡利率，而 Y_0 為期初之均衡國民所得。

(e)圖所表達的是總合供給 (AS) 和總合需求 (AD) 在 E_0 點相交時，所對應之期初物價水準為 P_0。

今假設政府決定對金融市場紓困，增加貨幣供給，挹注資金，使得貨幣供給量由 M_0^s 增加到 M_1^s，使利率由 R_0 下降至 R_5，這種資金的增加會導致所有市場上之需求增加；包括消費 (C)、投資 (I)、貨幣需求 (M^d)、股票需求 (BD) 均將增加、向右移動。

(a)圖商品市場之支出因利率的降低，由 ($C + I + G + X - M$) 向右增加至 ($C_1 + I_1 + G + X - M$) 後，利率由 R_0 向上走至 R_1 雖排擠部分貨幣增加的效果但利率仍低於原先水準，寬鬆的貨幣政策使市場需求增加使得(d)圖中的 IS 線有向右移動（如箭頭①方向）之趨勢。

(b)圖因投資及消費的增加使貨幣需求增加，使 M_0^d 向右移動至 M_1^d，利率由 R_5 上升至 R_2 但仍低於原均衡利率 R_0，使得(d)圖中之 LM 線有向右下移動（如箭頭②之方向）之趨勢。

(c)圖中證券需求因利率的下降而增加，由 BD 增加到 BD^1，新均衡利率 R_3 向下走，使得(d)中之 LB 線有向左下移動（如箭頭③之方向）之趨勢。

(d)圖中 IS–LM–LB 線條移動方向之交集均衡點 E_1 降落在陰影部分之內，E_1 將對應於較 E_0 為低之利率 (R_4)，以及增加國民所得 Y_0 至 Y_1。

(e)圖中總合需求也因資金挹注而增加，故 AD 向右增加至 AD^1，此時均衡點 E_1 將對應於較高之物價水準，及物價由 P_0 上升到 P_1 的水準。

所以紓困案對市場注入資金之後，經過一段時間的調整，最後可以預期的是：國民總所得之增加，利率之下降以及物價水準之上升。

🔵 15–11　新興國家金融體質之比較

2008 年 9 月以來引發之金融海嘯，不僅突顯了衍生性金融商品漫無節制的槓桿操作之風險性大，進一步經由此次海嘯的洗禮考驗許多國家金融之體質是否健全與良莠不一。若由國際金融的角度來檢視一國之金融體質的話，應該包含該國之 GDP、外匯存底、經常帳、短期外債與外債總額等各項表現。可據以得知該國之國家前景。茲以新興亞洲各國為例，列如表 15–7 所示。

由表 15–7 中不難發現新興亞洲各國中，南韓、巴基斯坦、菲律賓及印尼的外債已經超過各該國之外匯存底，這種借外債以支撐國家經濟表現的政策若在全球金融景氣之下，尚可勉強度過；但值此全球陷入金融危機，流動性不足，信心疲弱之狀況下，龐大外債將無力償還，引起國家破產之疑慮。何況南韓及巴基斯坦的經常帳又呈現赤字，將何以支付其外債？

印度及越南外債所占外匯存底之比例偏高，更何況兩國 2008 年之經常帳亦出現赤字，也是走在國家可能發生經濟危機之邊緣上。

中國大陸、馬來西亞、臺灣、泰國和新加坡之外匯存底扣除外債之後，均為正值，而目前之經常帳尚有出超，而且貨幣幣值尚屬穩定，表示各該國之金融體質尚屬健全，經濟前景繁榮可期。

表 15-7　新興亞洲各國經濟數據

2008 年 9 月 30 日　單位：億美元

國家	外匯存底	外債	經常帳 (2008)	GDP (2008)
中國	19,060	4,274	3,993	42,224
印度	2,861	2,213	−346	12,374
印尼	571	1,508	5	4,968
南韓	2,397	4,198	−123	9,535
馬來西亞	1,076	823	318	2,147
巴基斯坦	73	445	−140	1,609
菲律賓	358	548	42	1,723
臺灣	2,811	1,044	331	4,241
泰國	1,035	667	83	2,721
新加坡	1,597	279	371	1,928
越南	263	240	−107	909

資料來源：IMF、各國央行、世界銀行

除了新興亞洲之外，表 15-8 亦列舉 2008 年 10 月中，拉丁美洲之經濟數據表現。

由表 15-8 中，很明顯可以看出拉丁美洲各國歷經此次全球性金融海嘯後，各國之金融體系均瀕臨危險邊緣，不僅各國之外匯存底均不敷其長期之外債欠款，且各該國之經常帳大部分均呈現赤字或表現欠佳，國家發展前景堪慮。

表 15-8　拉丁美洲各國經濟數據

2008 年 10 月 31 日　單位：億美元

國家	外匯存底	外債	經常帳 (2008)	GDP (2008)
阿根廷	450	1,287	28	3,387
巴西	2,503	2,624	−292	16,647
智利	253	629	−20	1,815
哥倫比亞	237	456	−55	2,498
墨西哥	833	2,056	−159	11,426
祕魯	346	351	−26	1,314
烏拉圭	61	115	−7	284

資料來源：IMF、各國央行、世界銀行

　　至於其他新興東歐及中東各國歷經了此次金融海嘯的洗禮，其經濟數據之表現列如表 15-9 所示。

表 15-9　　東歐及中東各國經濟數據

2008 年 10 月 31 日　　單位：億美元

國家	外匯存底	外債	經常帳 (2008)	GDP (2008)
捷克	364	968	−48	2,172
匈牙利	252	1,826	−90	1,643
以色列	361	904	7	1,887
波蘭	742	2,863	−268	5,674
俄羅斯	5,561	5,271	1,153	17,787
羅馬尼亞	346	598	−295	2,139
土耳其	1,189	2,844	−521	7,989
埃及	325	339	9	1,583
南非	309	761	−239	3,004

資料來源：IMF、各國央行、世界銀行

　　由表 15-9 中可以看出東歐及中東之捷克、匈牙利、波蘭、羅馬尼亞、土耳其及南非各國之債臺高築，其外匯存底已不敷長期外債之償付，而各國之經常帳亦出現赤字，更突顯其金融體質不健全，經濟發展前景黯淡。相對而言，以色列、俄羅斯及埃及等國之經濟表現尚屬穩健。

　　除了上述外匯存底、外債、經常帳（進出口）三大因素外，各國貨幣之匯率是否穩定，亦為檢測國家金融及前景之重要因素，而匯率愈穩定的國家，在國際收支平衡表之經常帳部分，足以牽動其出口和進口的長期表現之穩定，也才不至於將國家外債危機的本質，演變成國際匯市上的貨幣戰爭。

　　正如南韓中央銀行為了捍衛韓元匯率對美元之大幅貶值，只得大量使用本國之外匯準備對貨幣市場注入約 130 億美元仍嫌力道不足，直至 2008 年 10 月底，由美國聯準會透過貨幣交換協定，對南韓、巴西、墨西哥和新加坡等國各挹注 300 億美元以後，才紓解了各國嚴重的美元短缺壓力。

　　2008 年間所發生的金融海嘯雖然令許多國家金融體系之本質原形畢露，卻也帶給全球金融界一次重大的省思和勇於改革之新契機。

15-12　國際金融新展望

　　在 1929 年 10 月 24 日前,市場上原本為股市熱絡,百業蓬勃發展的尾聲,全球面臨溫和地衰退的經濟態勢中。當時美國聯準會為了遏阻股市之投機,出手緊縮市場銀根,但操作過大,竟引發了一場經濟大蕭條的局面;不僅各國 GDP 普遍下降,美國降幅達 35%,德國、法國、日本、加拿大、瑞典和奧地利的 GDP 也平均減少 10% 以上;當時各國之失業率飆升,實質工資下跌,通貨緊縮 10%,股市不振,而美國銀行倒閉潮十分嚴重,造成了 1930 年以來,長達 5 年左右之經濟大蕭條。

　　之後打從 1930 年代迄今,全球發生過不少區域性或少數國家的金融危機,其主軸不外乎是銀行危機、貨幣危機或是外債危機三大類別,但 2008 年此次所引發的危機不僅包括銀行系統性危機,以及冰島、南韓、匈牙利、巴基斯坦等國之貨幣貶值以及外債危機外,尚且包括美國房市、股市、新興市場和原物料市場之四大泡沫同時崩潰,所牽連之範圍甚廣,綜觀這些危機之發生,有著下列共同之特色:

一、新產業之出現成為創造股市之題材

　　股市對新產業之拉抬和吹捧超過了本業業績的實質面,一如 2000 年科技泡沫破滅所導致股市之大跌。而 2008 年的金融災難則與新奇又複雜的衍生性金融商品有關,尤其是與高達數十兆美元的次級房貸相關衍生性商品以及信用違約交換等金融商品之「膨風」有關。

二、全球化造成全面性災難

　　1930 年引爆之經濟大蕭條和 2008 年發生之金融海嘯均源自於位居金融領導地位的美國,但 e 化設備和自由化之風潮使得 2008 年已是全球化時代來臨,以至於金融災害也迅速蔓延到全世界主要國家和地區。

三、金融監管過於鬆散

　　高槓桿金融投機操作是源自於 2004 年 4 月 28 日，由美國證管會之 5 位委員和華爾街五大投資銀行負責人之決議，當時證管會主席寇克斯 (Christopher Cox) 及委員們同意讓五大投資銀行排除一項限制他們經紀商部門負債比例上限的規定，以至於美國前五大投資銀行開始可以自由動用經紀部門之準備金，從事許多不同名目之衍生性金融商品的買賣，而開始進行了極高倍數的投機操作，以至於以債養債，直到債款數目達到一發不可收拾的地步，引起經營危機及倒閉風險。

金融小百科

金融系統失靈

指的是金融機構功能的喪失，其中最重要的功能就是金融仲介。此波金融海嘯引發金融機構對同業、企業、個人不信任，造成相關借款停止或縮減，金融仲介功能喪失，引發流動性風險。

　　所幸，為了避免金融系統失靈及全球經濟蕭條，各國均能迅速地作出紓困處理的決策，紛紛採取同步應變措施：一旦美國宣布降息二碼，各主要經濟大國均跟進並立即調降利率；而且各國政府也大力注資，除了美國以 8,000 億美元紓困外，英國取出 5,000 億英鎊挹注銀行資本，德國則以 4,800 億歐元擔保銀行之貸款，法國同樣提出 3,000 億歐元提供該國銀行貸款擔保，並有美國紐約大學經濟學教授魯比尼 (Nouriel Roubini) 立即提出七大行動方案：包括各國再次迅速降息，暫時全面保障所有存款，減輕無力償還家庭債務負擔，為金融機構無限地注入流動性，並由政府融資給流動性不足之企業，且政府進行財政政策如增加公共建設、基礎建設支出、退稅給低收入家庭、採取失業救濟以及補助資金短缺的地方政府等；並有經濟學家建議由國際債權國和債務國協商，維持赤字之正常融資或其他寬減債務方法，成為紓困資金流向之正確運作方向。

　　此外，針對金融展望而言，日後如何進行適當的金融監管，並重建金融秩序，成了當前國際金融刻不容緩的核心議題。

　　首先，英國首相布朗於 2008 年 10 月 10 日呼籲各國回到布列頓森林體系，全球共同合作加強金融監管；歐洲中央銀行 (ECB) 總裁特里榭 (Jean-Claude Trichet) 也認為全球需要總體經濟紀律，貨幣紀律以及市場紀

律，強調日後各國央行監督和金融管理機構的跨國境合作十分重要。特里榭指出，自從 1997 年亞洲金融風暴後，各國由金融危機中已學習建立了下列各項機制：

一、金融穩定論壇 (Financial Stability Forum; FSF)

這是在亞洲金融風暴後產生的機制，透過全球協力共同打造一個更有彈性的金融體系。

二、巴塞爾銀行監管委員會 (Basel Committee on Banking Supervision)

提供透明化原則，以及包括歐洲和美國證券化論壇 (American Securitization Forum) 在內的公共部門的創制規則。

三、國際會計準則委員會 (International Accounting Standards Board; IASB)

從事強化會計原則、資產負債表外之獨立實體的揭露標準，並研擬出在流動性差的市場中從事價值評估的原則，可改善各界對銀行財務報表的信心。

四、美國證管會 (SEC)

其新修訂的法令和國際證監會組織的商業行為準則 (IOSCO Code of Conduct)，修正了債信評等機構所扮演的角色，並且歐洲執委會將涉入參與這些債信評等機構的授權和監管原則。

特里榭進一步表示：國際金融監管現在應將焦點放在 3 項待釐清並解決的議題上，即金融機構過度冒險和高度槓桿操作的風險管理、銀行自有資本額是否「順景氣循環」(procyclicality)

金融小百科

順景氣循環現象

指銀行資本適足率具有依順著景氣循環軌跡變動的趨勢。也就是說當經濟景氣好的時候，對企業放款的違約風險較低，所以銀行資本適足率較高。此時銀行會增加對企業放款，因而進一步推升經濟景氣。但景氣差時，企業經營不易違約風險增加，此時銀行的風險資本增加造成資本適足率降低，為了提升資本適足率，銀行必須減少放款，反而進一步造成信用緊縮惡化經濟景氣，使得企業違約風險更加提升，銀行資本適足率更進一步下跌。

現象，以及金融穩定的調度。目前各國對預防危機發生，已達成強化全球多邊監督 (multilateral surveillance) 必要性的共識。因此，金融穩定論壇和國際貨幣基金將加強合作，以全球性為立基，強化金融穩定風險的評估，並且對因應的政策通力合作。

　　由此可見，透過此一次金融海嘯，各國在金融合作和強化全球多邊監督及穩定金融方面，已有了更建全的因應對策和合作機制，使國際金融有了更新的氣象和展望。

本章習題

一、選擇題

（　）1. 2007 年 4 月, 美國第二大次級房貸公司──新世紀金融公司之申請破產, 成為金融海嘯之導火線, 但是次級房貸風暴之形成主因為 (A)「不動產貸款抵押證券」之高槓桿炒作, 且銀行利率飆升, 房價下跌所致　(B)美房價上漲, 利率卻下跌　(C)銀行減少對房屋貸款之融資。

（　）2. 2008 年 9 月 14 日美國雷曼兄弟控股公司之申請破產保護之主因是 (A)由於該公司之利息支出太高　(B)由於該公司衍生性金融商品之「不動產債權抵押證券」及連動債槓桿炒作太大　(C)由於該公司之股價下跌所致。

（　）3. 美國國際集團 (AIG) 2008 年 9 月 16 日獲得美國政府約 850 億美元之融資, 主要是由於　(A) AIG 為美國第一大保險公司　(B) AIG 資

產和經營體質尚佳，只欠流動性資金，又為美國之價值表彰 (C)
AIG 若倒閉會影響美洲金融之穩定。

（　）4. 美國原有五大投資銀行，但因受金融海嘯之影響，僅存 2 家轉型為
一般商業銀行接受嚴格的監管者為 (A)貝爾斯登 (Bear Stearns) 及
美林 (Merrill Lynch) (B)雷曼兄弟 (Lehman Brothers) 及摩根史坦
利 (Morgan Stanley) (C)高盛 (Goldman Sache) 及摩根史坦利
(Morgan Stanley)。

（　）5. 金融海嘯對俄羅斯之影響主要來自於 (A)股市狂飆 (B)油價上升
(C)石油及原物料之價格大跌。

二、問答題

1. 冰島在開放金融環境引進大批海外資金後，反而使該國之金融體系崩潰，
本國幣值急跌而破產之主因為何？

2. 2008 年金融海嘯使南韓之中小企業大受虧損之原因為何？

3. 日本市場原存在之低利率，將使其失去降低利率來刺激景氣之可能性，請
解釋「流動性陷阱」之意義。

4. 各國政府因應金融海嘯紛紛採用鉅資挹注金融業或商品製造業，在理論上
是否正確？將如何影響總體經濟態勢？

一、中文部份

· 何瓊芳 (1997)《世界貿易組織架構下，貿易財政及貨幣政策之有效整合》，
世界貿易組織架構下之貿易救濟制度研討會,經濟部貿易調查委員會主辦，
1997 年 3 月 7 日，臺灣，中壢。

· 甘露澤 (2006)《國際金融》臺北市：華泰圖書。

· 何瓊芳 (2005)《國際貿易理論與政策》臺北市：三民書局。

· 沈中華 (1998)《貨幣銀行學——全球的觀點》臺北市：新陸書局。

· 周欣怡 (2008)《理財專家沒教的 1001 基金投資》臺北市：漢湘文化。

· 陳松男 (2007)《國際金融市場》臺北市：新陸書局。

· 張傳章 (2007)《期貨與選擇權概論》臺北市：雙葉書廊。

· 張傳章、唐英傑 (1997)《差額互換：利率互換之新型契約》，《証券暨期貨
管理》，pp. 16。

· 詹姆士·涂克、約翰·魯賓諾《美元失色、黃金發熱》臺北市：時報出版。

· 蕭欽篤 (2003)《國際金融》臺北市：智勝文化。

· 謝劍平 (2004)《期貨與選擇權》臺北市：智勝文化。

· 上海證交所：www.sse.com.cn

· 中國證券監督管理委員會：http://www.csrc.gov.cn/n575458/index.html

· 臺灣光大投資顧問：www.netgroup.com.tw

· 全球衍金顧問有限公司：http://www.nda.com.tw/index.html

· 百度百科：http://baike.baidu.com/view/5937.htm

· 前進大陸股市：http://www.sunny.org.tw/fin/finbooks/e-book/e-books/teach04.
htm

· 虛空論壇：http://www.helzone.com/vbb/showthread.php?t=44789

· 新浪財經網：http://finance.sina.com.cn/column/jsy.shtml

· 新浪理財網：http://financenews.sina.com/sinacn/000-000-107-112/402/2008-

04-15/1427767958.html

· 鑫宇理財月刊：gui-advisor.myweb.hinat.net/Gui9409.pdf

· http://www.stockQ.org

二、英文部份

· Black, F., (1976) "The Pricing of Commodity Contracts," *Journal of Financial Economics*, 3, pp. 167–179

· Black, F., E.Derman, and W. Toy, (1990) "A One-Factor Model of Interest Rates and Its Applications to Treasury Bond Options," *Financial Analysis Journal*, pp. 33–39

· Black and Scholes, (1973) "The Price of Option and Corporate Liabilities," *Journal of Political Economics*, pp. 637–659

· Chang, C.C., S.L. Chung and M. T. Yu, (2002) "Valuation and Hedging of Differential Swaps," *Journal of Futures Markets*, Vol. 22, pp. 73–94

· Cox,.J.,S Ross and M. Rubinstein, (1979) "Option Pricing: A Simplified Approach," *Journal of Financial Economics*, pp. 229–264

· Cox, J. C. and Rubinstein, M. (1985), "Option Markets," *Englewood Cliffs, N. J.: Prentice Hall.*

· Dornbusch, R. (1976) "Expectations and Exchange Rate Dynamics," *Journal of Political Economy*, 6, pp. 1161–1176

· Frenkel, J. A. & Johnson, H. G. (1976), "The Monetary Approach to *the Balance of Payments*," *University of Toronto Press, London: Allen and Unwind.*

· Gendreau, B. (1984) "New markets in Foreign Currency Options," *Federal Reserve Bank of Phliadelphia Business Review*, pp. 3–12

· Gould, J. P. and Galai, D. (1974) "Transactions cost and the relationship between put and call prices," *Journal of Financial Economics*, Vol. 1, pp. 105–129

- Hull, J. (1991) "Introduction To Futures and Options Markets," *Prentice-Hall International Editions*.

- Merton, R.C., (1976) "Option Pricing When Underlying Stock Returns Are Discontinuous," *Journal of Financial Economics*, pp. 125–144

- Merton, R.C., (1977) "The Theory of Rational Option Pricing," *Bell Journal of Economics and Management Sciences*, 4, pp. 141–183

- Melvin, M. (1995) "International Money and Finance," 4[th]Ed., Harper Collins.

- Mishkin, F.S. (1995) "Financial Markets, Institutions and Money," Harper Collins.

- Mussa, M. (1976) "The Exchange Rate, The Balance of Payments and Monetary and Fiscal Policy Under A Regime of Controlled Floating," *Scandinavian Journal of Economics*, 78, pp. 229–248

- Magee, S. P. (1976) "The empirical evidence on the monetary approach to the balance of payments and exchange rates," *American Economic Review Papers and proceedings*, Vol. 66, pp. 163–170

- Obstfeld, M. (1982) "Can we sterilize? Theory and Evidence," *American Economic Review Papers and proceedings*, Vol. 72, pp. 45–50

- Pilbeam, K., (1992) *International Finance*: *MacMillan*.

- Rendle, R. and B. Barter, (1979) "Two-State Option Pricing," *Journal of Finance*, Vol. 34. pp. 1093–1110

- Turnbull, S., M. Stuart, (1993) "Pricing and Hedging Diff Swaps," *The Journal of Financial Engineering*, pp. 297–333

- Tsao, C. Y., C.C.Chang and C.G Lin, (2003) "Analytic Approximation Formulae for Pricing Forward-starting Asian Options," *Journal of Future Markets*, Vol. 23, pp. 487–516

- Whitman,M.V. N. (1975) "Global Monetarsim and the monetary approach to the balance of payments," *Brookings Papers on Economic Activity*, Vol. 2, pp. 491–536

- Welch, W. W. (1982), "Strategies For Put and Call Option Trading," Cambridge, Mass: *Winthrop*.

- Willamson, J. (1985) "The Exchange Rate System," *Institute of International Economics*, Washington DC.

- Williamson, J. (1982), "A Model of Exchange Rate Dynmics," *Journal of Political Economy*, Feb. pp. 74–104

國際金融理論與實際　康信鴻／著

　　本書主要介紹國際金融的理論、制度與實際情形。在寫作上除了強調理論與實際並重，文字敘述力求深入淺出、明瞭易懂外，並在資料取材及舉例方面，力求本土化。

　　全書共分十六章，每章最後均附有內容摘要及習題，以利讀者複習與自我測試。此外，書末的附錄，則提供臺灣當前外匯管理制度、國際金融與匯兌之相關法規。

　　本書敘述詳實，適合修習過經濟學原理而初學國際金融之課程者，也適合欲瞭解國際金融之企業界人士，深入研讀或隨時查閱之用。

貨幣與金融體系　賈昭南／著

　　本書總覽貨幣與金融體系的特徵並引述其發展歷史，使讀者能夠全方位掌握當前貨幣與金融體系的現況與未來發展趨勢。

　　文中以資訊經濟學理論介紹金融機構的特徵，使讀者更深入瞭解貨幣與金融體系的重要性。並引用我國相關統計數據，使讀者瞭解國內的貨幣與金融體系現況。最後，介紹歐美日等先進國家的貨幣與金融體系發展現況，供讀者相互比較並加深印象。

期貨與選擇權　陳能靜、吳阿秋／著

　　如果您想瞭解臺灣期貨市場的發展、交易及結算制度的設計與變革，這是您不可或缺的工具書；如果您想知道如何評價期貨及選擇權商品，這是導引您入門的參考書；如果您想運用對沖、價差、套利等各種操作策略，這是值得您探究的法寶書。本書集合了期貨與選擇權的理論與實務，無論您是初學者、繼續深造者或就業者，閱讀這本書將可助您一臂之力。